20대 후반과 30대 초반에 결혼, 회사 개업을 동시에 하며 제 삶은 완전히 바뀌었습니다. 곧바로 이어진 아이 둘 출산으로 제 인생의 시공간은 재배치되는 것 같았고 30대 내내 "시간이 없다", "바쁘다", "몸이 두 개였으면 좋겠다"라는 말을 달고 살았습니다. 노력하면 돈은 더 벌 수 있어도, 아무리 노력해도 시간은 더 벌 수 있는 것이 아니라는 생각이 저를 무력하게 하고 때로는 우울감에 빠져들게 했습니다. 그런데 30대 후반이 되며 제가 쌓아왔던 것들이 큰 보상과 성취감을 안겨주고 나서부터 제 생각은 많이 바뀌게 되었습니다.

어쩌면 시간도 벌 수 있는 게 아닐까. 시간이 없다는 건 우리 모두의 착각이 아닐까. 모두에게 똑같이 주어진 24시간은 내가 생각하고 사용하는 것에 따라서 더 큰 효율과 결과를 내주기도 하니까, 어쩌면 우리에겐 시간이 부족한 게 아니라 나에 대한 신뢰와 시간을 효율적으로 쓰는 방법에 관한 데이터들이 부족했던 건 아닐까.

30대를 변호사, 드라마 작가, 아들 둘 엄마로 살아오면서 누구보다 시간에 대해 진심이고, 시간은 소비하는 것만이 아닌 쌓이기도, 벌 수도 있는 개념이라는 것을 깨달아 온 저에게 이 책은 그간의 궁금증과 답답함을 해소해 주는 시원한 사이다 같았습니다. 심리학적 접근을 통해 시간에 대해 사고하고, 그것을 사용하는 방법을 알려주는 이 책을 20대와 30대가 꼭 읽어봤으면 좋겠습니다. 그러면 저처럼 시간이 없다고 착각하던 그 시간을 줄여볼 수 있지 않을까요.

최유나 변호사·드라마 〈굿파트너〉 작가·《마일리지 아워》 저자

시간이 없다는 착각

TIME HACKS

시간이 없다는 착각

시간 압박을 버리고
여유를 되찾는 9가지 심리 법칙

이언 테일러 지음 | 최기원 옮김

TIME
HACKS

알에이치코리아

차 례

시간,
다시 쓰는 연대기

"부족 사회의 인간에게 미지의 공포는 '공간'이었다.
 기술 문명의 인간에게 그 자리를 대신한 것은 '시간'이다."

ı ı ı ı ı ı ı

마셜 맥루언Marshall McLuhan,
철학자이자 월드와이드웹www을 예견한 미래학자

1950년대에 출간되어 큰 호평을 받은 소설《재능 있는 리플리》는 수단과 방법을 가리지 않고 뉴욕에서 성공을 꿈꾸는 젊은 사기꾼 톰 리플리의 이야기를 그린다. 우연한 사건들이 이어지며 리플리는 이탈리아 상류 사회로 흘러 들어가지만, 늘 사람들 주변에 머물면서도 잘 주목받지 못하는 인물처럼 보인다. 곁에 있는 이들은 그의 속내나 본모습에 무관심하다. 리플리는 동료들에게 무시당하고 투명한 존재로 취급되지만, 결국 그들의 삶에 균열을 일으키는 인물이 된다. 누구도 그가 그 모든 일의 중심이었다는 사실을 눈치채지 못한 채 조종당한다.

리플리의 모습은 놀랄 만큼 시간이라는 존재와 닮아 있다. 시간도 언제나 우리 곁에 있지만 의미 있게 주목받지 못한다. 우리는 시간의 본성이나 의도를 알 길이 없고, 딱히 신경 쓰지도 않는다. 대수롭지 않게 여기고 무시하지만 결국 인생을 흔들어 놓는 쪽은 시간이다. 정작 그 배후가 시간이었다는 사실을 깨닫는 사람은 없다.

"시간이란 무엇인가?"라는 질문을 받는다면, 여러분은 뭐라고 답하겠는가? 소설 속 사기꾼을 떠올릴 가능성은 적겠지만, 손목시계나 벽시계, 혹은 컴퓨터 화면 오른쪽 아래에 떠 있는 시간을 가리킬 수는 있을 것이다. 하지만 이 기기들은 지금이 몇 시인지 알려줄 뿐, 시간이란 무엇인지를 설명해 주지는 않는다. 우주가 어떻게 시작되고, 어떻게 작동하며, 어떤 법칙 아래 움직이는지를 이해하려면 시간을 빼놓을 수 없다. 스티븐 호킹은《짧고 쉽게 쓴 시간의 역사A Brief History of Time》에서 시간의 본질과 우주 안에서의 역할을 놀라울 만큼 명료하고 깊이 있게 설명한다. 이 관점에서 물리학자들은 시간을 과거에서 현재를 거쳐 미래로 나아가는 사건의 흐름이라고 정의한다.

시간은 인간의 의식과는 무관하게 그 자체로 존재하며 수학 공식으로도 설명할 수 있는 객관적인 현상으로 여겨져 왔다. 하지만 요즘은 물리학자들 사이에서도 이 정의에 의문을 품는 이들이 생겨나고 있다. 아인슈타인의 일반상대성이론과 양자역학을 하나로 묶으려는 주요 이론 중에는 시간을 더는 우주의 근본적인 요소로 보지 않는 이론도 있다.

철학의 시선으로 시간을 바라보면 이야기는 훨씬 더 복잡해진다. 과거와 미래는 정말 우리 마음속 말고 다른 어디에도 존재하지 않는 걸까? 아직 오지 않은 미래가 존재하지 않는다면, 시간은 어떻게 '물리적인' 구조일 수 있을까? 고대 그리스 철학자 아리스토텔레스는 이렇게 되물었다. "시간이 아직 일어나지 않은 일과 이미 지나가 버린 일로 이루어져 있다면, 그게 과연 존재한다고 말할 수 있을까?" 시간이 그리 중요한 것이 아닐 수도 있다는 생각은 여러 물리학자에게 여전히 낯설고 불편하게 느껴진다. 하지만 일부 이론가들은 전혀 다르게 본다. 그들 중 일부는 시간을 아예 종교에 비유한다. 시간이란 결국 인간의 지성에서 비롯된 산물일 뿐이며, 우주를 이해하려는 오랜 시도 끝에 만들어 낸 하나의 개념에 불과하다는 것이다.

여하튼 이 해석들은 시간이 인간의 경험, 그리고 우리가 살아가는 환경과 뗄 수 없는 관계에 있다는 사실을 알려준다. 이렇듯 복잡하고 깊은 주제임에도 정작 시간에 관해 진지하게 고민해 보는 사람은 드물다. 몇몇 과학자들이 머리를 싸매고 있는 걸 제외하면, 대부분은 시간에 대해 깊이 생각할 기회조차 갖지 않는다. 그리고 물리학과 철학 분야에서 벌어지는 끝없는 논쟁은 시간이라는 개념이 얼마나 복잡하고 난해한지 여실히 보여준다. 어쩌면 바로 이런 복잡함 때문에 우리는 고개를 돌린 채 시간이 우리의 생각과 감정, 그리고 매일 쏟아지는 수천 가지의 결정에 얼마나 큰 영향을 미치는지를 애써 외면하고 있는지도 모른다.

이 책은 바로 그런 시간과의 관계에 주목한다. 시간을 긍정적으로 받아들이고 현명하게 다루는 태도는 신체와 정신 건강에 다양한 이점을 줄 뿐 아니라, 우리 삶이 더 풍요롭고 균형 있게 성장하도록 돕는다. 시간에 대한 태도나 그것을 대하는 방식 때문에 자신의 '모조'mojo — 에너지와 활력, 자기만의 리듬 — 를 잃고 마는 사람이 많다('모조'는 아프리카계 미국인의 민간신앙인 후두Hoodoo에서 유래한 단어로, 원래는 행운을 부르는 부적이나 마법의 힘을 의미했지만 이후 현대 영어에서 자신감, 매력, 활력 같은 긍정적인 에너지를 비유적으로 가리키는 말로 쓰이게 되었다 – 옮긴이). 이 책 전반에 걸쳐 반복적으로 등장하는 다소 은유적인 표현, 모조는 시간과 조화롭게 지낼 때 생기는 감정적·정신적 흐름을 가장 잘 담아내는 말이기 때문에 원어 그대로 사용되었다.

이 책은 여러분에게 운동만 죽어라 하는 특수부대원이나 일에 미쳐 사는 일론 머스크처럼 살라고 말하지 않는다. 그런 것을 목표로 하는 책이나 팟캐스트는 이미 차고 넘친다. 정신질환을 치유하겠다는 의도도 없다. 그 문제에는 전문적인 도움이 필요하다. 여기서 말하는 모조는 삶의 여러 요소가 조화를 이루고 있는 상태를 뜻한다. 이 책은 자신에게 의미 있는 목표를 이루고, 건강한 습관을 유지하며, 삶에 긍정적인 변화를 만들어 가는 방법을 이야기한다. 그 과정에서 중요한 건 자신의 핵심 가치를 기준 삼아 살아가고, 정신과 신체적 건강을 함께 돌보는 일이다.

언제 속도를 내야 할지, 언제 잠시 멈춰 마음의 여유를 가져야 할지 아는 감각도 필요하다. 앞으로 그 균형감을 어떻게 키울 수 있을지 함께 고민해 보려 한다. 그리고 그 모든 바탕에는 시간과의 관계가 있다. 시간을 대하는 태도에 따라, 삶의 여러 측면이 조금씩 제자리를 찾아가기 시작할 것이다.

틀어진 관계 ⏱

시간과 인간의 마음은 떼려야 뗄 수 없는 사이지만, 정작 그 관계가 이미 삐걱거리기 시작했다는 사실을 우리는 좀처럼 깨닫지 못한다. 그것도 꽤 심각한 수준으로 말이다. 아이러니하게도 시간을 이해할 '시간'마저 사치다.

선진국을 대상으로 한 여러 조사에 따르면, 지루함[1]과 바쁨[2] ─ 두 모순된 감정이 동시에 넘쳐나는 현실이 벌어지고 있다. 우리는 권태와 혼란 사이 어딘가, 끝도 없이 흔들리는 그 경계에 갇혀 있는지도 모른다. 그래서 많은 이들이 시간을 원망한다. 필요할 땐 감쪽같이 사라지고, 한가할 땐 도리어 넘쳐흐르니 말이다. 잠깐씩 스치는 지루함이나 바쁨은 그냥 그날 하루를 망치는 작은 변수일 뿐이다. 그런데 그 지루함이 오래가면 얘기가 달라진다. 우울증의 문턱이 되고, 폭식, 과음, 심할 땐 자해로 이어지기도 한다.[3,4,5,6] 반대로, 시간이 늘 부족하다는 압박감이 오래되면 수면 장애, 두통, 소화 불량, 그리고 전반적인 정신 건강 악화로 이어질 수 있다.[7, 8, 9] 시간이 우리 삶에 분명한 상처를 내고 있지만, 우리는 여전히 무심하다.

시간과의 관계가 심하게 뒤틀린 사람들 가운데는 말 그대로 시간 자체를 두려워하는 이들도 있다. 크로노포비아chronophobia는 시간이 흐르는 것에 극심한 공포를 느끼는 특정 불안 장애다. 이들은 시간이 자신을 앞질러 지나가고 있다고 느끼며, 아무것도 이루지 못한 채 소중한 시간을 헛되이 흘려보내고 있다는 통제할 수 없는 불안에 시달린다. 크로노포비아를 앓는 이들 중 상당수는 짓눌릴 정도로 낮은 자존감과 감당하기 어려운 불안을 동시에 안고 살아간다.[10] 과거에는 이 장애를 감옥 신경증prison neurosis이라 부르기도 했다. 주로 수감자들에게서 나타나는 증상으로 여겨졌기 때문이다. 비슷한 증상으로는 노화에 대한 병적인 두려움을 뜻하는 제라스코포비아gerascophobia, 죽음에 대한 과도한 공포를 의미하는 타나토포비아thanatophobia 등이 있으며, 이는 주로 노년층이나 중증 질환을 앓는 사람들에게서 관찰된다. 하지만 2020년, 전 세계를 휩감은 코로나19 팬데믹 이후 상황은 달라졌다.

격리와 봉쇄 속에서 시간만 허무하게 흘러간다고 느낀 사람들이 생겨났고, 팬데믹 유발형 크로노포비아라는 새로운 양상의 불안이 나타나기 시작했다. 그들은 온종일 시계를 들여다보며,

고립이 언제 끝날지만을 기다리는 삶을 살았다. 그리고 술이나 약물 같은 바람직하지 않은 방식으로 그 불안을 견뎌내려 했다. 시간, 즉 크로노chrono(그리스어로는 chronos)에 대한 공포와 코로나corona에 대한 공포가 절묘하게 뒤엉켜 파괴적인 조화를 이뤘다. 팬데믹의 주요한 여파는 대부분 지나갔지만, 크로노포비아를 겪는 이들은 여전히 그 시기의 기억에 시달리고 있다. 그들에게는 모든 것이 아직 끝나지 않은 일이다.

　이 질환으로 진단을 받는 경우는 드물지만 팬데믹 동안 많은 사람이 '시간을 낭비하고 있다'라는 우울한 감정에 시달렸고, 그 상황을 어찌지 못한 채 속수무책으로 지냈다. 도둑맞은 그 몇 해는 사랑하는 사람들과 함께할 수 있는 소중한 시간을 빼앗았고, 학업은 중단되거나 크게 흔들렸으며, 삶을 온전히 누릴 기회 또한 잃게 만들었다. 팬데믹 이전에도 미국 성인의 약 8퍼센트는 불안 증상을, 6퍼센트는 우울 증상을 겪고 있었다. 그런데 팬데믹 동안 이 수치는 급격히 치솟아서 불안과 우울 증상 모두 약 30퍼센트에 달했다.[11] 정신질환을 겪지 않았던 사람들조차 팬데믹 동안엔 시간이 이상하게 뒤틀리는 묘한 감각을 피해 가기 어려웠다. 하루가 일주일처럼 질질 늘어지기도 했고, 눈 깜짝할 새 한 계절이 휙 지나가 버리기도 했다. 그리고 대부분은 그 둘이 엉켜버린, 길면서도 짧고, 멈춘 듯하면서도 순식간에 흘러가는 이상한 시간 속에서 헤매왔다.[12]

1장 시간, 다시 쓰는 연대기

팬데믹은 극단적인 사례일 수 있지만 시간이 모조에 영향을 미치는 장면, 즉 시간이 삶의 리듬을 흔드는 순간은 일상 곳곳에 널려 있다. 사소한 걱정부터 삶의 방향을 뒤흔드는 고민까지, 많은 문제가 결국 시간과의 관계에서 비롯된다.

"이 회의에 시간을 낭비하고 있는 건 아닐까?"
"왜 나는 쉴 시간이 없는 거지?"
"제시간에 도착할 수 있을까?"
"시간 관리를 더 잘할 수는 없을까?"
"지금 이직해야 하나, 그냥 버텨야 하나?"
"연애… 지금 시작해도 될까?"
"지금 집 사는 거, 괜찮은 선택일까?"
"나는 이 세상에서 주어진 시간을 제대로 쓰고 있는 걸까?"

시간이 흐르면서 정신과 육체의 건강이 시들어 가는 현실은 우리가 그동안 시간과 맺은 관계가 얼마나 비틀리고 병들었는지를 적나라하게 드러낸다. 그러나 시간이 늘 이처럼 삭막하게 흐른 것은 아니었다.

불행의 시작 🕐

어떤 주제든 글로 쓸 가치가 있다면, 그에 걸맞은 고대의 신이 있기 마련이다. 고대 그리스에는 시간의 신이 세 명이나 있었는데, 그중에서도 가장 널리 알려진 존재가 크로노스^{Chronos}다. 그러나 세월이 흐르며 그리스 신화는 조금씩 왜곡되고 뒤섞였다. 본래 크로노스는 아버지의 성기를 잘라내고 자기 자식들─그리고 아들 제우스라고 착각한 바위까지─삼켜버린 것으로 악명 높은 크로누스^{Cronus}와는 전혀 다른 신이었다. 하지만 시간이 흐르면서 두 존재는 점점 하나로 혼동되었고, 특히 로마인들이 두 신의 특징을 합쳐 사투르누스^{Saturn}라는 자기네 신으로 만들면서 완전히 뒤엉켰다. 이후 예술과 문학 속에서 크로노스는 대개 수염이 덥수룩한 노인으로, 한 손에는 낫을 들고 다른 손에는 모래시계를 든 '죽음'과 닮은 모습으로 그려졌다. 한편, 힌두교에서 시간의 여신 칼리^{Kali}는 잘린 손과 해골로 만든 허리띠를 두르고 시체 위에서 춤을 추는 모습으로 자주 나타났다. 이 형상들은 인류가 시간에 품어온 가장 오래된 믿음을 드러낸다. 시간은 절대적인 힘이었고, 사람들은 그 앞에 무릎 꿇었다.

시간과 인간의 관계는 우리가 그것을 측정하기 시작하면서 달라졌다. 기원전 1500년 무렵, 고대 이집트인들은 해시계 및 비슷한 도구를 만들어 시간을 측정했고, 이 장치들은 3,000년 넘게 쓰였다. 클레오파트라와 그 시대의 사람들은 햇빛이 비추는 낮을 열두 구획으로 나누고, 해가 진 뒤의 밤도 별과 달을 기준으로 다시 열두 구획으로 나누었다. 이렇게 낮과 밤을 각각 12등분한 방식이 합쳐져, 오늘날 우리가 쓰는 12시간제와 24시간제의 기원이 되었다.

하지만 이 방식에는 태생적인 한계가 있었다. 계절과 장소에 따라, 그 열두 구획의 길이는 조금씩 길어졌다가 짧아지기를 반복했다. 적도에서 멀어질수록 낮을 열두 구획으로 나눈 그 구분은 더욱 들쭉날쭉해졌다. 예를 들어 이집트 제국의 최북단, 오늘날의 시리아 지역에서는 1년 동안 낮의 길이가 약 4시간이나 차이 났다. 이 방식이 전 세계로 퍼져 나가자 차이는 한층 더 극심해졌다. 게다가 이 시절에는 밤이 되면 시간이 멈췄는데, 사람들의 활동이 멈추면 시간도 멈춘다고 여겼기 때문이다. 지금의 우리로서는 다소 기이하게 느껴질지 모르지만 쓰이지 않는 것을 굳이 측정할 필요가 없었던 셈이다. 결국 그들에게 시간은 지금처럼 절대적인 개념이 아니었다. 그것은 상황에 따라 모양을 바꾸는, 유연하고 변주가 가능한 개념이었다.

해를 기준으로 살아가는 삶은 언뜻 보기에 한없이 평화로워 보인다. 해가 뜨면 하루를 시작하고, 해가 지면 잠자리에 드는 식이다. 하지만 하늘이 흐리면 사정이 달라진다. 세상이 발전하면서 사람들은 해의 위치에 따라 들쭉날쭉 바뀌는 시간 대신, 변함없이 흐르는 '일관성'을 원했다. 중세 유럽에서는 두 병의 입구를 맞대어 붙인 형태의 모래 유리(오늘날 모래시계의 전신)와 촛불이 해를 바라보지 않아도 시간을 잇달아 잴 수 있는 도구로 쓰이기 시작했다. 이런 도구들이 널리 쓰이면서 사람들은 시간이 한결같이 예측할 수 있고 믿을 만하게 앞으로 흘러간다고 착각했다. 이때부터 시간은 더 이상 계절이나 해의 움직임에 따라 유연하게 흐르지 않았다. 대신 하루하루가 일정한 간격으로 잘려나가듯 규칙적인 흐름 속에 묶였다. 사람들은 한때 숭배의 대상이었던 시간을 이제는 자기 뜻대로 다루려 했다. 그렇게 시간은 예측 가능해졌지만, 동시에 가차 없이 흘러갔다.

먼 거리를 이동할 수 있게 되자, 사람들의 시간 감각도 변했다. 19세기 산업화된 국가들의 철도망은 한마디로 혼란 그 자체였다. 한 도시의 시계가 가리키는 시간이 다른 도시와 몇 분씩 어긋나는 일이 흔했기 때문이다. 한때 미국에서는 각 지역이 제각기 자신들의 지역시local time를 기준으로 세운 시간표만 80여 개에 달했다. 그러나 철도에 의존이 커질수록 모든 노선을 아우를 하나의 통일된 시간표가 절실해졌다. 이에 영국의 철도 회사들은 런던 시간을 기준으로 열차를 운행하기로 했다. 일부 지역의 반발이 있었지만 1855년 무렵에는 영국의 거의 모든 공공 시계가 런던 시간을 가리키기 시작했다. 훗날 이 시간은 그리니치 표준시Greenwich Mean Time, GMT로 불린다. 특히 영국이 지닌 세계적 영향력과 해상 장악력을 바탕으로, GMT는 전 세계 모든 시간을 맞추는 기준이 되었다(한편 GMT를 기준으로 한 표준시대를 가장 늦게 채택한 국가는 네팔로, 무려 1986년에 이르러서였다).

그리니치 천문대는 자기들이 가진 정확한 시간 정보가 얼마나 귀중한지 알았기에, 전신망을 통해 그 시간을 받아보려는 이들에게 요금을 부과했다. 이렇게 시간은 하나의 상품이 되었다. 삶의 가장 근본이 되는 시간을 이런 식으로 다루면 결국 개인도 사회도 그 대가를 치르게 된다. 인위적으로 만든 시간을 자연에 들이밀며 언젠가는 뜻대로 조종할 수 있으리라 믿지만, 그 결과는 이미 세계 곳곳에서 드러나고 있다. 그리고 시간은 결코 인간의 뜻대로 움직이지 않는다.

그럼에도 우리는 여전히 완전히 인위적인 시간관에 매달려 살고 있다. 일상의 수많은 부분이 그 틀 안에서 움직인다. 기업은 직원의 시간을 돈으로 환산해서 그들이 매긴 값어치만큼만 지급한다. 대출이나 신용카드의 이자도 따지고 보면 돈을 빌린 기간에 매겨지는 사용료일 뿐이다. 하지만 이 왜곡된 시간 개념이 자리 잡기 전, 초기 기독교에서는 고리대금(이자를 붙여 돈을 빌리는 행위)을 엄격히 금했다. 시간은 신의 것이며, 사고팔 수 없다고 여겼기 때문이다. 이슬람 율법 역시 이를 '리바'riba라 부르며 지금도 금지하고 있다. 다만 이슬람 은행들은 상품 가격에 미리 합의한 중간이윤을 붙이는 '무라바하'murabaha 같은 방식을 통해 이자 부과 금지 규정을 피해 간다. 인간은 원래 존재하지 않던 곳에 '통일성'을 억지로 덧씌워 인위적인 시간관을 만들어 냈을 뿐 아니라, 그 거짓된 모조품이 삶 전반에 과도하게 뿌리내리도록 했다. 마치 젊은 사기꾼 톰 리플리의 지인들이 뼈저리게 깨달았듯 위험한 사기꾼을 삶 속에 들이는 일은 정신에도, 몸에도 재앙이 된다.

지난 수십 년 동안 우리는 시간을 대하는 방식에서 그 어느 때보다 큰 변화를 겪었다. Z세대에게는 잘 와닿지 않겠지만, 불과 얼마 전만 해도 영국에서는 정확한 시간을 알기 위해 시계 회사가 후원하는 전용 번호로 전화를 거는 일이 일상처럼 흔했다(지금도 영국에는 '말하는 시계' 전화 서비스가 남아 있지만, 더 이상 찾아 쓰는 사람은 드물다). 그런데 지금 나는 이 책을 집필하는 책상 앞에서 노트북과 데스크톱 화면, 스마트폰, 사무실 전화기, 그리고 스포츠 시계까지 곳곳에서 시간을 마주하고 있다. 모든 시계는 완벽하게 같은 시간을 가리킨다. 원자의 미세한 진동을 측정해 시간을 유지하는, 믿기 어려울 만큼 정밀한 원자시계 덕분이다. 예컨대 애플이 만든 모든 기기는 워싱턴 D.C.에 있는 미 해군천문대의 원자시계를 기준으로 시간을 맞춘다. 그리고 시계가 우리의 일상용품 곳곳에 스며들면서 시간은 마치 보이지 않는 독재자처럼 우리를 지배하기 시작했다. 심지어 자신이 배고프거나 목이 마를 때 먹고 마시는 것이 아니라, 먹고 마실 정확한 시각을 알려주는 앱을 쓰는 사람도 있다. 하지만 시간이 가장 자주 활용하는 폭정의 무기는 따로 있다. 바로 끔찍한 알람 시계다.

프랑스인은 사랑하는 이들과 식탁에서 오랜 시간을 함께하며 정성껏 식사를 나누는 문화로 잘 알려져 있다. 그러나 그들은 기묘하게도, 일상의 활력(모조)을 앗아가는 '시간 중심'의 생활 방식을 만드는 데 유난히 열심인 듯하다. 예를 들어 파리 천문대는 1933년에 세계 최초의 말하는 시계 전화 서비스를 도입했고, 1847년에는 프랑스인 앙투안 레디에르Antoine Rédier가 세계 최초로 알람 시계 특허를 받았다. 이렇게 세상에 나온 발명품은 곧 전 세계로 퍼져나가 사람들의 생활 방식에 큰 변화를 일으켰다.

알람 시계가 보급되기 전, 영국 등지에는 수천 명의 '노커어퍼'knocker-upper(아침에 창문을 두드려 깨워주는 사람 – 옮긴이)들이 고용되어 있었다. 이들은 긴 대롱으로 완두콩을 쏘아 창문을 두드리는 도구pea-shooter나 막대기 등을 사용해 노동자들을 원하는 시각에 깨웠다. 일부 광산 도시에서는 광부들이 교대 시간을 집 앞의 벽에 분필로 적어두었고, 그러면 이들이 정확한 시각에 창문을 두드릴 수 있었다. 알람 시계가 보편화되면서 노커어퍼라는 직업은 자취를 감췄다. 그리고 알람 시계의 날카로운 울림은 어느새 전 세계 수백만 명의 아침을 지배하는 소리가 되었다.

사회적 시차증 🕒

　창문을 두드리는 완두콩이든, 알람 시계든, 자연스러운 생체 리듬이 아니라 인위적으로 만든 시간표에 맞춰 사는 습관은 몸에 해롭다. 장거리 비행을 해본 사람이라면 누구나 시차증을 경험했을 것이다. 시차증은 여러 시간대를 가로질러 여행한 뒤 평소의 수면 패턴이 깨지면서 발생한다. 보통은 몇 날 밤 뒤척이고 낮에 피곤함을 겪다가 서서히 사라진다. 그런데 2006년에는 기존의 시차증보다 잠재적으로 더 심각할 수 있는 새로운 개념이 정의됐다. 바로 '사회적 시차증'social jet lag이다. [13]

　사회적 시차증은 우리 몸의 시계가 정한 자연스러운 기상 시각과 학교나 직장 같은 외부 일정 때문에 실제로 눈을 뜨는 시각이 크게 어긋날 때 생긴다. 이를 측정할 때는 근무일(또는 수업 있는 날)의 중간 수면 시각mid-sleep(잠든 시각과 깬 시각의 한가운데)과 쉬는 날의 중간 수면 시각 차이를 계산한다. 예를 들어, 여러분이 수업 있는 날의 밤 11시에 잠들어 아침 6시에 일어나면 중간 수면 시각은 새벽 2시 30분이고, 쉬는 날 자정에 잠들어 오전 9시에 일어나면 오전 4시 30분이 된다. 이 두 시각의 차이, 즉 2시간이 바로 여러분의 사회적 시차증이다.

　사회적 시차증이 있는지 간단히 알아보려면, 먼저 근무일에 알람 시계에 얼마나 의존하는지 살펴보면 된다. 만약 알람을 예

비용으로 맞춰두긴 하지만 울리기 전에 깨거나 아예 필요 없는 경우라면 사회적 시차증일 가능성은 적다. 그러나 보통 생체시계가 '잘 만큼 잤다'라고 알려줄 때가 아니라 알람 소리에 억지로 눈을 뜨는 경우가 훨씬 흔할 것이다. 사회적 시차증은 산업화된 국가에서 특히 널리 퍼져 있다. 실제로 학생과 근로자의 70퍼센트가 매일 밤 최소 1시간 이상의 사회적 시차증을 겪고 있으며, 무려 50퍼센트가 2시간 이상 겪고 있다.[14]

사회적 시차증에는 또 다른 형태가 있다. 평소 기상 시각이 일출보다 훨씬 이를 때 생기는 경우다. 일부 국가에서만 나타나는 잘 알려지지 않은 현상이다. 특히 거주지가 그 지역이나 국가의 표준시 기준 지점에서 멀수록 이 현상이 두드러진다. 예를 들어 영국은 그리니치에서 멀리 떨어진 지역이 거의 없어 문제가 크지 않다. 브리스톨은 그리니치에서 서쪽으로 2도 떨어져 있고, 표준시와 10분 차이가 난다. 10분 정도의 차이는 브리스톨 사람들에게 큰 영향을 주지 않는다. 그러나 중국 서부 쓰촨성의 청두는 사정이 다르다. 1949년 이후 중국 전역은 동쪽 끝 베이징의 태양 위치를 기준으로 시간을 맞췄다. 태양 기준이라면 청두 시각은 베이징보다 몇 시간 뒤여야 하지만, 실제로는 베이징 시각에 맞춰 살아간다. 베이징이 오전 7시일 때, 청두는 한밤중이어야 하지만 시계는 똑같이 오전 7시를 가리킨다.

중국이 과거처럼 다섯 개의 표준시를 다시 도입한다면 분명한 이점을 얻을 수 있다. 시간을 억지로 바꾸고 태양의 리듬을 무시하면 국민의 건강을 해치기 때문이다. 게다가 하나의 표준시 안에서도 서쪽에 살수록 비만, 당뇨병, 심장병, 유방암 등 각종 질병에 걸릴 위험이 더 커진다.[15] 이 현상은 서쪽에 사는 사람들이 아침 햇빛을 덜 받게 되면서 자연스러운 생체시계가 흐트러지고, 그 결과 사회적 시차증이 생기기 때문이라고 알려져 있다. 특히 중국처럼 광활한 국토를 단일 표준시로 묶어놓으면 베이징에서 서쪽으로 수백 킬로미터 떨어진 지역 주민들이 아침 햇빛을 거의 받지 못하는 상황이 벌어진다. 물론 중국이 가장 심각한 사례이지만, 함정에 빠진 나라는 중국만이 아니다. 인도 역시 표준시를 하나로 쓰고 있으나 실제로는 두 개로 나누는 것이 합리적이다.

많은 사회가 따뜻한 계절이 되면 시계를 앞으로 약 1시간가량 돌려놓는다. 흔히 '서머타임'daylight saving time이라 부르는 제도다. 그럴 만한 이유도 있다. 해가 늦게 저물면 어둠이 찾아오는 시간이 뒤로 밀려서 농사일을 조금 더 오래 할 수 있다. 하지만 생활 시간을 인위적으로 앞당기는 만큼 세계 곳곳에서 사회적 시차증이 생긴다. 생체 리듬이 권하는 시각보다 더 일찍 일어나야 하기 때문이다.

실제로 2011년에 러시아는 여름에 앞당긴 시계를 가을에도 되돌리지 않고, 그 시간을 1년 내내 유지하기로 결정했다. 그러나 불과 3년 뒤인 2014년, 다시 시계를 1시간 늦춰 영구 표준시로 전환했다. 마침 과학자들이 이 시기에 러시아 청년들의 수면 패턴과 기분 변화를 관찰하고 있었기에, 인간이 시간을 조작하면 어떤 일이 벌어지는지 알아볼 기회가 자연스레 마련됐다.[16] 시계를 앞당긴 채 보낸 3년 동안, 러시아 사람들은 사회적 시차증이 심해지고 겨울철 우울감이 한층 짙어졌다. 또한 이런 방식의 시간 조작은 에너지 소비를 조절하는 신체 기능마저 교란했다. 그 결과, 사람들은 필요한 음식의 종류와 양을 제대로 정하지 못했고, 이로 인해 체질량지수[BMI]와 허리둘레가 늘어나며 제2형 당뇨병 등의 체중 관련 질환으로 이어지는 경우가 많았다.[17]

26

인위적인 시간 집착을 내려놓고 자연의 흐름에 맡길 때 긍정적인 변화가 찾아온다. 코로나19 팬데믹 동안 많은 사람이 재택근무를 해야 했는데, 누군가에게는 스트레스였지만 출퇴근을 피하고 하루를 좀 더 유연하게 시작할 수 있다는 장점도 있었다. 전 세계 조사 결과, 근무일에도 휴일과 비슷한 시간만큼 잠을 자게 되었고 알람 시계 사용은 70퍼센트나 줄었다. 그 결과 사회적 시차증은 약 1시간이나 완화됐다.[18] 역사와 과학은 한결같이 보여준다. 해가 지는 시각이나 우리의 생체시계와 같은 자연의 시간에 삶을 맞출 때, 우리는 신체적으로나 정신적으로 더 건강해진다는 사실을 말이다.

태양과 수면 패턴을 맞추기 위해 거주지를 옮기기란 현실적으로 쉽지 않다. 하지만 사회적 시차증은 생활 습관만으로도 충분히 줄일 수 있다. 이 현상은 대개 평일 밤의 수면이 질이나 양에서 부족해, 주말에 몰아서 잠을 자며 생기는 경우가 많다. 따라서 평일 밤에는 전자기기 사용이나 음주, 카페인 섭취를 줄이는 등 기본적인 수면 습관을 지키는 것이 중요하다. 또한 아침에 눈을 뜬 직후 햇볕을 쬐고 가벼운 운동을 하면 생체시계가 건강한 리듬을 회복하는 데 도움이 된다. 햇빛은 세로토닌과 멜라토닌처럼 우리 몸의 시계를 조율하는 데 핵심적인 신경전달물질의 균형을 맞추는 역할을 하기 때문이다.[19] 운동도 비슷한 효과를 내지만, 햇빛만큼 강력하지는 않다.[20]

휴일처럼 시간을 온전히 스스로 조율할 수 있는 날에는 생활의 결을 조금만 바꿔도 효과가 크다. 늦은 밤까지 이어지는 모임은 살짝 줄이고, 토요일 밤 영화는 평소보다 조금 일찍 시작해보자. 그러면 기상 시각이 자연스레 당겨지고 하루의 흐름도 한결 부드러워진다. 듣기에 그리 멋진 조언은 아닐지 몰라도 건강에는 이만한 처방이 없다. 물론 엄격한 규율로 받아들일 필요는 없다(가끔의 밤샘과 파티는 오히려 삶에 모조, 즉 활력과 생기를 불어넣으니 말이다). 만약 평일 기상 시간을 스스로 조절할 수 있다면, 팬데믹 시절을 떠올리며 침대 속에서 조금 더 여유를 누려도 좋다. 건강한 리듬을 되찾는다면, 그 아침의 여유로운 몇 분이야말로 게으

27

름이 아니라 가장 현명한 투자다.

산업화된 국가와 문화가 빚어낸 인위적 시간관은 결국 부메랑이 되어 우리에게 되돌아온다. 시간은 삶의 구석구석까지 파고들어 막대한 영향을 미친다. 알람 시계에 맞춰 하루를 시작하고, 끝없는 권태에 시달리며, 늘 시간에 쫓기는 생활은 몸과 마음을 서서히 갉아먹는다. 사람들은 흔히 무언가를 할 '시간이 있다'거나 '없다'고 말한다. 운동할 시간이 날 때도 있고, 그렇지 않을 때도 있다. 친구를 만날 시간이 있을 때도 있지만, 그럴 틈조차 없을 때도 있다.

"시간이 없다"라는 말은 행동을 미루는 궁색한 핑계이자, 실은 허구에 가깝다. 그 말 속에는 우리가 시간을 마음대로 쓸 수 있다는 착각이 스며들어 있다. 그러나 현실은 정반대다. 우리는 시간을 소유한 적이 없다. 우리를 잡고 흔드는 건 오히려 시간이다. 안일한 무감각을 떨쳐내고, 이제는 현실을 마주해야 한다. 피곤한 눈을 비비며 잠을 털어내고, 과테말라 싱글 오리진 커피처럼 또렷하고 진한 현실의 향을 느껴야 한다. 지금 여러분의 삶은 여러분이 아닌, 시간이 주도하고 있기 때문이다. 현실에서는 눈을 뜨는 순간조차 원하는 때가 아니라 시간이 부르는 때이며, 출근길에 나서는 것도 마음이 동해서가 아니라 '그 시간'이 되어서다. 우리는 보통 오전 10시에 메를로Merlot(프랑스 보르도 지방에서 유래한 적포도주 – 옮긴이)를 주문하지 않는다. 오전에 술을 마시고 싶어도 시간이 허락하지 않는 분위기와 규범 때문에 눈치를 보기 때문이다. 죽음의 시각 역시 우리 뜻대로 정할 수 없으며, 단지 시간이 다 되었을 때 무대를 떠날 뿐이다. 우리는 시간을 멈출 수 없지만, 시간은—그리고 실제로 자주—우리를 멈춰 세운다. 지금의 시간은 우리를 지배하는 존재다. 그러나 그 지배를 끝내고, 우리가 시간을 다스려야 한다. 시간의 억압과 맞서 싸워야 한다. 폭군을 몰아내고 시간을 다스릴 주인이 될 때, 비로소 잃어버린 모조를 되찾을 수 있다.

건강을 해치고 기운을 꺾으며 삶의 활력을 앗아가도록 시간을 내버려 두는 이들이 적지 않다. 시간은 꿈과 결심을 짓밟아 진정한 성취를 가로막고, 건강한 습관과 행동마저 무너뜨린다. 시간의 침입을 허용하는 순간, 삶은 자신이 믿고 지켜온 가치와 어긋난다. 조급해져서 사랑하는 사람에게 괜한 화를 내고, 한때 설레던 일에도 무심해지며 일상의 기쁨을 잊게 된다.

이 책은 바로 그 시간의 폭정으로부터 우리의 모조를 되찾기 위한 선언이다. 모조란 '기분' 좋고 활력이 넘치는 상태를 말한다. 동시에, 자신이 소중히 여기는 생활 습관과 '행동'을 지켜 건강을 유지하고 성장해 나가는 힘이기도 하다. 그러나 현실에서 성장하고 배우며 성취를 쌓아가면서도 행복과 여유, 그리고 마음이 차오르는 기운을 끝까지 지켜내는 일은 절대 쉽지 않다.

내가 공항에서 만난 한 신사는 눈부신 경력을 쌓았지만, 그

대가로 수년간 가족을 돌보지 못했다는 사실을 뼈저리게 실감하고 있었다. 그러나 이미 너무 늦어 이를 되돌릴 길이 없다는 무력감에 사로잡혀 있었다. 반대로 가정에서 충분히 충만한 시간을 보내는 부모들 가운데에도 잃어버린 자기 정체성을 되찾고 싶은 갈망이 자신을 끊임없이 긁어대서, 결국 시간만 허무하게 흘러간다고 느끼는 이들이 있었다. 거의 매주 스포츠 뉴스에서는 정상에 오르기 위해 모든 것을 쏟아부은 끝에 정신적으로 완전히 소진된 '최정상급 선수'의 이야기가 들려온다. 그들은 승리와 성과에 몰두하느라 정작 자신의 행복과 건강을 돌볼 시간을 외면해 왔다.

그러나 시간을 제대로 이해하고 현명하게 다루면, 개인의 성장과 직업적 성취는 물론 행복, 건강, 인간관계 등 삶의 모든 중요한 영역이 다시 균형을 찾게 될 것이다.

시간과 화해하기 🕐

우리와 시간과의 관계는 어쩌면 심각하게 뒤틀려 있을지 모른다. 그러나 시간의 굴레에서 벗어나 그 지배 아래 살아간다는 감각을 떨쳐낼 방법은 분명히 있다. 이 책의 2장은 영혼을 돌보고 모조를 회복할 시간이 없는 이유가 일정이 가득 차 있어서가 아님을 설명한다. 진정한 원인은 시간에 대한 인식이 흐트러져 있기 때문이다. 뇌는 원래 우리의 이익을 위해 시간 감각을 조율하도록 설계되어 있다. 그러나 현실에서는 스트레스와 불안, 그리고 예기치 못한 인생의 변수에 대응하느라 제 기능을 다하지 못한다.

뒤이어 나오는 장들에서는 시간이 어떻게 우리의 마음속에 굳건한 목표를 세워놓고도 정작 행동은 그와는 전혀 다른 길로 이끌어 버리는지 보여준다. 스스로 성인聖人처럼 느끼게 하다가도 다음 순간에는 죄인처럼 주저앉히는 시간. 때로는 꿈을 좇으라 부추기면서 동시에 소파에 우리를 묶어두는 그런 시간 말이다. 3장은 의미 있는 새로운 활동과 마음을 북돋는 일들을 지속하려 할 때 '의지력' 하나만으로는 오래 버틸 수 없음을 조언한다. 4장은 우리가 가치 있는 결심을 번번이 저버리는 이유가 미래를 터무니없이 부정확하게 예측하기 때문임을 밝힌다. 그리고 5장은 원하는 결과와 실제 행동 사이에 시간이 끼어드는 순간, 포기와 실패는 예외적인 일이 아니라 습관적인 일이 된다는 사실을 알릴 것이다.

다음 장들에서는 시간이 흐르며 마음가짐과 목표 달성에 중요한 요소들이 어떻게 변화하는지 살펴본다. 6장에서는 우리가 과거의 경험을 기억하는 방식을 다룬다. 흔히 하나의 경험 전체를 고르게 평가한다고 생각하지만, 실제로는 그 경험이 어느 시간대에 있었는지에 따라 기억이 달라진다. 7장에서는 노력이 시간에 따라 어떻게 발현되는지, 그리고 일과 다양한 활동에서 시작 및 지속을 위해 시기별로 어떤 전략이 필요한지를 짚어본다.

우리가 마음을 열면 시간은 든든한 조력자가 될 수 있다. 8장에서는 창의성과 독창적 사고를 키우고, 잠들어 있던 나의 새로운 가능성을 깨워 꽃피우기 위해 혼자만의 시간이 얼마나 중요한지 이야기한다. 9장에서는 의욕과 활력이 꺾였을 때, 시간이 치유의 힘을 발휘하도록 내버려 두라고 권한다. 그리고 10장에서는 진정한 정체성에 맞춰 삶을 설계하고 살아가는 데 시간을 들이는 것이야말로 잃었던 활력을 되찾는 핵심 열쇠임을 말한다. 이 '핵심 정체성'은 시간의 장난을 무력화하는 강력한 동기 부여의 무기이자, 시든 열정을 되살리는 강력한 처방전이며, 내가 원하는 취미와 계획, 그리고 생활 방식을 오래도록 이어가는 원동력이 된다.

나는 지난 20년 동안 사람의 마음이 어떻게 움직이고, 행복이 어떻게 그 곁에서 함께 자랄 수 있는지를 탐구해 왔다. 그 과정에서 이 책의 사상을 떠받치는 과학적 이론과 증거를 풀어내고, 종교와 문학, 영화, 스포츠, 비즈니스 같은 다양한 영역으로 발길을 뻗어 이야기에 숨결을 더했다. 책 속에는 여러분의 모조를 깨우고 북돋울 수 있는 간결하면서도 힘 있는 전략들이 곳곳에 들어 있다. 그것들은 비즈니스와 재테크뿐 아니라 운동, 가정, 새로

32
—

운 취미 등 여러분의 삶에서 빛이 필요한 어떤 자리에도 맞춰 쓸 수 있다.

그러니 이 책은 회사를 이끄는 CEO든, 가정을 지키는 전업 부모든, 세계 정상의 무대를 누비는 엘리트 운동선수든, 처음으로 운동화를 꺼내 신는 사람이든, 더 나은 하루를 꿈꾸는 모든 이를 위한 것이다. 어떤 전략은 실행하는 순간부터 삶의 공기를 바꿔놓고, 어떤 전략은 알아차리기 어려울 만큼 은밀하게 스며들어 서서히 변화를 일으킨다. 그러나 그 모든 전략은 여러분과 '시간'의 관계를 새롭게 빚어내고, 뇌가 어떻게 작동하는지에 관한 통찰을 열어주며, 인생이라는 무대 위에서 더 많은 것을 끌어낼 힘을 길러줄 것이다.

⧖

때로는 꿈을 좇으라 부추기면서

동시에 소파에 우리를 묶어두는 시간…

우리가 마음을 열면

시간은 든든한 조력자가 될 수 있다.

2장

시간 왜곡

: 왜 항상 시간에 쫓기는가

"시간이란 건 허상이다.
　점심시간은… 그 허상이 두 배로 짧다."

ㅣ ㅣ ㅣ ㅣ ㅣ ㅣ ㅣ

포드 프리펙트Ford Prefect,
소설《은하수를 여행하는 히치하이커를 위한 안내서》속 등장인물

'시공간 연속체'space-time continuum라는 말은 대개, 아득히 먼 은하와 낯선 행성을 가르며 초공간을 질주하는 대담한 시간 여행자의 모습을 눈앞에 그리게 만든다. 그러나 이 연속체는 공상 과학 애호가들의 상상 속에서만 존재하는 허구가 아니다. 그것은 우리가 세상을 이해하는 토대의 큰 축을 이루는 개념이다. 인류가 낳은 가장 위대한 과학자인 알베르트 아인슈타인과 스티븐 호킹의 업적 또한 이 연속체, 곧 물리학자들이 '시공간'이라 부르는 개념 위에 굳건히 세워졌다. 시공간은 은하계를 넘나드는 환상 여행 수단이 아니라, 시간과 물리적 공간의 세 차원을 하나로 아우르는 정교하고도 통합적인 수학적 모형이다.

물리 법칙과 수학 공식을 떠올리면 시공간은 변치 않는 단단한 구조일 것 같지만, 그건 착각이다. 공항의 무빙워크 위를 왼

쪽에서 오른쪽으로 이동하는 친구를 바라본다고 상상해 보자. 그 친구가 골프공을 손에서 놓는다. 친구 눈에는 공이 '곧게' 아래로 떨어져 무빙워크 바닥에 닿는다. 무빙워크와 같은 속도로 함께 움직이고 있으니 당연하다. 그런데 여러분이 보는 장면은 조금 다르다. 공이 오른쪽으로 '기울어진' 대각선 궤적을 그리며 떨어지는 것이다. 친구가 이동하고 있기 때문이다. 흥미로운 건, 두 경우 모두 공이 바닥에 닿는 데 걸린 시간은 똑같지만 여러분이 본 궤적이 더 길다는 사실이다. 결국 같은 공인데도 친구가 본 것보다 여러분이 본 시점에서 더 긴 거리를 빠르게 간다고 느낀 셈이다. 삶도 그렇다. 의욕이 꺾일 때면 문득 '왜 나만 이렇게 바쁘지?' 하는 생각이 든다. 하루가 눈 깜짝할 새 지나가고, 내 삶만 유난히 속도를 높인 듯 휙휙 달려간다. 그런데 웃긴 건 그 속도를 줄일 리모컨도, 잠시 멈출 브레이크도 없다는 것이다. 그러다 보면 어느새 숨이 차고 뒤처진 채 그저 속절없이 끌려가고 있는 자신을 발견하게 된다.

'시간 지연'time dilation이라는 현상이 있다. 우리가 똑바로 서 있을 때 머리 위의 시간이 발보다 조금 더 느리게 흐른다는 것이다. 지구 중심에서 멀어질수록, 즉 더 높은 곳에 있을수록 지구 자전에 따른 이동 속도가 빨라지고, 그 결과 시간이 더 천천히 흐르기 때문이다. 물론 그 차이는 극히 미세하다. 해발 8,848미터 에베레스트 정상에서 보낸 1년은 해수면에서 보낸 1년보다

38

고작 15마이크로초 정도 길 뿐이다.

이 효과는 영화 〈인터스텔라〉를 본 사람이라면 익숙할 것이다. 영화 속 우주 비행사들은 지구에 남아 있는 사람들만큼 나이를 먹지 않는다. 초고속 우주 비행 덕분에 그들에게는 시간이 지구보다 훨씬 느리게 간다. 가령, 여러분이 우주선을 타고 광속의 90퍼센트 속도로 1년을 여행한다고 상상하자. 지구에 있는 친구들은 그사이 약 2년 4개월을 살아가게 될 것이다. 무빙워크, 자전하는 지구, 초고속 우주여행이 모두 말해주듯 시간은 결코 고정된 것이 아니라 놀라울 만큼 유연하다. 우리가 무엇을 하느냐, 그리고 어떤 시선으로 세상을 바라보느냐에 따라 시간에 대한 인식은 완전히 달라진다.

그렇기에 잃어버린 활력을 되찾고, 늘 숨 가쁘게만 느껴지는 일상을 덜어내려면 먼저 그 사실을 인정하고 마음을 열어야 한다. 시간이 부족하다는 건 '모조'를 잃었을 때 나타나는 가장 뚜렷한 징후다. 우리는 정말 바빠서 친구나 가족을 만날 시간이 없는 걸까? 운동, 책 읽기, 묵혀둔 악기를 꺼내기, 새로운 언어 배우기, 새로운 기술 익히기. 이런 일들을 할 시간이 정말 없는 걸까? 어쩌면 정작 우리를 옥죄고 있는 건 시간이 아니라, 시간을 바라보는 우리의 태도와 그 시간을 집어삼키는 환경이지 않을까? 결국 바쁘다는 건 시간이 없어서가 아니라, 시간을 '빼앗기고' 있다는 신호다.

숨 좀 고르자 ⏱

끊임없이 부지런하고 활기차게 사는 삶을 성공의 상징으로 여기는 나라가 많다. 하지만 이런 믿음이 어디에서 비롯됐는지, 그리고 지금의 우리에게 여전히 의미가 있는지 곱씹어 본 사람은 드물다. 종교를 믿든 믿지 않든, 종교 경전은 여전히 우리의 삶과 우리가 살아가는 사회에 깊은 흔적을 남기고 있다. 이를테면 구약성서만 봐도 쉼 없는 노동을 미덕으로 찬미하는 장면을 쉽게 찾아볼 수 있다. 하느님은 아담을 창조해 에덴동산을 부지런히 가꾸게 했다. 그리고 월요일부터 토요일까지 이어지는 고된 노동에서 잠시나마 벗어나도록 안식일을 줬으니, 그야말로 기막힌 한 수였다.

시간이 흘러 16세기, 수도사 마르틴 루터는 노동을 피할 수 없는 의무라 설파했고, 여기서 '프로테스탄트 노동 윤리'라는 개념이 태어났다. 다시 몇 세기가 지나, 철학자이자 수학자인 토머스 칼라일은 의미 있는 노동이 개인과 사회의 건강에 필수적이라고 강조했다. 이렇게 뿌리 깊은 사상들이 쌓이고 쌓여 쉬지 않고 일에 매달리는 것이 당연히 칭찬받아야 할 덕목처럼 자리 잡았다.

그런데 이 노동의 의무는 단지 돈을 버는 일에만 그치지 않는다. 삶의 모든 영역에서 일을 피하려는 태도, 곧 태만은 '칠죄종'

가운데 하나로 꼽히는 중대한 죄악이다. "게으른 손엔 재앙이 깃든다"라는 말처럼 우리는 끊임없는 노력이야말로 미덕이라는 생각을 거의 본능처럼 주입받았다. 그래서 오늘도 우리는 고개를 숙이고 다시 바쁘게 몸을 움직인다.

'바쁘게 지내는 것이 곧 성공'이라는 생각은 불과 지난 200여 년 사이에 두드러지게 나타난 다소 기묘한 '지위의 상징'이다. 21세기로 넘어오면서, 많은 산업화된 문화권에서는 스스로 얼마나 바쁜지를 적극적으로 드러내도록 부추기고 있다. 소셜 미디어에는 비욘세가 녹음 스튜디오에서, 데이비드 고긴스(미국 해군 특수부대 네이비 씰Navy Seal 출신이자 극한 지구력 운동가-옮긴이)가 체육관에서 보여주는 것만큼 치열하게 일하라는 게시물이 넘쳐난다. 친구들에게 근황을 물으면 그들은 쉴 새 없이 바쁜 일상을 자랑하듯 늘어놓는다. 바쁘지 않다면 삶이 무가치하거나 의미 없다고 여겨지는 분위기다. 1980년대에 '문라이팅'moonlighting(달빛 아래에서 하는 일이라는 의미-옮긴이)은 낮에 정규직 일을 하면서 동시에 부업하는 행위를 뜻했다. 당시에는 이를 대체로 곱지 않게 보았는데, 본업에 비윤리적이거나 해가 되는 행위로 여겨졌기 때문이다.

오늘날에는 부업을 '사이드 허슬'side hustle(여기서 '허슬'hustle은 춤이 아니라 '분투하다·돈벌이에 뛰어들다'는 뜻으로, 본업 외에 수익을 얻기 위한 부업이나 창작·사업 활동을 가리킨다-옮긴이)이라고 부르며, 일부 사회적 분위기 속에서는 성공한 사람으로 보이기 위해 필수적인 요소로 여겨진다. 기술의 발달과 재택근무의 확산으로 사람들은 생산성을 유지해야 한다는 압박에서 벗어나기 어려워졌고, 이제는 자신이 '집에서 일하는 것'인지 '일터에서 사는 것'인지조차 구분하기 힘들게 되었다. 이런 압박 속에서 사람들은 자신의 시간을 값싸고 무한한 자원인 양 고용주에게 팔아넘기고 있다.

바쁨을 위신의 상징으로 여기는 현상은 과학자들에 의해 여러 차례 연구됐다. 한 실험에서는 절반의 참가자들이 '제프'라는 인물에 관한 이야기를 읽었다. 제프는 서른다섯 살의 남성으로, 장시간 근무하며 일정이 늘 빽빽하게 차 있는 인물이었다.[21]

나머지 절반의 참가자들은 또 다른 '제프'에 대한 이야기를 읽었다. 이 제프 역시 서른다섯 살이었지만, 일하지 않는 생활을 즐기고 있었다. 그 결과, 첫 번째 제프가 두 번째 제프보다 훨씬 더 높은 사회적 지위를 지닌 인물로 평가됐다. 이러한 인식은 특히 '성공은 성실한 노력의 결과'라고 믿는 참가자들 사이에서 두드러졌다. 두 번째 실험에서는 서른다섯 살의 '앤'이라는 인물에 관한 이야기가 제시됐다. 한 버전의 앤은 핸즈프리 블루투스 헤드셋을 착용해 '바쁨'을 드러냈고, 다른 버전의 앤은 헤드폰을 착용해 음악을 들으며 '여유'를 나타냈다. 연구진이 착용 장비의 가격이나 혁신성을 감안한 뒤에도, 첫 번째 앤이 두 번째 앤보다 더 높은 사회적 지위를 지닌 것으로 평가됐다.

연구자들은 '바쁨'이 심지어 '부'만큼이나 지위의 상징이 될 수 있는지 알아보기 위해 흥미로운 실험을 했다. 한 그룹의 참가자들은 온라인 쇼핑과 배달 서비스를 이용하는 인물에 대한 설명을 읽었는데, 그 인물이 늘 바쁘게 지낸다는 인상을 주도록 구성된 자료였다. 또 다른 그룹은 인물이 고급 브랜드 제품을 구매한다는 설명을 읽었고, 자연스럽게 부유하다는 이미지를 심어주었다. 마지막 그룹은 비교 대상으로, 인물이 평범한 슈퍼마켓에서 장을 본다는 내용을 읽었다. 결과는 의외였다. 바쁜 온라인 쇼핑 이용자는 평범한 슈퍼마켓 이용자보다 훨씬 높은 사회적 지위를 가진 것으로 평가됐고, 그 차이는 두 쇼핑 방식의 비용이 비슷하다고 여겨졌음에도 나타났다. 더 놀라운 건, 온라인 쇼핑 이용자가 고급 브랜드 구매자와 사실상 같은 수준의 사회적 지위를 인정받았다는 점이다. 요컨대 지위를 과시하고 싶다면 부유해 보이는 것 못지않게 바빠 보이는 것도 똑같은 효과를 낼 수 있다는 이야기다.

모든 국가와 문화권이 바쁨을 지위의 척도로 여기는 것은 아니다. 서른다섯 살의 제프를 소재로 한 실험을 다시 진행한 결과, 미국인들은 바쁨을 가치 있게 평가했지만 이탈리아인들은 오히려 여유를 더 높이 평가했다. 미국인들은 대체로 성실한 노력이 사회적 계층 상승으로 이어진다고 굳게 믿지만, 이탈리아인들은 그런 생각을 그만큼 중요하게 여기지 않는다.

43

미국은 전형적인 단일 시간 문화권monochronic society의 대표적 사례다. 이들은 시계에 맞춰 생활하며, 바쁨을 곧 성공, 그리고 '아메리칸 드림'과 동일시한다. 미국인들에게 시간은 곧 돈이다. 단일 시간 문화권에서는 19세기 그리니치 천문대가 그랬듯 시간을 계량 가능한 자원으로 여긴다. 이들은 시간을 계획과 관리가 가능하도록 정확한 단위로 쪼개고, 그것을 쓸 수도, 모을 수도 있지만 절대 허비해서는 안 된다고 믿는다. 미국이나 영국처럼 단일 시간 문화권에 뿌리를 둔 국가에 살고 있다면, 시간에 대한 전혀 다른 시각이 존재한다는 사실을 떠올려 본 적조차 없을 가능성이 크다. 우리는 커피 한 잔 앞에 앉아 '내가 시간을 어떻게 대하고 있는지'를 곱씹어 볼 여유조차 없다. 물론 시간을 주제로 책을 쓰고 있지 않다면 말이다.

하지만 시간에 대한 다른 관점도 있다. 중남미, 아프리카, 아시아, 아랍권의 많은 문화에는 '폴리크로닉'polychronic, 즉 여러 일을 동시에 처리하며 시간을 유연하게 쓰는 태도가 깔려 있다. 이 문화권에서는 시간이 고정된 것이 아니라 유동적이라고 본다. 일정은 절대적인 규칙이 아니라 대략적인 지침에 불과하며, 동시에 여러 일을 하는 것을 오히려 선호한다. 그래서 오전 11시 15분에 끝나도록 잡힌 회의가 오전 11시에 시작하기로 한 다른 회의와 겹치는 일도 전혀 이상하지 않다. 시간은 굳이 초 단위로 쪼개어 관리하거나 가치로 환산해 다룰 필요가 없다고 여기는 데, 그 이유 중 하나는 어떤 일이 얼마나 걸릴지 애초에 알 수 없기 때문이다. 예컨대 고객과 비즈니스 관계를 쌓는 데 걸리는 시간은 결코 수치로 환산할 수 없다고 생각한다. 약속이 몇 시간 늦어져도 대체로 큰 문제가 되지 않는다.

농경이나 수렵채집 생활이 여전히 보편적인 전통 문화권에서는 모노크로닉monochronic(시간을 선형적으로 보고 일정과 순서를 엄격히 지키는) 국가와는 전혀 다른 '바쁨'에 대한 관점을 지니고 있다. 예를 들어 파푸아뉴기니의 카파우쿠족Kapauku people은 보통 이틀 연속으로 일을 하지 않는다. 또 남태평양 일부 섬 지역에서는 남성이 하루 4시간만 일하는 전통이 있다. 칼라하리 사막(아프리카 남부의 사막 지역-옮긴이)에 사는 일부 공동체는 주당 이틀이나 사흘간 하루 6시간만 일한다.

과거에도 '더 많이 일할수록 더 성공한다'라는 통념에 맞선 이들이 있었다. 자동차 산업의 거물 헨리 포드와 시리얼 제조회사 설립자 윌 키스 켈로그는 기존 관행을 거스르며, 직원들이 오히려 근로 시간을 줄였을 때 더 높은 생산성을 발휘한다는 사실을 발견했다. 영국의 극작가 오스카 와일드 역시 일과 성공에 대한 시선을 비틀어 이렇게 말했다. "일이란, 정말 아무 할 일 없는 사람들이 달려드는 안식처일 뿐이다." 노벨상 수상자 버트런드 러셀은 걸작 에세이《게으름에 대한 찬양》에서 일에 관한 통념을 조목조목 무너뜨리며 "노동이 미덕이라는 믿음이 엄청난 해악을 낳는다"라고 단언했다.

자신의 시간을 빼앗으려는 이들로부터 놀라울 만큼 능숙하게 지켜낸 이들도 있었다. 전해지는 이야기로는, 한 영국 외교관이 전쟁 전 독일의 지도자 오토 폰 비스마르크에게 시간을 지나치게 잡아먹는 외국 사절들을 어떻게 돌려보내는지 물었다고 한다. 비스마르크는 미소를 지으며 이렇게 답했다. "절대 실패하지 않는 방법이 있소. 비서가 와서 아내가 급히 전할 말이 있다고 전하는 것이오." 그 말이 채 끝나기도 전에 정말로 비서가 들어와 비스마르크의 아내에게서 온 긴급한 전갈을 전했다고 한다.

희망적인 변화의 기운이 직장 현장 곳곳에서 감지되고 있다. 2022년, 미국과 아일랜드의 여러 기업이 6개월간 주 4일 근무제를 시험 도입했는데, 그 결과는 기대 이상으로 고무적이었다. 시범 기간이 이어지는 동안 직원들의 스트레스와 번아웃, 피로감은 물론 일과 가정 사이의 갈등까지 눈에 띄게 줄어들었다.[22] 반대로 직원들의 신체 및 정신적 건강과 일과 삶의 균형, 그리고 삶의 여러 영역에서의 만족도는 오히려 높아졌다. 전체 직원의 97퍼센트가 주 4일 근무제를 계속하고 싶다고 답했으며, 참여한 거의 모든 기업이 이번 실험을 대성공으로 평가했다. 2023년 영국에서 60곳이 넘는 기업이 비슷한 시범 운영을 마친 뒤, 그중 56곳이 주 4일 근무제를 이어갔고, 18곳은 이를 아예 상시 제도

로 정착시켰다.[23]

가장 놀라운 점은 주 4일 근무제를 시행하면 생산성이 거의 항상 유지되거나 오히려 높아진다는 사실이다. 미국과 아일랜드 기업의 경영진에게 주 4일 근무제가 생산성에 어떤 영향을 미쳤는지 평가하게 한 결과, 평균 점수는 10점 만점에 거의 8점(0=매우 부정적, 10=매우 긍정적)에 달했다. 이러한 성과는 직원들이 나머지 나흘 동안 속도를 끌어올려 탈진에 이를 정도로 과로한 덕분이 아니었다. 오히려 한정된 시간을 더 알차게 쓰며 일한 결과였다. 주 4일 근무제를 도입하자 사람들은 시간을 더 가치 있게 여기게 되었고, 계획은 한층 세밀해졌으며 우선순위도 뚜렷해졌다. 불필요한 회의 요청을 무조건 수락하는 일도 줄었다. 아이러니하게도, 시간이 줄자 사람들은 불필요한 일을 과감히 덜어내고 꼭 필요한 업무에 집중하며, 회의는 최소화하고 집중 근무 시간을 확보하는 등 마치 시간이 더 많아진 듯 느껴지는 전략들을 세웠다.

우리는 시간을 바라보는 방식과 바쁨의 의미를 새롭게 해석하는 이들과 함께 삶 전반에서 시간과 관계 맺는 방식을 바꾸려 한다. 물리적으로 시간을 늘릴 수는 없다. 그러나 시간에 대한 인식을 근본적으로 바꿀 수는 있다. 더 정확히 말하면, 우리의 의욕과 동기를 산산이 흩어지게 만든 뒤틀린 시간 감각을 바로잡을 수 있다.

나는 진짜 바쁜 걸까? 🕐

'시간이 없다'라는 말은 삶을 바꾸는 데 가장 흔한 걸림돌이다.

"제대로 요리할 시간이 없어."

"운동할 시간이 없어."

"새 사업을 시작할 시간이 없어."

"새로운 취미를 시작할 시간이 있으면 좋겠어."

하지만 운동할 시간이 없다는 말은 엄밀히 표현하자면 정확하지 않다. 만약 누군가 머리에 총을 겨누고 "팔 벌려 뛰기 열 번 해라, 그렇지 않으면 쏴 죽이겠다"라고 한다면, 우리는 그 순간 기적처럼 시간을 만들어 낼 것이다. 문제는 시간이 '없는' 것이 아니라, 그 일을 지금 당장 해야 할 만큼 절박하지 않다는 데 있다.

이 예가 다소 지나치고 극단적으로 들릴 수 있지만, 문제를 제대로 짚어내는 일은 필수다. 사실 우리에게는 시간이 있다. 다만 다른, 더 중요한 일을 먼저 두기 때문에 없는 것처럼 느낄 뿐이다. 그래서 사람들은 더 효율적으로 움직여야 한다고 생각하며, 생산성을 높일 수 있는 온갖 방법을 찾는다. 이런 전략들은 보통 더 많은 일을 하루에 끼워 넣는 걸 목표로 하지만, 정작 시간을 넉넉하게 만들기는커녕 오히려 더 쫓기게 만드는 경우가 많다. 《나는 4시간만 일한다》의 저자 팀 페리스나 《4000주》의 저자 올리버 버크먼처럼 한때 극단적인 생산성과 초효율 라이프

스타일을 추구하던 사람들조차 이제는 그 방식을 내려놓고, 균형 잡히고 활력 있는 모조로 가득한 삶을 선택하고 있다. 시간 부족을 해결하는 진정한 방법은 더 많은 일을 밀어 넣는 것이 아니라, 시간에 쫓기는 그 감각을 덜어내는 것이다.

한 연구진은 약 250명의 중년 여성에게 7일 동안 매일의 활동을 기록하는 일기를 쓰도록 요청했다.[24] 예상대로, 기록을 들여다보니 어떤 여성들은 하루 대부분을 일과 가족 돌봄에 쏟아붓느라 숨 가쁘게 지내는 반면, 다른 여성들은 한결 느긋한 일상을 보냈다. 그러나 이번 조사의 흥미로운 대목은 따로 있었다. 연구진은 추가로 그들의 하루 일정 속에 과연 몸을 움직일 시간이 있다고 느끼는지도 물었다. 응답을 보니, 실제로 쓸 수 있는 시간과 그렇게 느끼는 시간은 별개였다.

쉽게 말해, '정말로 바쁜 것'과 '바쁘다고 느끼는 것'은 다른 얘기였다. 문제는 '바쁘다고 느끼는 것', 즉 바쁘다는 감각이다. 그 감각이 마음속 여유를 잠식하고, 의미 있거나 즐거운 일을 누릴 틈을 사라지게 만든다.

바쁘다는 감각이 도를 넘으면 그 끝은 종종 위험으로 이어진다. 과속 운전이 얼마나 위험한지는 모두가 안다. 매년 영국 도로에서 과속으로 수백 명이 목숨을 잃는다. 그런데도 한 설문에선 영국 운전자 세 명 중 두 명이 "급하면 속도 제한쯤은 어긴다"

라고 털어놓았다.[25] 다시 말해, 바쁘다는 이유만으로 운전자 열 명 중 여섯 명은 제한속도를 어겨서 누군가의 생명을 위협할 가능성을 높인다.

한편, '러시아워'만큼 이름과 현실이 어긋나는 표현도 드물다. 겉으로는 모두가 한꺼번에 서두르는 시간대처럼 들리지만, 실제 도로 위에서는 질주는커녕 거북이걸음이 이어진다. 특히 런던 도심의 러시아워는 2시간 가까이 이어지고, 차량 평균 속도는 시속 14킬로미터에 불과하다.[26] 덕분에 런던 도심을 가로지르는 약 9.6킬로미터 거리를 가는 데 40분이 훌쩍 넘게 걸린다. 웬만한 아마추어 달리기 선수라면 비슷한 시간에 완주할 수 있을 것이다. 적어도 이 속도에서는 목숨을 잃을 일은 거의 없다.

바쁘게 지내는 것과 바쁘다고 느끼는 것의 차이는, 흔히 말하는 '일과 삶의 균형'work-life balance('워크 라이프 밸런스' 혹은 '워라밸')이라는 표현이 왜 오해를 부를 수 있는지 잘 보여준다. 이 말은 마치 활력을 얻으려면 일과 여가를 정확히 반씩 맞춰야 하는 것처럼 들린다. 그러나 진정 중요한 것은 '일과 삶의 조화'work-life 'harmony'다. 이는 시간을 꼭 반반으로 나눌 필요가 없으며, 사람마다 그리고 인생의 시기마다 우선순위가 달라질 수 있음을 인정하는 태도다. 젊었을 때 나는 시간이 넘쳐난다고 느꼈다. 주 60시간을 일하면서도 모임에 자주 나가고, 운동하고, 다른 활동까지 즐기며 여전히 기분 좋게 지낼 수 있었다. 바쁘게 지냈지만, 바쁘다고 느끼진 않았다. 그러나 지금 주 60시간을 일하려 든다면 하루하루가 벅차고 통제 불가능하다고 느낄 것이다. 더 큰 문제는 이렇게 60시간 노동 속에서도 잘 버티는 사람들이 다른 이들의 상황을 고려하지 않은 채 똑같이 해내길 기대할 때 생긴다. 이런 식의 일과 삶의 불균형은 건강과 행복에 치명적이다.

미국에서 실시된 한 조사에서는 자유 시간이 거의 없으면서도 전혀 시간에 쫓기지 않는다고 답한, 거의 찾기 힘든 소수의 사람이 있었다. 이들은 전체 응답자의 10퍼센트가 채 되지 않았다.[27] 이들은 다른 응답자들보다 행복도가 '두 배'나 높았다. 쉴 새 없이 돌아가는 쳇바퀴 위에 올라가 있는 기분이 아니라, 스스로 활기차고 생동감 있게 유지하는 생활 방식을 만들어 낸 것이다. 이런 삶을 사는 사람들은 특정 집단에 국한되지 않았다. 기혼과 미혼, 청년과 노년, 부유층과 서민이 고루 섞여 있었다. 바쁘더라도 여유를 잃지 않는 상태, 그 '최적의 균형'sweet spot(스포츠에서 공이 맞을 때 힘이 가장 효율적으로 전달되고 반발력이 최고로 발휘되는 최적의 타격 지점 - 옮긴이)은 누구나 자신의 상황에 맞게 찾아낼 수 있다는 것이 이들의 다양한 배경에서 드러난다.

바쁜 마음을 조금이라도 덜 느끼는 방법으로 고대 로마 공화정의 초기 방식을 떠올려 볼 수 있다. 당시에는 한 주가 8일이었고, 그중 하루는 '무조건 장 보는 날'로 정해 온갖 필요한 물건을 사는 데 썼다. 지금도 마트에서 장을 보고, 아마존에서 필요한 물건을 주문하고, 새 시즌 패션을 둘러보는 날을 딱 정해둔다면 삶이 한결 여유로워질 것이다.

8일 주기는 로마가 4세기에 기독교를 받아들이면서 사라지고 오늘날의 7일제가 자리 잡았다. 하지만 하루를 더 늘린다고 해서 마음이 가벼워지는 건 아니다. 바쁘게 지내는 것과 바쁘다고 느끼는 것은 전혀 다른 문제이기 때문이다. 어느 직장에서든 과로에 시달린다고 하면서도 커피 한잔하러 나가서 90분을 보내는 사람이 있다. 이 사람에게 시간을 더 주거나 일을 줄여준다고 해서 그 조급한 감각이 사라지진 않는다.

더욱 현실적인 방법은 시간을 바라보는 인식을 바꾸는 것이다. 기다림이 길게 느껴진다는 말처럼, 지루할 땐 시간이 좀처럼 흐르지 않고, 즐거울 땐 눈 깜짝할 사이에 지나간다. 이 표현은 단순한 상투어가 아니다. 무언가를 기다릴 때는 시간이 남아도는 듯 보이지만, 그렇지 않을 땐 순식간에 사라진다. 그러니 시간의 흐름이 알아서 우리 삶을 들락날락하도록 둘 게 아니라, 우리가 그 운전대를 잡아야 한다.

독일의 생리학자 카를 폰 피어오르트Karl von Vierordt는 혈관을 찌르지 않고도 혈압을 잴 수 있는 최초의 장치인 스펑고그래프sphygmograph를 고안한 인물로 잘 알려져 있다. 그러나 덜 알려진 사실은 그가 사람들이 어떤 일을 하는 데 걸린 실제 시간과

체감 시간이 다르다는 점에 주목했다는 것이다. 훗날 '피어오르트의 법칙'Vierordt's law이라 불리게 된 그의 주장에 따르면, 짧은 시간 간격은 실제보다 길게 느껴지고(예: 5초가 6초처럼 느껴짐), 긴 시간 간격은 실제보다 짧게 느껴진다(예: 5년이 4년처럼 느껴짐). 하지만 이 설명만으로는 시간 감각의 모든 양상을 설명하기 어렵다. 어떤 1시간은 10분처럼 훌쩍 지나가고, 또 어떤 1시간은 2시간처럼 더디게 흐른다. 우리의 시간 감각은 전적으로 유연하며, 그 흐름과 방향은 종종 예측할 수 없이 변덕스럽다.

시간 왜곡의 진행 🕐

시간은 왜 상황에 따라 다르게 흐르는 것처럼 느껴질까? 그 단서를 찾으려면 미국 심리학의 아버지로 알려진 윌리엄 제임스를 떠올리면 된다. 그는 미술과 생리학, 의학, 심리학, 철학을 두루 공부한 폭넓은 학문적 배경의 소유자였다. 하버드대학교 재학 시절에는 '형이상학 클럽'The Metaphysical Club이라는 비공식 사교 모임에 참여했는데, 이 모임에는 이름난 소설가, 훗날 연방 대법관이 되는 인물, 그리고 미국 사회의 사유 지형을 바꾸고 대통령들에까지 영향을 미친 여러 철학자가 함께했다. 이들은 각자의 분야에서 누구보다 해박한 지식을 갖춘 인물들이었기에 그들의 말은 귀담아들을 만하다. 윌리엄 제임스의 19세기 명저

《심리학의 원리The Principles of Psychology》는 생리학, 심리학, 철학을 두루 아우른 1,200쪽이 넘는 방대한 책이다. 그 책에서 그는 "시간에 대한 우리의 감각은 마음의 상태에 따라 달라진다"라는 한 문장으로 핵심을 찌른다. 결국 흐트러진 시간 감각을 바로잡고 그 주인이 되는 데 필요한 것은 우리의 정서다. 주 4일 근무제 시범 운영이 보여주었듯, 근무 시간을 줄였을 때 직원들은 더 기분이 좋아지고 오히려 일을 끝낼 시간이 충분하다고 느꼈다. 감정은 그대로 두면 시간 인식에 휘둘리지만, 잘 길들이면 삶을 원하는 방향으로 이끄는 가장 든든한 동력이 된다.

시간을 어떻게 느끼는지는 뇌의 어느 한 부분만이 담당하는 일이 아니다. 그렇지만 '내부 시계'라는 개념을 떠올리면 이해가 한결 쉬워진다. 우리의 정서 상태에 따라 이 내부 시계는 실제 시간보다 빠르거나 느리게 움직이며, 그 결과 시간 감각도 달라진다. 그동안 과학자들은 감정과 시간 인식의 관계를 밝히려 했지만, 연구 결과는 서로 엇갈리고 혼란스러웠다. 그러다 최근, 감정이 지닌 '동기를 부여하는 성질'에 주목하면서 비로소 퍼즐이 맞춰지기 시작했다.[28] 목표나 결과를 향해 우리를 움직이게 만드는 감정을 '접근 지향적 감정'approach-oriented emotions이라고 부른다. 갖고 싶은 것을 바라보거나 목표를 향해 나아가는 과정에서 느끼는 설렘처럼 긍정적일 수도 있고, 화가 나서 무언가를 바꾸려는 마음처럼 부정적일 수도 있는 감정이다. 이 상태에 들어서면 뇌의 주의력은 거의 전부 그 일에 쏠리고, 시간의 흐름을 재는 내부 시계에는 신경을 덜 쓰게 된다. 그러면 내부 시계가 느려지고, 실제 시간은 훨씬 더 빨리 지나가는 듯 느껴진다.

이를테면, 숨이 멎을 만큼 재미있는 책에 빠져 있는 순간을 떠올려 보자(아마 지금 이 책을 읽고 있다면 상상하기 어렵지 않을 것이다). 아니면 속을 태우던 골칫거리 프로젝트를 마무리하기로 한 순간도 좋다. 1시간이 훌쩍 지났는데, 내 안의 '시계'는 고작 10분쯤만 흘렀다고 말한다. 그만큼 시간이 날아가 버린 것처럼 느껴진다. 무언가를 간절히 원할 때도 똑같다. 예를 들어, 내가 여러분에게 군침 도는 디저트 한 조각과 아무 감흥 없는 정육면체 하나(물론, 여러분이 정육면체를 보고 심장이 두근거리는 특이 취향을 가진 건 아니라고 치자)를 똑같은 시간 동안 보여준다고 해보자. 특히 배가 고프다면 분명 디저트를 본 시간이 훨씬 짧았다고 느낄 것이다. 욕망 앞에서는 시간조차 슬그머니 속도를 높인다.[29]

뇌는 욕망의 대상을 붙잡고 온 신경을 쏟아붓는다. 그러는 사이, 시간을 재는 내부 시계는 뒷전으로 밀려난다. 그래서 실제로는 더 오래 지났는데도 체감은 몇 초에 불과하다. 반면 아무런 끌림 없는 정육면체를 바라볼 때는 마법 같은 시간 왜곡이 일어나지 않는다.

위협 상황에서는 감정이 우리를 물러서게 하면서 '회피 지향적 감정'avoidance-oriented emotions이 작동한다. 이때 뇌의 생존 본능이 켜지고, 내부 시계는 실제 시간보다 훨씬 빠르게 작동한다. 내부 시계가 빨라진다는 건 같은 1초 안에 더 많은 시간 단위를 기록한다는 뜻이다. 그러면 뇌는 "많은 시간이 흘렀다"고 착각하고, 실제보다 시간이 더 느리게 흐르는 듯 체감한다.

같은 시간에 두 가지 소리를 들었다고 상상해 보자. 하나는 등골이 서늘해지는 비명이고, 다른 하나는 장난기 섞인 웃음소리다. 두 소리의 길이가 같아도, 우리는 대개 비명을 더 길게 들었다고 느낀다. 두려움 같은 회피 지향적 감정을 불러일으키기 때문이다. 이 현상은 혐오감이나 불쾌감을 주는 장면에서도 나타난다. 으스러진 머리나 종양이 달린 눈처럼, 섬뜩하고 극단적인 이미지를 볼 때 우리는 실제보다 그 시간을 더 길게 지각한다. 감정이 불러온 생존 본능이 시간 흐름마저 왜곡하는 것이다.[30]

무엇보다 중요한 건, 같은 사건이라도 그것을 어떻게 해석하느냐에 따라 느끼는 감정의 결이 달라지고, 그에 따라 시간의 흐름까지 달라진다는 점이다. 접근 지향적 감정을 느끼면 시간이 훌쩍 지나가고, 회피 지향적 감정을 느끼면 시간이 늘어진다. 예를 들어, 스카이다이빙을 앞두고 두려움이라는 전형적인 회피 지향적 감정에 사로잡히면 자유낙하의 순간이 유난히 길게 느껴질 것이다. 하지만 같은 경험이어도 목표를 향해 달려가듯 설렘과 기대 속에서 맞이한다면, 그 짜릿한 몇 초가 순식간에 지나간 것처럼 느껴질 것이다.[31]

시간 왜곡 메커니즘은 우리가 잘 살아가고 있을 때 가장 효과적으로 작동한다. 무언가에 몰입해 있을 때는 시간이 훌쩍 지나가지만, 피해야 할 드문 위협을 감지하면 시간이 느려져서 그에 맞춰 대응할 여유를 준다. 무엇보다 중요한 건 조화로운 삶, 즉 모조가 충만한 삶에서는 목표 달성이나 위협 회피에 끌려다니지 않는 시간도 충분히 주어진다는 점이다. 몇 가지 일을 마친 뒤에는 잠시 쳇바퀴에서 내려와 속도를 늦춘다. 이렇게 감정적으로 중립적인 상태에서는 시간이 빠르지도, 느리지도 않게 자연스러운 속도로 흐른다.

안타깝게도 많은 사람에게 일은 스트레스 덩어리이고, 가정은 늘 분주하며, 생산성을 끊임없이 강요받는 현실이 이어진다. 마치 멈추지 않는 러닝머신 위에서 무언가를 이루거나 문제를 해결하려고 늘 '전속력'으로 달리는 셈이다. 하지만 정작 그 목표나 문제는 진짜로 몰입해야 할 것들이 아니다. 새로운 책에 빠져들거나 설레는 취미에 흠뻑 젖을 수도 있었을 텐데, 우리는 불안·압박·좌절·걱정에만 몰두한다. 이렇듯 과몰입 상태가 되면 접근 지향적 감정, 그중에서도 부정적인 색채를 띠는 감정에 휩싸인 채 결코 스위치를 끄지 못하는 상태가 된다. 우리는 끊임없이 문제를 감당하고 해결하려 애쓰느라 뇌의 자원을 과도하게 소모한다. 그만큼 시간을 재는 내부 시계에는 자원이 덜 쓰이고, 시간은 금세 지나가 버린 듯 느껴진다. 정신을 차려보면 오전이 이미 사라져 있고, 우리가 한 일이라곤 텅 빈 페이지 맨 위에 '오늘 할 일'이라고 적은 것뿐이다.

하루가 분주하게 느껴지는 이유는 일정이 빡빡해서가 아니다. 행복하지 않고, 스트레스에 시달리기 때문이다. 평소의 정서 상태가 시간이 빠르게 흐른다라는 착각을 만들어 내고, 실제 바쁜 정도와 상관없이 미친 듯이 바쁜 기분에 사로잡힌다.

우리의 시간 감각이 느려지는 순간이 가끔 있지만, 생명을 위협하는 실제 위험 때문이 아니다. 그런 상황은 이제 거의 존재하지 않기 때문이다. 대신 시간은 우리가 스스로 만들어 낸 인위적인 위협을 피하려 할 때 느려진다. 회의에서는 동료들 앞에서 망신을 살까 두렵고, 운동 수업에서는 뚱뚱해 보일까 걱정하며, 자녀를 등교시키는 길에서는 다른 학부모와 비교당할까 마음을 졸인다. 이렇게 전혀 생존과 무관한 상황에서조차 원래는 실제 위협을 인지하고 피해야 할 때 작동하도록 설계된 우리의 '시간 감속 시스템'이 쓸데없이 발동한다.

하루가 쏜살같이 흘러가다가도, 기억에 남는 순간은 어김없이 망신당할 뻔하거나 거절당할 위험이 눈앞에 닥쳤을 때뿐이라면 어떨까? 내면의 시계는 속도를 올렸다 내리기를 반복하며 들쭉날쭉 뛰고, 정작 중요한 순간에는 맞는 박자를 찾아주지 않는다. 그러니 늘 바쁘고, 삶이 내 손에서 미끄러져 나가는 듯한 불안이 따라붙는다. 이게 바로 모조를 잃은 사람의 하루다. 스트레스, 걱정, 불행, 불안이 뒤섞여 인생을 갉아먹는 죽음의 조합이 생성되고, 뒤틀린 감정은 시간 감각마저 비틀어 '바쁨'이라는 착각을 부추긴다. 그러다 보면 마음을 채워줄 여유도, 그 여유를 누릴 힘도 서서히 사라져 간다.

모조를 잃은 구체적인 이유는 그리 중요하지 않다. 회사 프로젝트나 가족 문제처럼 분명한 사건이 스트레스를 주고 감정을 소진했을 수도 있다. 혹은 성취감 없는 삶에 갇혀 있거나 낮은 자존감처럼 더 만성적인 원인에서 비롯됐을 수도 있다. 중요한 건, 지금 여러분이 파괴적인 순환에 갇혀 있다는 사실을 인지하는 것이다. 반짝이던 활력을 잃으면서 시간 감각이 왜곡되고, 그 결과 너무 바쁘고 에너지가 부족하다고 느끼면서 다시 심신의 건강을 갉아먹는 악순환 말이다.

만성적인 압박 상태는 신경계와 호르몬을 조절하는 내분비계까지 해친다. 예를 들어, 압박감에 짓눌리거나 번아웃에 빠지면 호르몬 작용으로 합리적인 판단을 돕는 뇌 부위에 향해야 할 혈류가 줄어든다. 이렇게 무너진 감정은 마음뿐 아니라 몸까지 뒤흔든다.[32] 신경 연결이 흐트러지면 뇌가 목표 달성을 돕는 새로운 행동을 선택하지 못하고, 자연스레 습관적인 반응으로 되돌아간다. 즉 의도적이고 전략적인 행동 대신, 이미 몸에 밴 패턴이 우선 작동하게 되는 것이다.[33] 다시 말해 압박감에 짓눌린 상태는 판단력을 흐리게 하고, 우리를 기존의 익숙한 방식에 붙들어 둔다. 바쁘다는 감각에서 벗어나려면, 이러한 생물학적·심리적 시스템을 근본적으로 재정비할 필요가 있다.

마음의 기초 다시 다지기 ⏱

정서적 건강을 챙기라는 말은 어찌 보면 순환 논리처럼 들린다. 마음에 여유가 있어야 정서가 안정되고, 정서가 안정돼야 마음에 여유를 느낄 수 있기 때문이다. 이렇듯 맞물린 관계에는 정답이 하나로 정해져 있지 않다. 중요한 건 이 고리를 어느 지점에서든 끊어내는 것이다. 모조를 되찾기에 완벽한 시기는 영영 오지 않는다. 그러니 지금, 아주 작은 변화라도 시작하는 게 답이다.

정서적 건강을 지키는 비결은 이미 많은 사람이 삶 속에서 시험하고 다듬어 온 것들이다. 상담을 받거나, 명상을 하거나, 일기를 쓰거나, 몸을 움직이는 일이다. 여기에 아래에서 소개할 '시간을 다루는' 전략을 곁들이면 더 좋다. 이 전략들을 하나의 도구 상자라고 생각해 보자. 망치를 꺼낼지, 드라이버를 잡을지가 상황에 따라 달라지듯 인생의 다양한 순간에도 맞는 도구가 따로 있다. 중요한 건, 그 순간에 가장 잘 맞는 도구를 꺼내 쓸 줄 아는 감각이다.

내 시간을 지킨다는 것 🕐

갑작스럽고 커다란 변화는 현실적이지도 않고, 오래 지속되기 어렵고, 꼭 필요한 것도 아니다. 숨이 막히고 부담이 밀려올 때는 작고 사소한 변화가 더 쉽게 받아들여지며, 의외로 큰 효과를 낼 수 있다. 그러니 먼저 시간을 지키는 일부터 시작하라. 마치 비스마르크가 아내의 편지를 사칭한 가짜 전보를 내세워 시간 낭비를 막아냈듯이 말이다. 우리가 받는 이메일, 메시지, 전화의 대부분은 결국 누군가가 여러분의 시간을 차지하려는 요청이다. 메시지를 확인하는 단순한 행동만으로도 시간이 든다. 게다가 그 메시지에는 여러분에게 별로 중요하지 않은 일에 동의해 달라는 요청이 담겨 있을 가능성이 높다.

"이 양식 작성해 줄 수 있어?" "전화 좀 해줄래? 중요한 일이야." "이 문제는 어떻게 처리할 거야?" "인사팀에 연락해 줄래?" 이메일을 열어보는 순간, 곧바로 해야 할 일 목록에 새로운 과제가 추가된다. 이런 요청은 마음과 환경이 모두 준비됐을 때만 검토하라. 스스로 '요청을 받을 시간'을 정하고, 그때만 메시지를 확인하라. 동료가 자기 프로젝트 이야기를 꺼내기에 딱 좋다고 여기는 순간이 아니라, 여러분이 마음을 열기로 한 그 시간에만 읽는 것이다. 그렇게 해야 흐름을 빼앗기지 않고, 시간을 주도권 있게 다룰 수 있다.

이메일만큼 허무하게 시간을 잡아먹는 일도 드물다. 사실, 메일을 읽고 답장을 쓰는 건 종종 제대로 된 일을 피하려는 핑계가 되곤 한다. 어떤 사람들은 1시간에 서른 번, 많게는 마흔 번씩 메일함을 들여다본다. 마치 중요한 일을 하고 있는 듯한 착각을 주기에 이보다 더 그럴듯한 수단은 없다는 듯이 말이다.[34]

이처럼 잦은 방해 속에서는 중요한 일에 깊이 몰입하기가 사실상 불가능하다. 더구나 이메일에 지나치게 의존하는 습관은 정신 건강을 해칠 뿐 아니라, 뇌의 일부 기능마저 저하시킨다는 연구 결과도 있다.[35]

절대 '이메일 전사'처럼 메일함을 모조리 비우거나, 이른바 '인박스 제로'Inbox Zero를 달성하려 애쓰지 마라. 이 표현은 작가 멀린 맨Merlin Mann이 만든 말로, 본래는 사람들이 받은편지함에 쏟는 주의력을 최소화하자는 뜻이었다. 처음 이 말이 등장했을 때 인박스 제로는 이메일을 아예 들여다보지 않는 나름 숭고한 목표를 가리켰다. 이제 이 말은 받은편지함을 텅 비우겠다는 터무니없는 목표로 변질됐다. 인박스 제로를 이루려 애쓰다 보면 오히려 긴 시간을 허비하게 된다. 우리가 원하는 것은 삶에 시간을 보태는 것이지, 빼앗기는 게 아니다. 어떤 이메일은 며칠쯤 모른 척 두기만 해도 아무런 조치를 취하지 않았는데 문제 자체가 저절로 사라지는 경우가 많다. 이메일 회신 속도를 조금 늦추기 시작하면 종종 이런 흐름이 이어진다. 첫날에는 "안녕하세요,

이 문제 좀 도와주실 수 있나요?"라는 메일이 오고, 하루 뒤에는 "걱정 마세요, 해결됐습니다"라는 후속 메일이 도착하는 식이다. 답장을 보내지 않아도 사람들은 스스로 다른 해답을 찾아내곤 한다.

일 얘기를 계속하자면, 회의는 절대 정각에 끝나도록 잡아서는 안 된다. 매시간의 마지막 5~10분은 흐트러진 리듬을 되찾는 나만의 시간이어야 한다. 그런데 온라인 일정표에 바로 다음 회의와 맞물려 끝나는 회의가 불쑥 들어왔다면, 과감히 시간을 조정하라(그리고 그 일정을 넣은 사람에게는 따로 조용히 얘기하라. 상사라면 특히 그렇다).

이 짧은 틈은 단순히 잠깐의 여유를 만드는 데 그치지 않고, 하루의 흐름에 잔잔한 숨결을 불어넣는다. 잠시 자리에서 일어나 깊게 숨을 들이마시는 몇 분만으로도 머릿속이 한결 가벼워지고 바쁨의 압박이 느슨해진다. 물론 작은 변화로 새로운 운동 계획이나 사업을 시작할 만큼의 시간을 벌 수는 없다. 하지만 지금 필요한 건 그게 아니다. 지금의 목표는 시간을 다시 손에 쥐고, 커져 있는 감정의 불균형을 바로잡는 것이다. 이메일, 카카오톡, 업무 회의처럼 다른 사람들이 시간을 빼앗는 모든 경로를 찾아내라. 그리고 그 흐름을 여러분 쪽으로 되돌려라.

죽은 시간 알아차리기 🕐

다음 단계는 고대 로마 철학자 세네카의 조언을 새겨듣는 것이다.

"우리는 재산이나 돈에는 인색하면서도, 정작 가장 인색해야 할 대상인 시간은 너무도 쉽게 허비한다."

그리고 가장 냉철한 성찰의 순간에 이렇게 충고했다.

"이미 흘러간 시간은 모두 죽음의 소유다."

이 두 가지 조언을 함께 떠올려 보면, 정작 가장 소중한 자원인 시간을 너무 쉽게 내어주는 건 아닌지 반성하게 된다. 그러니 아무것도 얻지 못한 채 흘려보내는 '죽은 시간'을 찾아내라. 그리고 그 시간을 되찾아 더 의미 있는 곳에 써라.

대표적인 죽은 시간 중 하나는 이불 속에서 무의미하게 뒹구는 순간이다. 나의 경우 예전엔 알람이 오전 6시 15분에 울려도 딸을 깨울 시간이 될 때까지 이불 속에 그대로 누워 있는 일이 잦았다. 그 시간은 아무 쓸모도 없었다. 피곤하다는 생각만 되뇌거나 오늘 해야 할 일을 어떻게 풀어갈지 머릿속으로 굴려봤지만, 피로가 풀린 것도 아니고 일의 실마리가 잡힌 것도 아니었다. 시간을 낭비하는 건 곧 자발적으로 삶을 조금씩 덜어내어 죽음 쪽으로 밀어주는 행위나 다름없었다.

혹시 여러분에게도 이런 시간이 있다면 과감히 되찾아 더 의미 있는 곳에 써라. 죽은 자투리 시간을 덜어내는 일은 지금 단계에서는 굳이 생산성을 높이려는 목적이 아니다. 혹시라도 인생의 모든 순간을 쥐어짜듯 생산적으로 써야 한다는 '최적화된 삶'의 함정에 빠지지 말자. 그 시간은 차 한 잔을 우려 마시고, 숨을 깊이 들이마신 뒤 내쉬고, 온몸을 시원하게 쭉 뻗는 데 쓰는 편이 훨씬 낫다. 그저 마음과 몸의 균형을 다시 맞추는 데 온 힘을 다하라. 내면이 두려움과 불안에서 허우적대게 두지 않으면 된다.

하루의 시작뿐 아니라 저녁에도 죽은 시간이 숨어 있지 않은지 살펴봐야 한다. 잠자리에 들기 전 잠깐 쉬는 건 분명 필요하고 의미 있는 일이지만, 3시간째 소파에 파묻혀 멍하니 있는 건 얘기가 다르다. 저녁 식사가 끝나자마자 그저 잠들 시간만 기다리며 흘려보내고 있다면 그 죽은 시간을 과감히 걷어내라. 특히 TV 채널을 이리저리 돌려보거나 OTT 홈 화면을 끝없이 스크롤하며 불안한 마음을 달랠 거리를 찾고 있다면 그것이야말로 죽은 시간의 명백한 신호다. 저녁에는 많은 시간과 힘을 쏟아야 하는 일을 새로 시작하지 마라(그 이유는 3장에서 다룬다). 대신 책을 읽거나, 음악을 듣거나, 산책을 하는 것처럼 작지만 편안한 일을 해보라. 이 활동들은 겉보기엔 사소해도 마음을 풀어주고 회복시키는 데 분명한 힘이 있다.

목적 없이 소셜 미디어를 끝없이 스크롤하는 때는 세 번째이자, 아마도 가장 흔한 형태의 죽은 시간이다. 그렇게 무의미한 일을 할 거라면 최소한 한동안 쓰지 않았던 근육을 쭉 늘려주는 스트레칭이라도 곁들이는 게 낫다. 소셜 미디어를 들여다보는 일은 처음엔 나름대로 이유 있는 탐색일 수 있지만, 금세 별다른 가치가 없는 시간 낭비로 바뀌기 쉽다. 틱톡에 들어가 시간을 보낼 거라면 최소한 목적을 가지고 보라. 양파를 효율적으로 써는 법을 알아보거나, 새로운 여행지를 찾아내는 것도 좋다. 하지만 거기서 멈춰라. 명확한 이유나 목표를 갖고 스크롤하면 소셜 미디어의 끝없는 블랙홀에 빨려 들어가지 않는다. 아니면 애초에 소셜 미디어나 TV 시청 시간을 정해두는 것도 좋다. 그렇지 않으면 알고리즘이 '잔디 깎는 영상'처럼 별 관심도 없는 주제를 던져주는 순간 이상하게도 그 단순한 화면에 홀린 듯 빠져들어 추천의 늪 속으로 가라앉게 된다. 가장 중요한 건 두려움과 불안의 바닷속에서 자신을 방치하지 않는 것이다.

감정의 전염성 ⓘ

마음 건강을 근본부터 돌보고, 시간에 대한 인식을 새롭게 하기 위해서는 과감한 변화도 필요하다. 지난 몇 년간의 세계적 사건을 겪으며 우리는 바이러스의 전파 방식에 익숙해졌다. 하지만 감정 역시 바이러스처럼 전염된다는 사실은 여전히 잘 알려지지 않았다. 감기에 잘 걸리거나 쉽게 옮기는 사람이 있듯이, 감정도 사람마다 전염되거나 전파하는 정도가 다르다. 어떤 이는 감정 면역력이 약해 타인의 감정에 쉽게 물들고, 또 어떤 이는 재채기 예절이 서툰 사람처럼 자신의 감정을 주변에 쉽게 퍼뜨린다.

감정은 목소리를 타고 전해지기도 한다. 예를 들어 행복한 사람은 보통 음의 높낮이가 크고 말 속도가 빠르지만, 소리의 크기는 거의 변하지 않는다.[36] 사람은 다른 이의 목소리 표현을 들으면 무의식적으로 그 소리를 따라 하게 된다. 그런데 단순히 흉내만 내는 것이 아니라, 그 목소리에 담긴 감정까지 그대로 느낀다. 타인의 감정 신호를 모방하는 순간, 그 자극이 신경을 통해 뇌로 전달되어 '나 역시 그 감정을 느끼고 있다'고 뇌가 받아들이기 때문이다.[37]

감정은 표정과 자세, 몸짓을 통해서도 전해진다. 그러나 기술의 발달은 감정이 전해지는 양상을 바꾸어 놓았다. 이제 우리는 누군가를 직접 마주하지 않아도 사이버 공간에서 감정에 전염당한다. 실제로 약 70만 명에 달하는 페이스북 이용자를 대상으로 한 대규모 실험에서, 연구자들은 뉴스피드에 표시되는 게시물의 감정적 성격을 의도적으로 조정했다.[38] 다른 이들의 글에서 긍정적인 내용이 줄어들면 사람들 역시 그에 맞춰 긍정적인 글을 덜 올렸다. 반대로 연구진이 부정적인 게시물의 양을 줄이자, 사람들의 글에서도 부정적인 표현이 눈에 띄게 줄어들었다.

타인의 감정을 예민하게 포착하는 능력에는 여러 가지 이점이 있다. 표정과 몸짓에서 감정을 읽어내고, 그에 맞춰 반응하는 일은 중요한 소통의 기술이자 관계를 단단하게 잇는 힘이다. 이 능력은 깊이 공감하고, 순간의 분위기와 흐름을 빠르고 정확하게 읽어내도록 돕는다. 특히 갓난아기를 둔 부모에게는 없어서는 안 될 자질인데, 아기들은 아직 말을 통해 생각을 전할 수 없기 때문이다. 이런 장점이 있지만 여러분의 주변이 지나치게 바쁜 사람들로 가득하다면 감정 전염은 결코 유익하지 않다. 다른 심리 상태와 마찬가지로 바쁨과 그에 따른 압도감 및 스트레스 역시 쉽게 전염된다. 우리가 과도하게 바쁘고 지치는 데에는 오프라인과 온라인을 포함한 주변 사람들과 환경이 큰 영향을 미친다. 오프라인·온라인 공간 모두에서 늘 바쁨에 시달리는 사람들로 둘러싸여 있다면, 특히 타인의 감정을 잘 흡수하는 공감형 인간일수록 유사한 감정을 느끼게 된다. 예를 들어 출근길 지하철처럼 사람들이 분주함과 피로에 절어 있는 공간에 놓여 있다면, 자신 역시 금세 그 기운에 휩싸인다.

직장이든, 친구 사이든, 가족이든 늘 조급함과 서두름의 소용돌이로 끌어들이는 사람이 있기 마련이다. 혹시 메시지나 전화를 하면 반드시 곧장 답하길 요구하는 사람이 있는가? 그렇다면 이제는 관계의 패턴을 바꿀 때다. 시간을 온전히 손안에 되찾으려면 먼저 그런 요구에서 한발 물러서는 것이 필요하다. 가장 확실하지만 다소 극단적인 방법은 아예 그 영향력을 일상에서 줄이는 것이다.

예컨대, 대화할 때마다 바쁘다는 티를 내는 친구라면 메시지를 잠시 끊는 것부터 시작하자. 점심때마다 "바빠 죽겠다"는 기색으로 허우적대는 동료와 맞부딪히기 싫다면, 점심 루틴부터 살짝 틀어라. 사랑하는 사람이나 가족 혹은 소중한 친구가 늘 조급한 기운을 전해온다면 그 관계를 단칼에 끊는 것은 쉽지 않다. 하지만 그대로 두면 내 일상까지 휘둘리게 된다. 이 경우에는 새로운 기준을 분명히 세우고 알리는 것이 필요하다. 예컨대 스마트폰이나 이메일을 예전만큼 자주 확인하지 않겠다고 미리 이야기하고, 앞으로는 답이 조금 늦어질 수 있음을 알려주는 것이다. 그렇게 해야 상대의 '바쁨'이 나에게까지 번져오는 고리를 끊을 수 있다. 그 제안을 불편해하거나 부정적으로 반응한다면 상황은 더 심각할 수 있다. 그것은 단순한 습관이 아니라, 일종의 집착이나 의존으로 드러나는 태도이기 때문이다.

코로나19 팬데믹 동안 우리는 감염 위험을 줄이기 위해 여러 지침을 따랐다. 당시에는 사회적 거리 두기, 마스크 착용, 모임 제한, 비대면 만남 같은 말들이 일상적인 용어로 쓰였다. 사람을 만날 때는 실내가 아니라 야외에서 모이라는 지침도 있었다. 이와 마찬가지로 감정도 전염되기 때문에 사람을 만나는 방식과 상황을 스스로 조율해야 한다. 그래야만 불필요한 감정적 전염을 피할 수 있다.

생활 루틴 점검 ⏰

감정의 균형이 조금이라도 회복되면, 마음이 한결 가벼워지고 '바쁨'에서 벗어났다는 사실에 스스로 놀라게 된다. 이것이 바로 첫 번째 단계다. 주변의 감정 전염을 줄이고 내 시간을 되찾는 것. 이제 그다음 단계로 넘어가야 한다. 하루 동안의 일과와 활동을 더 맑은 시선으로 바라보고, 상상력을 들여 루틴을 새롭게 분석하는 일이다. 그러면 시간에 대한 관점이 바뀌고 잃었던 활력이 돌아온다. 감정의 불균형도 점차 바로잡히며, 마치 시간이 더 늘어난 듯한 여유가 생긴다.

루틴을 살피는 방식은 여러 갈래가 있다. 많은 사람이 파킨슨의 법칙을 들어본 적이 있을 것이다. "일은 주어진 시간을 끝까지 채우도록 늘어난다"라는 말이다. 원래는 1시간 안에 충분히 끝낼 수 있는 일도 2시간을 배정해 두면 이상하게도 2시간을 다 쓰게 된다. 그래서 흔히 이 법칙은 '왜 일이 늘 예상보다 오래 걸리는지'를 설명하는 원리로 알려져 있다. 하지만 이 법칙을 거꾸로 활용하면 오히려 시간을 벌 수 있다. 회의를 원래 1시간으로 잡아뒀다면, 다음에는 30분만 배정하라. 불필요한 말이 줄고 할 일은 똑같이 끝낼 수 있다. 헬스장에서 1시간을 운동하기로 했다면 이번에는 45분만 해보라. 성과는 그대로인데, 여유 시간은 늘어난다. 운동도 마찬가지다. 같은 1시간을 채우더라도 세트 사이에 멍하니 시간을 흘려보내지 않으면 훨씬 효율적이다. 이 원리는 선택의 순간에도 그대로 적용된다. 예컨대 부엌 수납장 손잡이를 새로 고른다고 치자. 황동 빛의 브러시드 브라스^{brushed brass} 마감과 은빛의 크롬 마감 사이에서 고민하다 보면 2시간이 훌쩍 지나기 쉽다. 하지만 스스로에게 15분이라는 제한 시간을 주면, 몇 시간을 붙잡고 끙끙댔을 때와 다르지 않은 결정을 훨씬 빨리 내릴 수 있다.

작지만 소중한 시간을 지키려면 우선 그것들을 눈에 보이게 만들어야 한다. 그냥 흘려보내지 말고 다이어리에 일정처럼 적어두자. 주로 다이어리를 업무용으로만 쓰지만, 오히려 사적인 삶에서 더 요긴할 것이다. 가능하다면 종이 다이어리를 쓰는 게 가장 좋다. 스마트폰 속 일정은 언제든 알림과 메시지에 휩쓸려 사라지지만, 종이에 적힌 기록은 온전히 나만의 시간을 지켜낸다. 상담가들은 삶의 여러 영역을 구분하기 위해 다이어리에 색을 달리 쓰라고 권한다. 이렇게 하면 어떤 활동이 다른 활동을 잠식하고 있는지 한눈에 드러난다. 그리고 그 색깔들 가운데는 반드시 텅 빈 시간, 누구와도 약속하지 않은 고요한 시간이 하나쯤 있어야 한다. 그래야 무너진 균형을 되돌리고, 잃었던 활력을 다시 채울 수 있다. 이 시간을 단순히 '혹시 다른 일정이 늘어날 때를 대비한 여유 공간' 정도로 여기면 안 된다. 오히려 신성한 시간처럼 존중하라. '아무것도 하지 않기'를 계획에 넣는 것은 '아무것도 계획하지 않는다'는 것과는 전혀 다르다. 공백의 시간은 하나의 독립적인 활동으로 자리 잡아야 하며, 오히려 중요한 약속 중 하나로 다뤄져야 한다.

다이어리나 일정표를 만드는 일은 특정 활동을 습관으로 굳히는 데에도 도움이 된다. 프랑스 소설가 귀스타브 플로베르는 이렇게 말했다. "생활은 규칙적이고 질서 정연하게 하라. 그래야 업무에서는 대담하고 독창적일 수 있다." 일상이 일정한 리듬을 갖추면 머리에 쉴 틈이 생기고, 늘 바쁘다는 압박감도 덜 수 있다. 매 순간 우선순위를 저울질하며 무엇을 포기할지 고민하지 않아도 되기 때문이다. 이를테면 매주 목요일 오후 5시에 아이를 수영 수업에 데려가기로 정해두면 매번 수영·테니스·피아노 중 어디에 보낼지를 두고 갈팡질팡할 필요가 없다. 팀 회의 역시 일정한 시간에 늘 잡아두면 다른 일정을 맞추느라 이리저리 바꾸는 정신적 부담에서 벗어날 수 있다.

다이어리에 기록해 두면 불필요하게 자주 반복하는 일을 쉽게 알아차릴 수 있다. 대부분의 일은 주기를 조금 늘린다고 해서 문제 될 게 없다. 팀 회의를 매주 하는 대신 격주로 한다고 해서 달라질 게 있을까? 사실 아무 일도 없다. 선반을 매주 닦지 않는다고 해서 집안이 금세 먼지로 뒤덮이는 것도 아니다. 반복되는 일은 주기를 늘려도 무방하다. 그만큼 시간이 넉넉해지고, 마음도 한결 가벼워진다.

재충전 활동 🕐

활동을 줄이는 목적은 단순하다. 숨 돌릴 시간을 만들고, 늘 바쁘다는 '압박감'에서 벗어나기 위함이다. 그렇게 해서 새로운 활동을 하나둘 더할 여유가 생겼다면, 그 자리에 들어올 수 있는 건 진짜 설레는 일뿐이다. 문제는 여기서 헷갈리기 쉽다는 점이다. '회복'이라고 생각하고 잡은 일이 사실은 또 다른 의무일 수 있다. 예를 들어 친구랑 만나는 게 즐거워야 하는데 오히려 눈치 보고 맞추느라 더 지치면 그건 회복이 아니라 소모다. 다행히 지난 50년 넘는 연구가 이 구분을 좀 더 명확히 해주었다. 사람을 회복시키는 활동에는 공통적으로 세 가지 심리적 요소가 들어가 있다는 것이다.[39]

첫째, 나를 유능하고 효과적인 존재로 느끼게 해야 한다. 새로운 스포츠를 시작했는데 그 경험이 오히려 학창 시절 체육 시간에 팀을 나눌 때 늘 맨 마지막에 선택받던 기억(미국 학교에서는 학생들을 차례로 지명해 팀을 구성하는데, 끝까지 이름이 불리지 못하는 경우를 뜻한다-옮긴이)만 떠올리게 한다면, 그것은 회복이 아니라 오히려 자신감을 갉아먹는 일이 된다. 활동은 '할 수 있다'라는 감각을 줄 때에만 진정한 활력이 된다.

둘째, 다른 사람과의 관계를 만들어 주거나 키워주는 활동일수록 회복에 도움이 된다. 절친과 커피 한잔 하며 수다 떠는 순간처럼 눈앞에서 또렷하게 느껴질 수도 있다. 만일 직접 이야기를 나누지 않더라도, 더 큰 공동체 속에 속해 있다는 사실만으로 은근히 힘이 되어준다.

세 번째 요소는 아마도 가장 추상적일 것이다. 회복을 주는 활동은 반드시 자기 안에서 비롯되어야 한다. '해야 할 것 같아서' 혹은 '의무감 때문에' 억지로 하는 일은 결코 회복으로 이어지지 않는다. 친구가 권해서, 혹은 시간 관리 책에 나와 있으니 따라 하는 활동이라면 이미 내 것이 아니다. 내가 하고 싶어서 스스로 선택한 활동이어야 한다. 마치 배의 선장처럼 방향을 정하는 주체가 되어야 한다. 무엇을 '해야 한다'가 아니라, '하고 싶다'는 마음에서 시작되는 활동만이 진정한 회복의 힘을 가진다. 만약 그 활동이 관계를 만들어 주지도 않고, 유능함을 느끼게 하지도 않으며, 내 주도권을 확인시켜 주지도 못한다면, 모조를 채워주기는커녕 오히려 소진시키고 만다.

이것만은 기억하자 🕐

우리가 시간이 부족하다고 느끼는 건 실제로 얼마나 바쁘냐와는 별 상관이 없다. 바쁘고 정신없다는 감각은 결국 내 마음 상태가 만들어 낸 착각일 뿐이다. 문제를 계속 풀고 성과를 내려고 몰아붙일수록 감정은 더 팽팽해지고, 시간은 쏜살같이 사라진다. 반대로 삶이 느려지는 순간은 거절당했을 때, 창피할 때, 두려움이 엄습할 때다. 시간 감각은 감정과 함께 진화해 왔지만, 지금은 제 기능을 잃었다. 그래서 시간을 회복하려면 무엇보다 감정을 다스릴 줄 알아야 한다.

그렇다고 방법이 없는 건 아니다. 명상, 운동 같은 전통적인 방식도 있지만 이제는 기술도 다뤄야 한다. 이메일, 카카오톡, 인스타그램 알림은 결국 다 시간을 뺏으려는 장치다. 준비가 됐을 때만 확인하고, 그 외에는 철저히 닫아두라. 그리고 주변에서 늘 "바빠 죽겠다"는 기운을 퍼뜨리는 사람들을 찾아내라. 그건 그냥 하소연이 아니라 감정의 바이러스다. 막지 않으면 똑같이 전염된다.

감정을 어느 정도 다시 조율하고 나면, 비로소 일상의 루틴을 돌아보고 작은 변화를 만들 수 있는 마음의 여유가 생긴다. 먼저 의미 없이 흘려보내는 '죽은 시간'을 덜어내거나 다른 것으로 채우고, 특정 활동에 쓰는 시간을 줄여보라. 루틴을 정돈하면서 영

75

혼을 살찌우는 회복 활동을 하는 데 집중하는 것도 좋다. 변화들이 쌓이면 조금이라도 시간을 새로 확보할 수 있고, 늘 바쁘다는 감각도 줄어든다. 무엇보다 잃었던 모조를 되찾는 데 도움이 된다. 중요한 건 이 과정이 단발성 '한 달 프로젝트'나 '일주일 챌린지'로 끝나는 게 아니라, 오래 지속 가능한 삶의 방식으로 이어져야 한다는 점이다.

⧗

결국 바쁘다는 건

시간이 없어서가 아니라,

시간을 '빼앗기고' 있다는 신호다.

3장

의지보다 중요한 것

: 시간보다 내가 앞서기

"나는 모든 것을 거부할 수 있다.
유혹만 빼고."

I I I I I I I

오스카 와일드Oscar Wilde,
당대의 빛나는 극작가이자 삶을 즐긴 보헤미안

의지력, 절제, 자기 통제. 이 세 가지를 타고난 사람만이 의미
있는 성과를 이룰 수 있는 걸까? 수없이 쏟아지는 유혹과 방해
를 생각하면, 목표를 이루기 위해 의지력이 필수라고 믿기 쉽다.
다이어트를 하는 사람이라면 마치 온 도시의 패스트푸드점과 맞
서 끝없는 전투를 벌이는 셈이다. 돈을 아끼려는 사람은 언제나
몇 십억 원을 광고에 퍼붓는 글로벌 브랜드의 유혹에 시달린다.
운동을 시작하려는 사람은 늘 눈앞의 소파가 건네는 편안함과
싸워야 한다. 다행히도 소셜 미디어에는 유혹을 이겨내고, 의지
를 다잡고, 포기하지 말라고 외치는 메시지가 넘쳐난다. 하지만
안타깝게도 이 고상한 충고들은 방향을 잘못 잡았다. 의지력과
유혹을 버텨내는 힘에 관한 개념 자체가 틀렸기 때문이다. 살을
빼든, 운동을 하든, 돈을 모으든, 책을 쓰든, 인생의 변화를 의지

력에만 맡겨서는 안 된다. 의지력에만 매달리면 결국 시간이라는 녀석이 교묘하게 우리를 방해할 뿐이다.

인간이 유혹 앞에서 쉽게 흔들린다는 사실은 고대 종교와 신화, 전설 속에서 반복되는 핵심 주제였다. 그 대표적인 사례가 바로 성서 속 아담과 하와의 이야기다. 아담은 흙으로 빚어졌고, 하와는 그의 갈비뼈에서 태어났다. 두 사람은 서로 사랑에 빠졌으며, 에덴동산에서 옷을 입지 않은 채 영원히 행복하게 살아갈 수 있는 축복을 받았다. 그러나 조건이 있었다. 금지된 열매, 즉 선악과만큼은 절대 입에 대지 말아야 한다는 것이었다. 눈앞에는 '최고의 삶'을 영원히 누릴 수 있는 조건이 주어져 있었다. 언뜻 쉬워 보였지만, 뱀의 속삭임 앞에서 결국 유혹을 이기지 못했고 수치심은 파도처럼 밀려와 그들을 삼켰다. 마침내 두 사람은 에덴에서 추방되어, 우리처럼 땅에서 땀 흘리며 고통을 짊어지게 되었다.

아담과 하와의 이야기처럼 그리스 신화 속 호기심 많은 판도라 역시 금지된 상자를 열지 않고는 견디지 못했다. 그리고 눈 깜짝할 사이 세상은 병과 죽음, 온갖 불행으로 가득 찼다. 이슬람 전승에서는 천사 하룻과 마룻이 왜 신이 의지가 약한 인간을 그토록 높이 평가하는지 이해하지 못했다고 전해진다. 이에 알라는 두 천사에게 인간보다 나은 모습을 보이라고 시험을 내렸다. 처음에는 모든 유혹을 뿌리쳤다. 그러나 아름다운 여인 조흐

라를 만난 순간 상황은 달라졌다. 두 천사는 그녀와의 밀회를 갈망했지만, 조흐라는 술을 마시지 않으면 받아주지 않겠다고 했다. 둘은 바로 술잔을 비우고 신의 거룩한 이름마저 입 밖에 내버렸다. 결국 두 천사는 나란히 '수치스러운 귀환길'을 걸을 수밖에 없었다. 현대에 이르러서도 할리우드는 인간이 성性, 돈, 지위의 유혹 앞에서 얼마나 나약해지는지 즐겨 다뤄왔다. 수천 년간 수많은 사례가 이어져 왔어도 의지력 하나로 유혹을 버텨낼 수 있다는 경고는 여전히 공허한 메아리로 남는다.

　과학자들은 흔히 의지력, 곧 자기 통제력을 '눈앞의 유혹을 뿌리치고 더 큰 미래의 목표를 선택하는 힘'으로 정의한다. 가장 쉬운 예가 다이어트다. 다음 달 중요한 모임에 멋진 모습으로 가고 싶어서 체중을 줄이려 애쓰는 중이라고 상상해 보자. 그런데 오늘이 하필 직장 동료의 생일이라 책상 위에는 커다란 도넛 상자가 놓여 있다. 눈앞의 달콤한 유혹과 미래의 목표 사이에서 갈등하는 순간, 이때 필요한 것이 의지력이다. 게다가 그 도넛 위에는 여러분이 가장 좋아하는 글레이즈가 두껍게 발라져 있을지도 모른다(굳이 도넛이 아니어도 된다. 여러분이 쉽게 끌리는 어떤 유혹거리로 바꿔보자). 하지만 한입 베어 무는 순간 체중 감량 목표는 위태로워지고, 이를 뿌리쳐 내는 데 필요한 것이 바로 의지력이다.

　같은 맥락에서, 따분하지만 꼭 끝내야 하는 업무도 있다. 인스타그램을 스크롤하며 시간을 흘려보내고 싶은 충동을 누르고 업무를 끝내는 것, 이 역시 의지력의 몫이다. 의지력은 우리를 어떤 행동에서 막아내는 힘이기도 하지만, 때로는 우리를 움직이게 하는 힘이 되기도 한다. 어느 저녁, 운동을 하겠다고 다짐했지만 소파에 몸을 기댄 채 편안히 늘어져 있다고 상상해 보자. 손에는 향긋한 김이 피어오르는 크리미한 음료가 들려 있고, TV에서는 좋아하는 프로그램이 흘러나온다. 이 순간에 몸을 일으켜 운동하러 나가려면 그 결심을 밀어붙일 의지력이 절실하다.

이 사례는 의지력이 우리 앞에 어떤 모습으로 나타나는지 잘 보여준다. 때로는 달콤한 간식을 참아내거나 소파에서 몸을 일으키는 것처럼 짧고도 강렬한 순간에 등장하고, 때로는 따분한 일을 끝까지 붙들고 해내야 하는 길고 지루한 싸움이 되기도 한다. 겉모습은 달라 보여도 갈등의 순간에 뇌를 들여다보면 놀랍게도 비슷한 신호가 포착된다. 연구가 말해주는 결과는 분명하다. 유혹과 소중한 목표가 맞부딪힐 때마다 그 상황이 단순히 도넛 앞에서든, 지루한 업무 앞에서든, 혹은 더 큰 삶의 결단 앞에서든 의지력이 작동하는 방식은 크게 다르지 않다는 것이다.[40]

앞선 사례들에서 의지력이 얼마나 소중한 자산인지 보여준다면, 실제로도 많은 사람이 의지를 하나의 미덕으로 여긴다. 나이키의 슬로건 "의지에는 장애물이 없다"Willpower knows no obstacles나 니큐이틴(금연 보조제)의 "의지여, 영원 하라" 같은 문구들이 의지가 성공의 필수 조건이라는 믿음을 널리 퍼뜨렸다. 정상에 오른 사람들의 이야기를 듣다 보면 꼭 언급되는 장면이 있다. 바로 '이불에서 나오는 순간'이다. 정상에 오른 여정을 묻는 질문에, 올림픽 챔피언과 성공한 기업가들은 흔히 새벽마다 따뜻한 이불의 유혹을 뿌리치고 몸을 일으켜 세웠던 순간들을 떠올린다.

이런 얘기들은 듣기엔 재미있지만, 사실 성공은 '가끔 이를 악물고 일어난 하루'보다 '대부분 아무 일 없이 평범하게 일어난 수많은 아침' 위에서 쌓인다. 사람들은 종종 의지력으로 유혹을 이겨낸 순간을 떠올리지만, 그런 에피소드에만 집착하는 것은 핵심을 놓치는 셈이다. 의지력은 때로 유용하게 쓰일 수 있으나, 그것에 반복적으로 혹은 지속적으로 의존하다 보면 결국 결심이 모래처럼 부서지고 만다. 진정한 성취와 지속적인 성공은 의지만을 붙드는 데서 나오지 않는다. 의지력이 왜 과대평가되고, 성공의 토대라 여겨지는 믿음이 얼마나 허약한지 밝히려면 인간의 진화라는 더 깊은 맥락으로 시선을 돌려야 한다.

의지력의 진화 ⊕

지난 200년간 전 세계 곳곳에서 몰아친 산업화는 우리 삶의 무대를 완전히 갈아엎었다. 그 이전 시대만 해도 '알렉사'Alexa(아마존이 개발한 인공지능 음성비서 - 옮긴이)라는 존재를 작은 상자 속에 두고 말을 건네는 사람은 미친 사람 취급을 받았을 테고, 감옥에 끌려가는 신세가 됐을지도 모른다.

그런데 현실은 어떤가. 산업은 빛의 속도로 진화했지만, 인간의 몸과 마음은 여전히 구석기 시대의 설계도를 붙잡고 있다. 바로 이 극심한 '속도 차이'가 오늘날 우리의 번아웃, 각종 질병, 그리고 수많은 사회적 병리 현상의 근본 원인이다. 예전에는 지방을 쉽게 저장하는 체질이 생존의 무기였다. 먹을 것이 늘 부족했던 시절, 살이 잘 붙는 몸은 굶주림을 버티게 해주는 든든한 보험이었기 때문이다. 그러나 오늘날 이 능력은 비만을 유발하는 원인 가운데 하나가 되었고, 각종 질환의 위험을 크게 높이는 주범으로 지목된다. 마찬가지로 소금을 갈망하고 몸에 붙잡아 두려는 경향 역시 과거에는 생존 전략이었다. 탈수가 흔했던 시대에는 꼭 필요한 본능이었지만, 지금은 과다한 염분 섭취로 인해 미국과 영국 인구의 3분의 1 가까이 고혈압에 시달리고 있다.[41]

뇌도 마찬가지다. 진화의 속도가 워낙 느려서 우리의 뇌는 수만 년 전 조상들의 뇌와 크게 다르지 않게 작동한다. 문제는 세상은 이미 초고속으로 변해버렸다는 점이다. 바로 이 '생물학과 환경의 엇박자' 때문에 의지만 붙잡고 버티려는 전략은 애초에 한계가 있을 수밖에 없다.

우리의 먼 조상들, 수백만 년 전의 영장류는 홀로 살아가는 존재였다. 그들이 필요로 한 것은 많지 않았다. 먹고 마실 것, 가끔의 짝짓기, 그리고 맹수나 다른 위협으로부터 몸을 지키는 일 정도였다. 체중을 몇 킬로그램 줄이고 싶다거나 성공적인 사업을 일구고 싶다는 식의 '인생 목표' 따위는 그들의 머릿속에 들어올 리가 없었다. 삶의 방식은 단순했지만 동시에 험난했다. 그래서 대부분의 선택은 오직 몇 가지의 기본적인 목표를 이루는 데 집중될 수밖에 없었다. 이러한 삶은 수백만 년 동안 이어졌고, 그 과정에서 인간 뇌의 일부인 변연계(감정·동기·본능적 행동을 관장하는 원초적 뇌 영역-옮긴이)가 발달했다. 이 영역은 먹고, 짝짓기하고, 더 큰 동물로부터 달아나는 데 탁월했을 뿐 다른 기능은 거의 없었다. 변연계가 이 역할을 해낸 방식 가운데 하나는 욕구를 충족시킬 기회가 보일 때마다 도파민이라는 쾌감을 불러오는 호르몬을 분비하라고 신호를 보내는 것이었다. 그 보상은 같은 행동을 반복하게 만들었다. '의지력' 같은 것은 존재하지 않았다. 유혹을 뿌리칠 필요 자체가 없었기 때문이다. 음식을 얻을 기회가 생기면, 주저 없이 먹었다.

선조들은 주로 밤에 활동했다. 홀로 조용히 움직이며 사냥감을 노리고, 포식자를 피해 몸을 숨기기에 어둠이 유리했기 때문이다. 이 생활 방식은 약 5,200만 년 전, 인류사에 중대한 전환이 일어날 때까지 이어졌던 것으로 추정된다.[42] 그들은 먹이를 쉽게 찾기 위해 더 멀리, 더 빨리 이동해야 했고, 그 결과 낮에 활동하기 시작했다. 하지만 낮으로 옮겨간 삶은 곧바로 약점이 되었다. 어둠 속에선 감춰졌던 존재가 대낮엔 포식자의 눈에 쉽게 띄었고, 먹잇감은 그만큼 빨리 도망칠 수 있었다. 바로 이 순간부터 인간의 진화가 다른 길로 접어들었다. 선사시대의 우리 조상들은 더 이상 혼자가 아닌 무리를 이루어 살아가기 시작했다. 포식자의 공격을 막아내기 위해, 그리고 사냥을 더 성공적으로 해내기 위해서였다.

새로운 공동체 생활 방식은 분명 큰 성공을 거두었지만, 동시에 새로운 딜레마를 안겨주었다. 조상들의 뇌는 본디 기회만 주어지면 남의 음식을 빼앗고 짝을 차지하며 거처를 점유하려는 본능으로 짜여 있지만, 그런 행동은 곧 공동체에서 밀려나는 길이었고, 생존 가능성을 오히려 스스로 갉아먹는 선택이 되고 말았다. 영장류의 뇌는 본래 눈앞의 욕구를 충족시키는 데만 맞춰져 있었지, 깊이 따져보고 선택하는 능력에는 서툴렀다.

새로운 사회 속에서 어떤 이는 동료의 음식을 빼앗고 싶은 마음이 들었을지도 모른다. 그러나 그 동료가 무리에서 가장 뛰어난 사냥꾼이었다면, 그가 배불리 먹는 편이 결국 자신에게도 유리하다는 계산이 작동했을 것이다. 이러한 상황을 거듭 겪으면서 조상들은 차츰 본능을 누르고 욕망을 절제하는 법을 배워갔다. 당장 손에 잡히지 않는 목표를 위해 유혹을 참아내는 힘, 그것이 의지력의 가장 원시적인 형태였다.

인간의 조상에게 의지력, 그리고 협력이나 여러 행동의 장단

점을 저울질하는 능력은 생존을 위한 결정적인 무기가 되었다. 따라서 뇌는 이 기능을 담당하는 새로운 영역을 발달시켰는데, 바로 전전두엽피질이다. 전전두엽은 욕망을 다스리고 충동을 억제하며, 눈앞의 유혹보다 더 큰 가치를 위해 선택을 조율하는 뇌의 핵심 장치가 되었다.[43] 비록 다른 동물들에게도 전전두엽피질의 일부는 존재하지만, 그 크기와 복잡성에 있어서 인간의 뇌와 견줄 만한 종은 없다. 인간의 전전두엽은 비할 데 없이 발달해, 사고와 판단, 계획과 충동 억제 같은 고차원적 기능을 수행하며 우리를 다른 모든 생명체와 구분 짓는 뇌의 핵심이 되었다.[44]

사실, 인간과 다른 영장류를 구분 짓는 핵심적인 심리 차이는 의지를 발휘하고 본능적 충동을 억제할 수 있는 능력에 있다. 특히 자녀를 둔 부모라면 이미 체감하고 있겠지만, 전전두엽피질은 뇌의 다른 영역보다 유난히 느긋하게 자라서 성숙에 도달하는 데 한참 걸린다. 사실상 성인이 되고서야 제 기능을 다하는 셈이다. 그러니 십 대 자녀가 며칠 만에 냉장고를 싹 비워버린다고 해도, 그건 어디까지나 뇌 발달 탓이지 아이 탓이 아니다.

의지력이 생겨난 덕분에 조상들은 눈앞의 욕구를 참아내고 더 큰 미래의 이익을 선택할 수 있었다. 하지만 늘 참고 기다리는 게 답은 아니었다. 예를 들어, 집단 안에 며칠째 굶은 사람이 있다면 그 고기는 당장 굶주린 이의 배를 채우는 데 쓰여야 했다. 바로 이런 상황을 헤쳐 나가기 위해 의지력은 단순한 절제가 아니라 '시간을 읽어내는 힘'으로 진화했다. 당장의 욕구와 먼 미래의 목표 사이에서 균형을 잡아내는 능력, 그것이야말로 인간이 살아남을 수 있는 비밀이었다.

의지력으로 욕구를 억누르다 보면 자연스레 불편한 감정이 따라온다. 오래 버틸수록 그 불편함은 더 짙어지지만, 그렇다고 분노나 슬픔처럼 뚜렷하게 이름 붙일 수 있는 감정은 아니다. 오히려 설명하기 애매한 답답함, 알 수 없는 긴장에 가깝다. 실제로 실험에 참여한 사람들 역시 의지를 쏠 때 느끼는 기분을 '짜증스럽다'거나 '괴롭다'고 표현했다. 우리는 무언가를 억지로 참고 있을 때 본능적으로 얼굴을 찌푸리는데, 그 표정이야말로 의지력이 남기는 부정적 감정의 흔적이다.[45, 46]

배가 고픈데 눈앞에 가장 좋아하는 케이크를 두고 일을 해야 한다고 해보자. 처음엔 버틸 만해도, 시간이 길어질수록 속이 뒤틀리듯 불편해지고 결국엔 손이 케이크로 가버린다. 의지력으로 유혹을 막아내는 일은 본래 오래 버틸 수 없도록 설계된 셈이다.

그런데 의지가 쉽게 흔들린다는 것은 역설적으로 장점이기도 했다. 덕분에 우리는 장기적인 목표와 눈앞의 욕구 사이에서 자연스럽게 균형을 잡을 수 있었기 때문이다. 의지력은 원래 유혹을 끝까지 막아내는 철벽 같은 능력으로 진화되지 않았다. 만약 그랬다면, 우리 조상들은 생존에 꼭 필요한 기본적인 욕구까지 무시했을 것이다. 그래서 의지력은 애초에 오래 버티려 하면 결국 한계에 부딪히고 깨지도록 설계된 힘이었다.

흔히 의지력을 근육에 빗대어 설명하곤 한다. 힘을 쓰면 에너지가 소모되고, 다음번엔 남은 힘이 줄어든다는 식이다. 하지만 이 비유는 이제 거의 힘을 잃었다. 의지력이 줄어드는 이유는 '능력'이 떨어져서가 아니라, '안 쓰고 싶은 마음'이 더 커지기 때문이다. 뜨거운 물에 손을 집어넣어 무언가를 꺼낸 상황을 떠올려보라. 고통을 참고 한 번은 꺼낼 수 있겠지만, 그렇다고 두 번을 하고 싶지는 않을 것이다. 의지력도 똑같이 작동한다.

어느 실험에서 재미있는 결과가 나왔다. 쿠키를 눈앞에 두고 먹고 싶은 마음을 꾹 참았던 사람들은 그렇지 않은 사람들보다 뒤이어 진행된 의지력 테스트에서 훨씬 빨리 포기했다.[47] 그 후로 연구자들은 이 현상을 여러 상황에 적용해 수백 번이나 반복 검증했다. 나 역시 동료들과 함께 참가자들을 대상으로 실험했는데, 일부러 신체적 불편을 주는 과제를 주고 그들이 중간에 포기하지 않고 얼마나 끝까지 버틸 수 있는지 지켜봤다.[48] 그 결과 유혹을 참고, 본능을 거스르고, 지루하거나 힘든 일을 끝까지 버티는 데 의지력을 쓰고 나면, 그다음엔 또다시 꺼내 쓰고 싶은 마음이 눈에 띄게 줄어들었다.

흥미로운 사실은 과제가 전혀 딴판이어도 이 현상이 똑같이 반복된다는 점이다. 쿠키를 참아낸 일이 곧바로 정신적 과제와

이어지는 것도 아니고, 정신적 과제가 신체적 인내 실험과 맞닿아 있는 것도 아니다. 그런데도 의지력을 한 번 쓰고 나면, 전혀 다른 상황에서 또 꺼내기가 왠지 더 힘들어진다.

이 효과는 심리학 실험실을 넘어 현실에 적용했을 때 훨씬 큰 의미가 있다. 예를 들어, 점심에 먹고 싶은 걸 참으며 식단을 조절했다면 그 여파로 오후의 격렬한 회의 자리에서 감정을 누르기가 더 힘들어진다. 또 점심때 의지력을 써버렸다면, 퇴근 후 헬스장에 가야 한다는 결심도 쉽게 흔들린다. 마찬가지로 오전 11시에 동료가 건넨 케이크를 겨우 거절했다면, 불과 15분 뒤에 마주한 따분한 업무를 끝까지 버티는 일이 한층 더 어려워진다. 의지력을 쓰고 나면 사람들은 웬만하면 다시 쓰고 싶어 하지 않는다. 문제는 우리가 매일 같이 먹고 싶은 걸 참거나, 하고 싶은 걸 미루는 등 크고 작은 절제를 요구받는 상황에 놓인다는 점이다. 그러니 다이어트나 운동, 생활 습관을 바꾸려는 시도가 쉽게 무너지는 것은 어쩌면 당연한 결과다.

당장 필요한 기본 욕구를 외면하지 않기 위해 인간은 두 번째 시간 기반 안전장치temporal safety mechanism를 발달시켰다. 즉 욕구를 억누르는 시간이 길어질수록 그 욕구를 충족시킬 기회에 더욱 눈이 쏠리고, 결국 그 욕구는 점점 더 강렬해진다.[49]

오늘날 손쉽고 사소한 유혹들이 삶의 구석구석을 채우는 세상에서, 우리의 의지력은 애초에 버텨내도록 빚어진 것이 아니다. 이제 우리는 충동을 향해 등을 떠미는 연약한 의지가 아니라, 무자비한 현대의 유혹에 맞설 단단하고도 굳센 의지를 필요로 한다. 하지만 우리에게는 정작 그것이 없다.

이 모든 신경과학적·진화론적 맥락을 종합해 보면, 의지력은 마치 찬장 구석에 묵혀둔 통조림 스파게티(한국으로 치면 라면 한 봉지 - 옮긴이) 같은 것이다. 다른 음식이 없거나 제대로 요리하기에 너무 늦은 상황에서만 꺼내 들어야 제격이다. 마찬가지로 의지력도 특별한 순간에만 힘을 발휘하도록 아껴야 한다. 몸이 탈진했을 때나 하루 종일 극심한 스트레스를 받은 날처럼 불가피한 위기 상황에 말이다.

통조림 스파게티에 '끊임없이' 의존한다면, 결국 기운은 빠지고 건강은 무너질 수밖에 없다. 의지력 또한 마찬가지다. 그것을 장기적인 원동력으로 삼는 것은 현명한 선택이 아니다. 통조림 스파게티를 꺼내 먹는 순간이 사실은 마트에 가서 제대로 된 식재료를 채워야 할 신호이듯, 의지에만 매달리게 되는 순간은 곧 올바른 열정이나 뚜렷한 목표가 아니라 억지로 버티는 힘에 기대고 있다는 경고다. 만약 이 경고를 무시한다면, 목표와 꿈은 끝내 손에 닿지 못할 것이다.

의지가 언제 무너질지는 예측할 수 없다. 그러니 유혹을 얼마나 오래 버틸 수 있을지 계산하려 드는 건 의미가 없다. 오히려 시간이 흐를수록 의지력이 무너질 가능성이 점점 커진다는 사실을 떠올리는 편이 더 낫다.

초콜릿 브라우니를 거부하는 시간이 길어질수록 결국 입에 넣을 확률은 높아지고, 달리기를 미루는 시간이 길어질수록 TV의 유혹에 굴복할 가능성은 더욱 커진다. 따분한 일을 오래 붙들고 있을수록 지루함은 우리를 잠식한다. 의지력은 1시간을 버틸 때보다 아침 전체를 버틸 때 더 쉽게 무너진다. 1시간보다 1분을 쓰는 게 낫고, 1분보다 1초를 쓰는 게 더 낫다. 이렇게 보면 시간은 곧 우리의 목표와 꿈을 가로막는 가장 큰 적이다.

가장 필요할 때 무너지는 의지 🕐

의지력은 본래 특정한 상황에서 특히 쉽게 부서지도록 설계되어 있다. 그렇기에 의지만을 믿고 의존하는 일은 더욱 터무니없다. 마음이 편안하고 에너지가 살아 있을 때는 전전두엽과 변연계를 잇는 신경망이 제대로 작동한다. 이 두 영역이 원활히 소통할 때, 뇌의 원초적 충동은 통제되고 대부분의 상황에서 이성적이고 합리적인 선택을 내릴 수 있다. 사무실 탕비실에서 케이크를 보더라도 집에 가면 든든한 저녁이 기다리고 있다는 사실을 알기에 참아낼 수 있다.

그러나 스트레스를 받는 상황에서는 달라진다. 스트레스에 반응하는 것은 가장 본능적인 생존 기제 가운데 하나이며, 주로 변연계의 특정 부위가 이를 담당한다. 그런데 스트레스가 지속되면 호르몬이 분비되어 전전두엽과 변연계 사이의 소통 통로가 약화된다. 이 순간 목줄이 끊기듯 제어가 풀리면서 결정권은 무모한 변연계로 넘어간다. 그 결과 스트레스 상황에서는 생각과 감정, 그리고 행동이 본능적 충동을 좇는 원시적 시스템에 지배당한다. 이 체계는 다른 모든 것을 희생해서라도 당장의 욕구를 충족시키려 한다.[50]

조상들에게 스트레스는 곧 목숨이 걸린 문제였다. 맹수의 위협처럼 생존이 달린 순간이었기에 온몸이 긴장하고 즉각 반응하는 것이 당연했다. 하지만 오늘날의 삶에서 그런 극적인 위기는 좀처럼 찾아보기 어렵다. 지금 우리가 겪는 스트레스는 대개 프로젝트가 엉망이 된 경우, 혹은 아이가 쇼핑몰에서 울며 떼쓰는 경우와 같은 일들이다. 겉보기에는 사소한 문제 같지만, 여전히 뇌는 이를 위급 신호로 받아들여 변연계가 판단을 장악한다.

그러다 보니 평소라면 쉽게 억누를 수 있는 충동이 갑자기 커지고, 욱해서 화를 내거나 정크 푸드, 술, 쇼핑 같은 각자의 취약한 고리에 휘둘리고 만다. 의지는 원래 약한데, 스트레스를 받으면 더 쉽게 무너진다. 그렇다고 방법이 아예 없는 건 아니다. 숨을 깊게 들이마시고 내쉬거나, 잠깐 눈을 감고 명상에 잠기거나, 각자 나름대로 써온 스트레스 해소법이 뇌의 여러 영역을 다시 연결해 줄 수 있다. 이런 행동을 한다고 해서 당장 수도승 같은 강철 멘탈이 되는 건 아니지만, 마음이 휘청거릴 때 붙잡아 주는 작은 버팀목이 되어줄 수는 있다.

스트레스에서 벗어나 판단력을 회복하는 속도는 사람마다 다르다. 일반적으로는 스트레스가 가라앉으면 효소가 분비되어 뇌 속 소통을 막던 호르몬을 차츰 녹여낸다. 통로가 열리면 전두엽이 다시 제 역할을 찾아간다. 하지만 어떤 사람들은 이 효소의 힘이 약해 전두엽이 쉽게 주도권을 되찾지 못한다. 결국 태생적으로 불리한 조건을 안고 살아가는 셈이다. 이렇듯 사람마다 의지의 강약이 다른 이유는 어느 정도 생물학적 한계에서 찾을 수 있다. 그렇다고 해서 이것을 핑계 삼아 불규칙한 생활을 정당화할 수는 없다. 결국 중요한 사실은 생활 습관을 바꾸거나 개인적인 목표를 이루는 데 '의지' 하나만으로는 부족하다는 것이다.

에너지가 바닥나고 스트레스가 오래 이어지면―가난 속에서 지내거나 불행한 관계에 갇혀 사는 것처럼―뇌의 변연계는 계속 과부하 상태로 굴러가면서 헬스장에서 매일 운동하는 사람의 근육처럼 단단해진다. 반대로 전두엽은 거의 쓰이지 못해서 소파에만 늘어져 있는 '만성 방콕러'처럼 점점 힘을 잃는다. 충동적인 행동은 생물학적 요인만으로도, 환경적 요인만으로도 설명되지 않는다. 둘이 맞물릴 때 비로소 드러난다.

흥미로운 사실은 납중독(납 성분이 체내에 축적되어 신경계와 장기에 손상을 일으키는 상태-옮긴이)도 비슷한 효과를 낸다는 점이다. 납은 신경계의 소통을 방해하는 금속인데, 몸에 쌓이면 전두엽과 변연계 사이의 연결이 무너져 충동을 제대로 제어하지 못하게 된다. 그래서 혹시 또 무언가에 쉽게 휘둘렸다면 집 어딘가에 낡은 납 수도관이 숨어 있고, 그 배관에서 납이 녹아서 물을 오염시키는 건 아닌지 우스갯소리로라도 떠올려 볼 만하다.

그냥 빨리 해버리는 미덕 ⏱

과학소설 애독자라면 아마 아이작 아시모프라는 이름을 들어 봤을 것이다. 그는 과학소설의 '삼대 거장' 가운데 한 사람으로 꼽히며(나머지 둘은 아서 C. 클라크와 로버트 A. 하인라인이다), 세 권짜리 대작 《물리학의 이해Understanding Physics》를 집필했고, 심지어 화성의 분화구 하나가 그의 이름을 따서 붙여졌다. 아이작 아시모프가 그의 가상 세계를 구축하기 위해 만들어 낸 많은 법칙은 오늘날 인공지능 개발에도 참고되고 있다. 그의 대표적인 단편 가운데 하나인 〈전쟁에서 승리한 기계The Machine that Won the War〉에서는 이후 '아시모프의 정리'Asimov Corollary라고 불리게 된 개념을 제시한다.

하루에 10시간을 주면, 5시간을 줄 때보다 밀리는 시간만 두 배 늘어난다.

달리 말하면, 어떤 일을 이루기 위해 시간을 더 준다고 해서 꼭 좋은 결과가 나오지는 않는다. 오히려 행동으로 옮기기를 미룰수록 예기치 못한 방해물이 끼어들 가능성이 커진다. 예컨대 많은 사람이 '운동을 더 해야지' 하고 마음먹지만, 정작 꾸준히 실천하며 생활의 일부로 자리 잡게 하는 일은 쉽지 않다. 아시모프의 정리를 일상에 적용해 보면 이유가 조금 더 분명해진다.

98

예를 들어, 여러분이 건강한 생활 방식을 시작하기로 결심했다고 가정하자. 아침 7시에 아침밥을 먹으며 저녁 6시에 러닝을 하겠다는 계획을 세운다. 하루가 순조롭게 흘러가다가, 오후 2시가 되자 상사가 긴급 회의를 소집한다. 회사의 최우선 고객사가 계약을 해지했고, 여러분에게 그 거래처를 관리해야 하는 책임이 떨어진다. 그 뒤로 3시간 동안 어떻게 대처해야 할지 고민만 하다 보니 몇몇 동료들이 함께 근처 펍에 가서 속풀이를 하자고 제안한다. 잠시 술잔을 기울이며 스트레스를 풀면 내일 새 거래처를 유치하기 위해 다시 시작할 힘을 되찾을 수 있을 것 같다. 여전히 건강한 생활을 이어가고 싶은 마음은 있지만 동료들과 함께할 기회를 놓칠 수는 없다. 결국 리오하 와인(스페인 북부 리오하 지방에서 생산되는, 풍부한 향과 깊은 맛으로 잘 알려진 대표적인 레드 와인-옮긴이) 네 잔을 비우고, 러닝은 또다시 내일로 미룬다.

이 사례가 모든 사람에게 똑같이 와닿지 않을 수 있다. 그러나 뜻밖의 사건 하나가 계획을 무너뜨릴 수 있다는 사실만큼은 누구나 공감할 것이다. 집에 수도관이 터지거나, 아이가 학교에서 갑자기 아프거나, 배우자가 벗어둔 신발에 걸려 넘어지는 식으로 인생은 언제든 우리의 의도를 가로막을 변수를 품고 있다.

아이작 아시모프의 지혜는 바로 여기에 있다. 어떤 계획이든 미뤄두는 순간, 예상치 못한 일이 끼어들어 실패할 가능성이 커진다. 운동만이 아니라 새로운 언어를 배우는 일, 좋은 책을 읽는 일, 종이접기를 연습하는 일, 꽃꽂이를 시작하는 일 등 모든 활동에 두루 적용되는 통찰이다. 아시모프의 말은 우리가 자꾸 미루는 소소하지만 꼭 필요한 일에도 그대로 들어맞는다. 터진 타이어를 고치거나, 세금 신고를 처리하거나, 휴대폰 요금제를 다시 바꾸는 일 같은 것들 말이다.

게다가 시간이 흐르면 의지력은 약해지고, 결국 그런 방해물이 나타났을 때 버텨내기도 힘들어진다. 시간은 우리의 계획과 목표를 두 번 흔든다. 하나는 예상치 못한 변수를 끌어들이는 방식이고, 또 하나는 우리의 의지를 조금씩 갉아먹는 방식이다. 그래서 결국엔 애써 세운 계획이 흐지부지 무너지고 만다.

예상치 못한 변수와 점점 약해지는 의지라는 이중의 위협을 이겨내려면 먼저 '시간'이라는 요소가 계획을 방해하는 불청객일 수 있음을 알아야 한다. 시간을 많이 두면 일이 풀릴 것 같지만 실상은 그만큼 목표가 흔들릴 가능성만 커진다. 그렇기에 첫걸음은 계획과 목표를 새롭게 바라보는 데 있다.

이제 '하지 말아야 할 목표'don't goals 대신 '해야 할 목표'do goals로 바꿔보자. 특히 구체적인 행동을 담고, 가능한 한 짧은 시간 안에 실행할 수 있는 목표라면 더 효과적이다.[51] 저녁에 '패스트푸드를 먹지 않는다'는 식의 목표보다는 '과일이나 채소를 챙겨 먹는다'는 쪽이 훨씬 낫다. 마찬가지로 '쓸데없는 옷을 사지 않는다'는 다짐보다 '월급날 바로 일정 금액을 투자한다'는 목표가 훨씬 현실적이다. 이렇게 하지 말아야 할 목표 대신 해야 할 목표로 바꾸면, 저녁 식사 시간이나 월급날처럼 끝이 분명한 짧은 순간에 집중할 수 있다. 덕분에 의지력이 끝없이 소모되지 않고, 시간의 부정적 영향 역시 그 짧은 순간만 견디면 되는 수준으로 줄어든다.

시간을 따돌리려면, 두 번째이자 훨씬 강력한 전략이 필요하다. 아시모프의 정리를 거꾸로 뒤집어 적용하기만 해도 불필요하게 의지력에 의존하지 않으면서 뜻밖의 변수가 계획을 망치는 가능성도 줄일 수 있다. 일과를 다시 짜서 의미 있는 활동은 맨 앞에 두고 '가장 먼저' 처리하라. 의미 있는 활동이란 마음을 살찌우고 인간관계를 넓혀주며, 자신의 성장을 이끌어 내는 일들을 뜻한다. 먼저 이 활동을 끝내야만 이후의 '해야 하는 일'이나 '하면 좋은 일'에도 집중할 수 있다. 그렇다면 어떤 활동이 가장 큰 만족을 줄까? 어떤 행동이 성취감을 안겨줄까? 또 어떤 일들이 타인과의 관계를 깊게 만들고, 내 목표에 한 걸음 더 가까이 다가가게 할까?

아침마다 나는 선택의 기로에 선다. 프랑스어를 공부할 것인가, 아니면 메일을 열어 동료들의 요청에 답할 것인가. 죽음을 앞둔 순간, 내가 어떤 일을 더 뿌듯하게 떠올릴까? 답은 분명하다. 프랑스어 공부다. 중요한 활동을 하루의 시작에 비록 잠깐이라도 해낸다면 그날은 이미 성공한 하루다. 프랑스어 연습이든, 운동이든, 책을 쓰는 일이든, 조금이라도 해두면 마음이 충만해진다. 반대로 다른 일들을 먼저 마치고 나면 이미 기운이 빠져버려 더 큰 의지가 필요하다. 중요한 일을 가능한 한 빨리 해두면 예기치 못한 변수가 끼어들 여지도 그만큼 줄어든다.

이 전략은 아침 일과를 실리콘밸리 CEO처럼 꾸리라는 요구가 아니다. 다만 하루를 바라보는 시각을 조금 바꿔서 진정으로 중요한 일은 아침에, 혹은 가능한 한 가장 먼저 마무리하라는 뜻이다. 반대로 이메일을 처리하거나 빨래 같은 일상적 잡무를 먼저 끝내고 중요한 일에 착수하는 습관은 잘못된 방식이다. 시간을 불러들여 목표를 가로막고 의지를 갉아먹을 뿐이다. 중요한 일은 앞에 두고, 일상의 잡무는 그 뒤로 미루자.

앞서 등장한 돌발 상황이 터진 하루를 조금 바꿔서 다시 그려 보자. 새롭게 건강한 생활을 시작하겠다고 다짐한 여러분은 아침 7시, 아침 식사를 하며 점심시간에 러닝을 하겠다는 계획을 세운다. 오전 내내 모든 일이 순조롭게 흘러가지만, 오후 2시가 되자 상사가 긴급 회의를 소집한다. 가장 중요한 거래처가 계약을 끊었다는 소식 때문이다. 점심시간에 이미 러닝을 다녀온 건 다행이다. 그날 이후의 일정은 분명 스트레스가 쌓일 테니 말이다. 중요한 건 러닝 자체가 아니라, 마음먹은 일을 가능한 한 빨리 행동으로 옮겼다는 사실이다. 다이어트든 운동이든, 업무든 재정 관리든 어떤 일이든 마찬가지다. 의지는 미루면 약해지고, 실행은 늦을수록 가로막히기 쉽다.

솔직히 누구나 하루 일정이 빼곡하므로 중요한 일을 마음대로 끼워 넣기란 쉽지 않다. 일과 가족, 각종 약속이 여유 시간을 금세 잠식해 버리기 때문이다. 그렇다고 몇몇 유명 기업가나 인플루언서들처럼 새벽 5시에 억지로 일어나 하루를 쥐어짜야 할 필요는 없다. '가능한 한 빨리'라는 원칙은 굳이 새벽이 아니더라도 오전이나 이른 오후에 충분히 적용된다. 중요한 건 어떤 일이든, 혹은 삶의 변화를 시도하든 최대한 앞당겨 실행하는 것이다. 미루다 보면 하루의 크고 작은 파도에 휩쓸려 목표가 금세 좌초될 수 있기 때문이다.

위의 조언을 따르려면 일정을 조금 창의적으로 재배치해야 할지도 모른다. 이를 위해서는 가능하다면 아침에 업무용 이메일을 열지 않는 편이 좋다. 대개 아침 시간에 '이 일을 해달라'는 요청 메일이 가장 많이 도착하기 때문이다. 만약 이메일에 곧바로 답하는 게 당연시되는 직종이라면, 그건 개인이 아니라 조직 문화가 바뀌어야 할 문제다(단, 원자로 안전처럼 실제 긴급 상황을 다루는 직업은 예외다). 의미 있는 활동은 일상 속 다른 일정에 슬쩍 끼워 넣어도 된다. 예를 들어 출근길에 걷는다든지, 아이를 학교에 데려다주면서 짧게 외국어를 듣는 식이다. 이렇게만 해도 아침 일찍 다짐을 실천하는 효과가 있다. 중요한 건 방법이 아니라, 실제로 해내는 것이다.

아침에 중요한 일을 먼저 해두면 단순히 의지력 소모를 줄이거나 변수를 피하는 데 그치지 않는다. 그 덕분에 판단력까지 좋아진다는 분명한 장점이 따라온다. 체스 선수를 떠올려 보자. 많은 수를 계산하고 전략적인 결정을 내려야 하니 엄청난 집중력이 필요하다. 이 모든 판단은 의지력의 엔진이라 할 수 있는 뇌의 전두엽에서 벌어진다. 이런 이유로 체스는 과학자들에게도 훌륭한 연구 소재가 된다. 한 수 한 수가 기보로 남고, 그 결과가 수치로 환산되어 명확하게 드러나기 때문이다.

거의 백 명에 이르는 체스 선수들이 둔 수백만 번의 수를 분석한 결과, 시간이 지날수록 결정을 내리는 속도는 빨라졌지만 악수惡手가 늘어났다.[52] 우리의 의지력이 시간이 지날수록 소모되듯이 체스 선수들도 시간이 흐르자 점점 더 정신적 자원을 적게 썼고, 결국 판단력도 떨어졌다.

연구진은 체스 선수들의 수면 성향, 즉 '크로노타입'까지 살펴보았다. 어떤 선수는 아침에 일찍 자고 일찍 일어나는 '아침형'lark(종달새)이었고, 또 어떤 선수는 늦게 자고 늦게 일어나는 '저녁형'owl(올빼미)이었다. 여기에 어느 쪽에도 뚜렷하게 속하지 않는 '중간형'도 있었다. 이 차이에는 개인의 생활 환경과 유전적 요인이 함께 작용한다(예를 들어, 우편 배달부라면 아침형일 가능성이 크다).

특히 PER3라는 유전자는 뇌와 몸이 하루 주기에 따라 어떻게 작동하는지를 조절하기 때문에 흔히 '시계 유전자'clock gene라고 불린다. PER3 유전자가 긴 사람들은 아침형 인간인 경우가 많아 원활히 활동하려면 최소 7시간 이상의 수면이 필요하다. 반대로 PER3 유전자가 짧은 사람들은 저녁형 인간일 가능성이 크고, 적은 수면으로도 버틸 수 있다. 예상대로 아침형은 오전에 체스 두기를 선호했고, 저녁형은 오후 늦게 경기를 택했다. 그런데 이 차이가 의사결정에도 영향을 미쳤다. 아침형은 두뇌가 가장 잘 작동하는 시간대에 경기를 치렀기에 더 나은 판단을 내릴 수 있었지만, 저녁형은 집중력이 떨어지는 시간대에 경기를 하다 보니 실수가 잦았다. 결국 아침형은 두뇌의 리듬과 발맞추어 이득을 본 반면, 저녁형은 불리한 흐름 속에서 결정을 내리고 있었던 것이다.

한 조사에서 이탈리아인들의 13퍼센트가 저녁형, 즉 구피 gufi(부엉이)로 분류된 반면, 아침형인 알로돌레allodole(종달새)는 거의 60퍼센트에 달했다.[53] 나머지는 아침형도, 저녁형도 아닌 부류였다. 그런데 저녁형은 아침형에 비해 저녁 식사 때 과식을 하는 경우가 많았고 흡연율이 높았으며 운동은 더 적게 했다. 그 결과 심장병을 앓는 비율도 높았다. 저녁형의 약 55퍼센트가 심장 질환을 가지고 있었던 반면 아침형은 30퍼센트에 불과했다. 비슷하게, 저녁형의 약 3분의 1이 제2형 당뇨병을 앓고 있었지만 아침형은 9퍼센트에 그쳤다. 또 다른 대규모 연구에서는 핀란드의 저녁형pöllöt(핀란드어로 '뻴뢷')이 건강 악화나 장애 때문에 아침형kiurut('키우룻')보다 더 일찍 은퇴할 가능성이 높다는 결과가 나타났다.[54] 저녁형 인간은 병을 부르는 생활 습관으로 흘러가기 쉽다.

부엉이 같은 저녁형 인간으로 산다는 건 쉽지 않다. 사회의 규칙과 잘 맞지 않기 때문이다. 늦게 일어나서 게으르다고 손가락질받고, 늦게까지 깨어 있는다고 괴짜 취급을 받는다. 현대 사회의 구조 자체가 저녁형에게는 건강을 포함해 올바른 선택을 하기 어렵게 만든다. 심야까지 문을 여는 헬스장은 드물고, 어두운 길에서 조깅하는 건 안전하지 않다. 게다가 밤에 배가 고플 때 열려 있는 곳이라곤 대부분 야식집이나 배달 음식점뿐이다. 결국 건강한 식습관을 지키고 싶어도 현실은 자꾸 다른 길로 끌어당긴다.

스웨덴에는 피카fika라는 전통이 있다. 하던 일을 멈추고 커피와 케이크를 곁들여 쉬면서 사람들과 어울리는 시간으로, 보통 오전 10시쯤 이루어진다. 그런데 저녁형 인간 입장에서 생각해보자. 이제 막 일어나서 사무실에 도착했는데, 다른 사람들은 모두 플랫 화이트와 시나몬 번을 즐기며 한숨 돌리고 있다. 이처럼 사회의 리듬은 저녁형이 생산적으로 일하기에 몹시 불리하게 짜여져 있다.

아침에 더디게 움직이는 사람이라면 '의미 있는 일은 가능한 한 빨리 하라'는 조언이 달갑지 않을 수 있다. 침대에서 벌떡 일어나게 해줄 기적 같은 전략은 없지만, 과정을 조금 수월하게 만드는 요령은 있다. 문제를 제대로 이해하고 알맞은 해법을 택하는 게 중요하다. 많은 이들이 아침형이 되려면 더 일찍 일어나야 한다고 생각해서 알람을 평소보다 일찍 맞추고 머리맡에 둔다. 하지만 결과는 대개 똑같다. 알람이 울릴 때마다 잠시 멈춤 버튼을 수없이 누르고 변화는 없다. 정작 중요한 건 '일찍 깨는 것'이 아니라 '일찍 침대에서 일어나는 것'이다. 그래서 알람 시계는 최대한 멀리 두는 게 좋다. 침실 반대편 구석이면 충분하고, 혹시 소리가 잘 들린다면 아예 복도나 다른 방에 두는 것도 방법이다. 그렇게 해야만 몸이 따라 일어나고 하루의 리듬도 달라진다.

침대에서 일어났다면, 두 번째 과제는 다시 눕지 않는 것이다. 알람은 전등 스위치 옆에 두는 편이 좋다. 알람을 끄자마자 곧바로 불을 켤 수 있기 때문이다. 하지만 이렇게 해도 대부분은 이내 다시 이불 속으로 몸을 숨긴다. 특히 겨울이라면 이불 밖은 싸늘하고, 침대는 따뜻하다. 그래서 이불 밖이 조금이라도 편안하게 느껴지도록 환경을 만들어 두는 게 중요하다. 난방을 하거나 따뜻한 옷을 침대 옆에 준비해 보자. 핵심은 아침을 시작할 때 느끼는 불편함을 최대한 줄이는 데 있다. 알람을 꺼도 방 안이 여전히 어둡고 차갑다면, 그 순간 가장 달콤하고 안전한 선택지는 언제나 침대일 것이다.

평소 기상 시간이 오전 10시인데 갑자기 '6시 클럽' 6am Club(새벽 6시에 일어나 자기계발이나 운동 등으로 하루를 시작하는 생활 습관을 공유하는 사람들을 가리키는 표현 ─ 옮긴이)에 합류하려는 시도는 무모하다. 대신 매주 조금씩, 이를테면 15분 정도씩 앞당겨 보라(만약 이것마저 힘들다면 7장을 참고하라). 그렇게 하다 보면 어느새 목표한 기상 시간에 도달할 수 있다. 토끼와 거북이의 교훈처럼, 느리지만 꾸준한 걸음이 결국 승리를 안겨준다. 잊지 말아야 할 점은 잠드는 시간도 그만큼 앞당겨야 한다는 것이다. 이는 생활 패턴의 변화를 뜻한다. 저녁을 조금 일찍 먹거나, 영화를 조금 더 일찍 보기 시작해야 할 수도 있다. 부엉이처럼 늦게 자면서 종달새처럼 일찍 일어나려 하면 결국 피로만 쌓일 뿐이다.

"우리 할머니는 저녁에도 운동하는데요?" ⏱

사람들이 "가장 중요한 일은 아침 일찍 해두라"라는 말을 쉽게 받아들이지 못하는 데는 까닭이 있다. 무엇보다, 과연 자신의 삶을 그렇게 갈아엎을 수 있을까 하는 의문부터 앞선다. 누군가는 직업 때문에 어쩔 수 없이 새벽같이 일을 시작해야 한다(빵을 굽는 제빵사나 우유를 나르는 배달부라면 더더욱 그렇다). 또 어떤 이는 어린 자녀를 어린이집에 보내야 하고, 아침 밥상을 치우느라 전쟁 같은 시간을 보내야 한다. 현재의 일정 자체를 의심해 볼 상상력조차 부족한 이들도 있다.

이런 모든 상황에서 문제는 '아이디어 자체의 효과'가 아니라, 그것을 실제로 '실행에 옮기는 일'에 있다. 로널드 레이건 시절 미국 공중보건을 책임졌던 전 외과총감 C. 에버렛 쿱은 소아외과 기술을 개척하고 전 세계 아동 건강을 발전시킨 인물로도 잘 알려져 있다. 하지만 그의 가장 큰 유산 가운데 하나는 이 말로 남아 있다. "약은 복용하지 않으면 아무 소용이 없다."

효과적인 약은 셀 수 없이 많지만, 복용하지 않으면 증상은 나아지지 않는다. 세계보건기구WHO는 많은 사람이 약을 거르거나 중단하는 상황이 전 세계적으로 심각한 문제라고 지적한다. 이와 같은 맥락에서, 의미 있는 일을 하루의 이른 시간에 해두는 것도 그 일을 꾸준히 이어가는 데 큰 도움이 된다. 다시 강조하지만 결국 중요한 것은 방법론이 아니라 해내고 싶은 그 일을 실제로 행동으로 옮기는 것이다. 이 전략이 통하지 않는다면 문제는 전략 자체가 아니라 각자의 상황에 있다. 우리의 동기와 의사결정 능력에는 분명 한계가 있기 때문이다.

저녁에도 잘 해내는 사람들이 분명히 있다. 그래서 '중요한 일은 아침에 먼저 하라'는 원칙이 허술해 보일 수 있다. 하지만 원칙은 여전히 유효하다. 오후 늦게 하는 것보다는 이른 오후가 낫고, 이른 오후보다는 정오가 더 좋다. 아침에 먼저 해두라는 것은 의지력을 덜 쓰기 위해서다. 저녁 루틴을 꾸준히 이어가는 사람들은 단순히 의지력만으로 '버티는 게' 아니다. 그들에게는 더 깊고 든든한 이유가 있다. 자신이 하는 일을 진심으로 소중하게 여기거나, 그 활동을 좋아하는 마음이야말로 힘의 원천이다. 그래서 특별히 동기가 떨어질 때나 아주 예외적인 순간에만 의지력이 필요하다.

하지만 누구나 그렇게 건강한 이유로 저녁 루틴을 지키는 것은 아니다. 어떤 이들은 완벽주의나 강박, 혹은 중독 같은 덜 바람직한 동기에 끌려 억지로 습관을 이어가기도 한다. 겉으로는 꾸준해 보일지 몰라도 그 바탕은 오래 버틸 수 없는 불안정한 힘이다. 그러니 지나친 성과주의자에게 괜히 감동받을 필요는 없다. 겉으로는 놀라운 성실함을 보여도 정작 자신이 이룬 성과에 만족하지 못한 채 속으로는 공허함을 안고 있을 수 있기 때문이다. 성취와 성과를 웰빙보다 앞세운 극단적인 불균형은 진정한 의미의 모조와는 거리가 멀다.

"네가 좋아하는 일을 선택하라, 그러면 평생 단 하루도 일하지 않아도 될 것이다"라는 말을 들어본 적이 있을 것이다. 이 말은 일이 실제로 사라진다는 뜻이 아니다. 좋아하는 일을 할 때는 노동처럼 버겁게 느껴지지 않고, 그 과정 자체가 '즐겁게' 다가온다는 의미다. 심신의 건강을 유지한 채 성공한 사람들은 아침에 억지로 몸을 일으키거나, 지루한 일을 악착같이 버티거나, 힘든 순간을 근성으로 밀어붙이기 위해 과도한 정신적 에너지를 쏟지 않는다. 물론, 최적의 모조 상태는 하루아침에 만들어지지 않고 오랜 시간을 거치며 서서히 다져진다. 그 상태에 이르면 일과 삶의 루틴을 훨씬 유연하게 운영할 수 있고, '무조건 서둘러야 한다'는 강박에서도 자연스럽게 벗어나 한결 여유를 누릴 수 있다. 뒤의 10장에서는 더 깊고 강력한 동기를 어떻게 길러낼 수 있는지를 다룬다.

하지만 새로운 변화를 시도하거나 활동을 시작하는 사람들은 대개 이런 끈기를 쉽게 갖추지 못한다. 그래서 더 큰 동기가 자리 잡기 전까지는, 삶에 긍정적인 변화를 만들고 유지하는 가장 확실한 방법이란 중요한 일을 가능한 한 빨리 시작하는 것이다. 힘겹게 느껴지는 일이나 취미일수록 결국 의지력에 기대야 하므로 서둘러 해내야 한다.

이것만은 기억하자 ⏱

이 장에서 다룬 아이디어들을 실천하다 보면 잃어버린 모조를 되찾는 첫걸음을 뗄 수 있다. 나에게 의미 있는 취미나 작업, 혹은 생활의 변화를 꾸준히 이어갈 힘을 얻게 되기 때문이다.

의지력은 우리를 끝까지 지켜주지 않는다. 그것에만 기대면 포부는 좌절되고, 꿈은 무너진다. 의지력은 우리를 지탱하지 못한다. 스트레스라는 파도 앞에서 가장 먼저 쓰러지기 때문이다. 하고 싶은 일이나 세운 계획을 미룰수록 그 사이에 삶의 온갖 변수가 끼어들어 결국 목표가 흐지부지될 가능성이 높아진다. 따라서 새로운 취미든, 의미 있는 활동이든, 중요한 변화든 하루 중 가능한 한 이른 시간에 해내는 게 가장 좋다. 이렇게 루틴을 바꿔야만 의지력에 매달리지 않고도 움직일 수 있고, 또 예기치 못한 방해에도 거뜬할 수 있기 때문이다.

긴박함의 원칙을 실천하는 방법은 의외로 간단하다. 새로운 목표를 하나 떠올리고, 그 일을 언제 할지 시간을 정해보라. 예컨대 오늘 저녁에 러닝을 나가겠다든지, 식사 후에 언어 공부를

111

시작하겠다든지, 잠들기 전 책을 펼치겠다는 식이다. 업무라면 오후 5시까지 영업 전화를 열 통 하겠다고 적어도 좋다. 이제 그 시간을 가능한 한 앞으로 당겨보라. 저녁에 하려던 일을 오후로, 오후에 하려던 일을 정오로 옮기듯이 말이다. 할 수 있다면 또 앞당겨라. 목표한 시간을 최대한 앞당기는 게 핵심이다. 그래야 의지력이 덜 소모되고, 예기치 못한 일이 끼어드는 것도 막을 수 있다. 꿈을 무너뜨리는 건 시간이 아니라, 시간을 흘려보내는 우리 자신이다.

⏳

사실 성공은 '가끔 이를 악물고 일어난 하루'보다

'대부분 아무 일 없이 평범하게 일어난

수많은 아침' 위에서 쌓인다.

4장

계획보다
자꾸 늦는 이유
: 자기기만

"오늘 우리가 그늘에서 쉴 수 있는 건,
오래전 누군가가 나무를 미리 심어뒀기 때문이다."

| | | | | | |

워런 버핏Warren Buffett,
투자자이자 자선가

요즘 세상은 기묘하다. 사기꾼이 단죄보다 먼저 명성을 얻고, 범죄가 오히려 셀럽을 만든다. 이스라엘 출신 시몬 하윳, 일명 사이먼 리비에프는 다이아몬드 사업가 행세를 하며 온라인에서 수백 명의 여성을 속였다. 그러나 역설적이게도 그는 넷플릭스 다큐멘터리 〈데이트 앱 사기: 당신을 노린다^{Tinder Swindler}〉 덕분에 더 널리 알려졌다. 또 다른 사례는 안나 소로킨, 일명 안나 델비다. 뉴욕 상류층을 속여 자신이 독일의 상속녀라고 믿게 만든 후 결국 거액 사기미수 혐의로 유죄 판결을 받았다. 그러나 넷플릭스 다큐멘터리와 상업적 활동 덕분에 아이러니하게도 평생 경제적 안정을 보장받을 가능성이 커졌다. 엘리자베스 홈즈는 생명공학 기업 테라노스를 설립했고, 2015년에는 〈포브스〉가 선정한 세계에서 가장 영향력 있는 여성 중 한 명으로 이름을 올렸다. 그러나 그녀가 이끈 회사는 거짓으로 얽힌 허상 위에 세워졌으며, 홈즈는 2022년 투자자들을 기만한 혐의로 징역 11년형을 선고받았다. 같은 해, 배우 아만다 사이프리드는 홈즈 역을 맡아 출연한 미니시리즈 〈드롭아웃〉으로 에미상 여우주연상을 거머쥐었다.

거의 모든 사람을 상대로 거대한 속임수를 오래 지속한다는 건 흔한 재능이 아니다. 안나 소로킨은 소련 붕괴 직전, 모스크바 외곽의 한 노동자 마을에서 태어났다. 아버지는 트럭 운전사였고 어머니는 작은 식료품점을 운영했다. 재판 셋째 날, 그녀는 법정에 들어가길 거부한 채 울음을 터뜨려 재판을 90분이나 지연시켰다. 평범한 성장 배경과는 달리, 스스로 꾸며낸 허상에 몰입한 그녀는 사소한 일에도 쉽게 무너졌다. 이날도 법정에 서기 위해 특별히 마련한 옷이 다려져 있지 않다는 이유만으로 소동을 일으키며 그 허상의 민낯을 드러냈다. 사기꾼들은 자신의 행동이 정당하다고 진심으로 믿는다. 남들을 속이는 데 그치지 않고, 믿기 어려울 만큼 극단적인 자기기만에 빠져 있다.

자기기만은 우리와 상관없는 남의 일처럼 보일 수 있다. 자기 자신을 속이고 있다면 금세 눈치챌 것이고, 그렇다면 멈추면 될 테니 말이다. 하지만 현실은 다르다. 우리는 생각보다 자주 자기기만에 빠진다. 새해 첫날만 봐도 그렇다. 수많은 사람이 올해는 더 건강해지고, 더 현명해지고, 더 나은 내가 될 거라며 자신을 설득한다. "올해는 건강하게 먹을 거야. 운동도 열심히 할 거야. 돈도 아껴 쓸 거야." 이 다짐은 남에게 하는 거짓말이 아니라 자기기만이다. 왜냐하면 당사자가 정말로 그렇게 될 거라고 믿기 때문이다.

누군가와 말싸움을 했던 일을 떠올려 보자. 같은 상황을 두고도 사람들은 전혀 다른 기억과 해석을 고집한다. 그리고 객관적인 사실이 자기 생각과 맞지 않으면, 우리는 사실을 왜곡해서라도 자기 입장을 지켜내곤 한다. 흔히 사람들은 자기기만이 일어나고 있다는 사실조차 깨닫지 못한다. 학대적인 관계에 놓인 피해자들은 자신이 입은 상처를 인정하지 않으려 하면서 스스로를 속인다. 정신 질환을 앓고 있는 사람들은 자신이 아프다는 사실을 부정하며 자기기만에 빠지곤 한다. 특히 자기애성 성격장애를 지닌 사람들은 사건을 자기식 현실에 맞춰 왜곡하고, 그렇게 강화된 믿음이 다시 왜곡을 불러오는 악순환을 만들어 낸다. 결국 자기기만은 병원 안팎을 가리지 않고 우리 주변 어디에서나 흔히 볼 수 있는 현상인 것이다.

왜 자기기만에 빠질까? 🕐

자기기만이 흔한 것은 그만한 이유가 있기 때문이다. 그 핵심은 수상쩍거나 도덕적으로 문제 있는 행동을 그럴듯하게 합리화해서 자존심과 가치감을 지키는 데 있다. 예를 들어 누군가는 폭력이나 공격적인 행동을 행하면서도, 사실은 피해자가 그럴 만했기 때문이라고 자신을 속이며 정당화한다. 또 다른 경우에는 부정행위를 합리화하는 데 쓰인다. 실제로 한 실험에서 참가자들에게 지능검사를 치르게 했는데, 일부에게는 답안을 몰래 볼 수 있는 기회가 주어졌다.[55] 그런데도 부정행위를 한 사람들은 좋은 성적을 거둔 이유가 미리 답안을 봤기 때문이 아니라 자신의 머리가 좋아서라고 믿었다.

더 황당한 사실은, 다음 시험에서는 답안을 볼 수 없다는 걸 알면서도 똑같이 잘할 거라고 기대했다는 점이다. 연구진이 두 번째 시험 점수를 정확히 예측하면 최대 20달러를 주겠다고 했는데도 그들은 여전히 근거 없는 자신감에 취해 있었다. 자기기만이 워낙 깊숙이 박혀 있어서 돈으로도 깨지지 않은 셈이다. 저명한 심리학자 칼 융은 우리 모두가 가지고 있지만 스스로 외면하는 '그림자' 같은 부정적인 성향이 있다고 말했다. 그것은 공격성, 부정직함, 이기심, 탐욕, 질투심처럼 누구나 지니고 있으면서도 쉽게 인정하지 못하는 면들이다. 그렇기에 심리치료는 어떤 이들에게 매우 불편한 경험이 될 수 있다. 자기기만이 서서히 벗겨지면서 감추고 싶었던 특질들을 마주해야 하기 때문이다.

앞서 살펴본 '셀럽 사기꾼'이 보여주듯, 자기기만은 타인을 속이는 데 강력한 무기가 된다. 스스로 거짓말을 믿어버리면 말투와 태도에서 자신감이 묻어나오고, 그 덕분에 다른 사람들까지 쉽게 넘어가는 것이다. 실제로 한 실험에서는 "다른 사람에게 네 지능이 얼마나 높은지 설득해야 한다"라는 과제를 미리 들은 참가자들이 그렇지 않은 사람들보다 스스로 더 똑똑하다고 평가했다. 자기기만이 자신감을 만들고, 그 자신감이 결국 남을 속이는 힘으로 바뀐다는 것을 잘 보여주는 사례다.[56] "다른 사람을 설득해야 한다"는 사실을 미리 알고 있던 이들은 자신이 얼마나 똑똑한지에 대한 평가를 부풀려 놓았다. 그런데 놀랍게도 이 허세 섞인 자신감은 실제로 효과가 있었다. 평가자들이 유난히 당당한 태도를 보인 참가자들의 말을 더 쉽게 믿어버린 것이다.

비슷한 효과는 유명인에게서도 찾아볼 수 있다. 오늘날 우리는 아마도 역사상 가장 강력한 자기기만자 가운데 한 명을 목격하고 있다. 2017년, 저명한 정신과 의사와 심리학자들이 한 인물을 두고 쓴 27편의 글이 모였다. 그 글은 그가 자기기만 증상을 포함하는 다양한 장애와 질환—나르시시즘, 반사회적 인격, 치매 등—의 징후를 보인다고 추측했다. 이 글들을 묶은 책의 제목은 《도널드 트럼프의 위험한 사례The Dangerous Case of Donald Trump》다.[57]

이렇듯 불편한 평가를 받아도 트럼프는 결국 수많은 사람을 설득해 백악관까지 올라섰다(그리고 이 글을 쓰는 지금, 다시 한번 그 자리에 오른 상황이다). 그렇다면 어떻게 이런 일이 가능했을까? 트럼프가 전문가들의 지적에도 굴하지 않고 대중을 끌어당길 수 있었던 이유는 사회적 지위를 좇는 사람일수록 자기기만에 취약하기 때문이다. 자존심이 위협받는 순간, 자기 확신과 자존감을 과장해 드러내며 자신을 지켜내려 한다. 그렇게 만들어진 가짜 자신감은 결국 남까지 설득하는 힘으로 이어진다.

우리가 자기기만에 빠지는 또 다른 이유는 미래를 제대로 내다보는 데 정말 서툴기 때문이다. 어떤 선택이나 사건을 '지금 당장'이 아니라 '앞으로'의 일로 생각하는 순간, 판단은 엉뚱해지고 자기기만은 더 깊어진다. 예를 들어보자. 다음 주쯤 맛있는 간식을 보면 담담히 지나칠까, 아니면 결국 손이 먼저 나가게 될까? 심리학자들은 바로 이 순간의 심리를 알아내기 위해 간식과 관련된 교묘한 실험을 준비했다.[58]

연구자들은 은행, 의료, 교육 등 여러 분야에서 일하는 직장인 약 200명을 대상으로 실험을 진행했다. 그들은 참가자들에게 "일주일 뒤에 여러 가지 간식을 가져오겠다. 다만 지금 미리 원하는 간식을 주문해야 한다"라고 알렸다. 간식은 크게 두 가지로 나뉘었다. 사과 같은 건강한 선택지와 초콜릿바 같은 덜 건강한 유혹. 그 결과, 86명이 건강한 간식을 골랐다.

약속대로 연구자들은 일주일 뒤 간식을 들고 돌아왔다. 하지만 여기에는 작은 함정이 있었다. 연구자들은 일부러 "참가자들의 사전 주문 기록을 잃어버렸다"고 둘러댔다. 다행히 각 간식을 넉넉히 준비해 왔으니 원하는 걸 다시 고르면 된다고 말했다. 심지어는 참가자들의 이름만 적힌 목록을 보여주며, 선택지가 사라진 것은 단순한 실수인 양 정교하게 연기했다. 실제로는 어떤 기록도 잃어버린 적이 없었다. 연구자들이 정말로 알고 싶었던 건, 시간이 지나면 사람들이 처음 결정을 바꾸는지의 여부였다.

드디어 간식을 고르는 시간이 되자, 실제로 건강한 간식을 선택한 사람은 고작 34명에 불과했다. 처음에는 건강식을 고르겠다던 사람들 가운데 60퍼센트 이상이 결국엔 달콤한 간식으로 돌아선 것이다. '나는 건강하게 먹을 거야'라고 믿었던 다수는 사실 자신을 속이고 있었던 셈이다.

자기기만은 식습관을 묻는 데서만 나타나는 게 아니다. 예를 들어, 1~2주 뒤 볼 영화를 지금 고르라고 하면 많은 이들이 〈오펜하이머〉(원자폭탄 개발을 다룬 크리스토퍼 놀란 감독의 전기 영화-옮긴이)와 같이 작품성 있는 진지한 영화를 선택한다. 하지만 막상 영화 보는 날이 되면, 상당수는 마음을 바꿔 가볍게 즐길 수 있는 영화를 고른다.[59] 그렇다고 해서 사람들이 연구자나 자기 자신을 일부러 악의적으로 속이는 건 아니다. 다만 앞으로 무슨 일이 벌어질지, 그때 어떤 기분이 될지를 제대로 고려하지 못하기 때문에 자신을 속이는 것이다.

자기기만은 우리 삶 곳곳에서 가장 선한 의지를 무너뜨리곤 한다. 누군가는 담배를 끊겠다고 다짐하고, 또 누군가는 술을 줄이겠다고 약속한다. 이런 말이 거짓은 아니지만, 대개는 착각에 가깝다. 정작 다가올 미래에 자신이 어떤 상태일지를 충분히 헤아리지 못하기 때문이다. 예를 들어 담배가 당기는 강렬한 욕구를 예상보다 가볍게 여겼을 수도 있다. 혹은 화요일 저녁, 독일산 필스너 맥주 한 캔 없이 보내는 시간이 얼마나 지루할지를 미처 상상하지 못했을 수도 있다. 그렇게 현실은 약속과 엇갈리고, 결국 사람들은 스스로를 속이게 된다.

거대 패스트푸드 기업들은 매년 수십억을 들여 건강한 샐러드와 저칼로리 메뉴를 내세우며 '건강하게 먹어야지' 하는 우리의 마음을 슬쩍 흔든다. 하지만 그들 역시 잘 안다. 막상 매장에 들어서는 순간, 눈앞의 욕구가 모든 걸 압도한다는 사실을 말이다. 그래서 결국 트리플 치즈버거와 특대 사이즈 밀크셰이크를 들고 나오는 우리를 발견한다. 어차피 수영복은 올해도 옷장 속에 묻힐 운명이었으니. 다음 달엔 월급의 일부를 현명하게 저축할 수 있을까? 아마 스스로는 '그렇다'고 대답할 것이다. 하지만 그 생각 속에는 늘 빠져 있는 요소가 있다. 광고마다 불쑥불쑥 튀어나오는 반짝이는 신상 운동화의 유혹이다. 계속 눈앞을 맴도는 신발 앞에서 저축이 먼저일까, 지름이 먼저일까?

정부도 선거 때마다 공공보건에 수십억 원을 쓰겠다고 공약을 걸지만, 막상 집권하고 나면 전쟁과 같은 '예상 못 한 상황'을 핑계로 슬그머니 약속을 접는다. 하지만 그런 상황이 정말 예상 불가능했을까? 세계가 완전히 평화로웠던 적은 한 번도 없었다. 유럽처럼 비교적 조용한 지역조차 러시아가 우크라이나를 침공하기 전까지의 평화 기간이 역사상 가장 길었던 때였다. 언제든 전쟁이 다시 터질 가능성은 충분했다는 얘기다.

마찬가지로, 백신도 치료제도 없는 팬데믹이 매년 일어날 확률은 50분의 1 정도다. 숫자만 보면 그리 커 보이지 않을 수 있지만 장기적으로 보면 언젠가는 반드시 일어날 수밖에 없는 수준이다. 충분히 현실적인 위협이라는 뜻이다.[60] 이 확률이 얼마나 현실적인지 감이 오지 않는다면 이렇게 생각해 보자. 지난 14년 동안 이보다 더 희박한 확률을 뚫고 그랜드 내셔널(영국에서 가장 규모가 크고 전통 있는 장애물 경주 대회 – 옮긴이)에서 우승한 말이 세 마리나 있었다. 이 현상을 보면, 정부가 팬데믹 같은 사태에 최소한 일부라도 대비해 뒀어야 했다는 건 분명하다. 그런데도 그들은 미래에 일어날 가능성이 높은 일들을 전혀 염두에 두지 않은 채 아무 일도 없을 거라는 착각 속에 머물러 있다.

기업도 마찬가지다. 막대한 자금을 들여 사업 확장을 계획하면서도 1857년 이후 미국에서 평균 3년에 한 번꼴로 금융위기가 발생해 왔고, 그 여파가 전 세계 무역에까지 영향을 끼쳐왔다는 사실을 종종 간과한다.[61] 개인적 선택에서부터 전 세계적인

125

의사결정에 이르기까지 뻔히 보이는 증거가 쌓여 있음에도 우리는 여전히 미래를 내다보지 못하고, 그로 인해 아무리 열심히 세운 계획이라도 무참히 무너지고 만다.

건강한 과일 대신 초콜릿바를 고르거나, 무거운 재난 영화보다는 가볍고 웃긴 코미디를 택하는 것도 당장의 만족과 기분 전환을 생각하면 충분히 납득할 수 있는 선택이다. 하지만 문제는 우리가 미래를 잘 고려하지 않는 탓에 이보다 훨씬 비합리적인 결정까지 하게 된다는 점이다. 예를 들어, 지금 당장 1만 원과 2만 원 중 하나를 고르라면 대부분 2만 원을 선택할 것이다. 그런데 1만 원은 지금 주고, 2만 원은 일주일 뒤에 준다고 하면 적지 않은 사람들이 오히려 당장의 1만 원을 택한다.[62]

우리는 보상이 더 크더라도 기다려야 하는 선택보다 지금 당장 손에 쥘 수 있는 보상에 더 쉽게 끌린다. 기다리는 동안 무언가 잘못될 가능성을 실제보다 훨씬 크게 느끼기 때문이다. 인간의 뇌는 애초에 그런 방식으로 진화해 왔다. 아주 먼 옛날, 먹을거리를 발견했을 때 당장 멈춰서 적은 양이라도 먹을지 아니면 더 큰 먹잇감을 찾아 계속 나아갈지를 결정해야 했을 때, 생존이 최우선이었던 그 시절에는 당연히 전자의 선택이 더 유리했다. 선사시대에는 더 나은 결과를 기대하며 미래에 모든 것을 거는 행위란 지나치게 위험한 도박이었고, 현재를 선택하는 것이 생존에 유리한 경우가 대부분이었다.

우리 뇌는 여전히 과거의 생존 본능에 따라 움직인다. 실제로 2만 원을 못 받게 될 확률은 거의 없는데도, 우리는 어딘가에서 일이 틀어질지도 모른다는 막연한 불안에 흔들린다. 결국 '확실한 지금'에 손을 뻗게 되는 것이다. 인간은 미래를 내다보는 데 유난히 서툴다. 그래서 나중이 훨씬 이익이라는 걸 알면서도, 눈앞의 이득에 마음이 먼저 움직인다. 값싼 물건을 사고 또 사느라 돈이 줄줄 새는 것도 같은 이치다. 처음부터 질 좋은 것을 샀으면 돈이 덜 들었을 텐데, '지금 당장' 싸다는 이유로 고르다 보면 결국 손해다. 스마트폰도 마찬가지다. 매달 할부로 내는 기기값보다 아예 한 번에 사는 것이 훨씬 싸게 먹히는 경우가 많지만, 선뜻 그 길을 택하는 사람은 드물다. 왜일까? 당장의 지출은 눈에 보이지만, 훗날의 이득은 실감이 잘 나지 않기 때문이다.

집을 사거나, 자녀를 대학에 보내거나, 언젠가는 꼭 해보고 싶은 세계 일주를 위해 여윳돈을 차곡차곡 모아두는 건 분명 현명한 일이다. 하지만 우리는 오늘 밤 갑자기 생긴 술자리, 분위기 좋은 레스토랑에서의 저녁 식사, 단 한 번 입고 말 멋진 정장 같은 것들에 대한 욕망을 좀처럼 예측하지 못한다. 그래서 저축할 여유가 있는데도 실제로는 돈을 모으지 못하는 경우가 많다.

물론 모두가 똑같은 것은 아니다. 특히 사회·경제적으로 취약한 사람일수록 '지금 이 순간'에 집중하는 성향이 강해, 장기적으로는 더 나은 선택이라는 걸 알면서도 눈앞의 유혹에 흔들리기 쉽다. 마음속에는 분명 미래를 위한 계획이 있지만, 현실은 늘 그 계획을 비껴간다.[63] 이렇게 해서 하나의 악순환이 생겨난다. 당장 살아내는 데 급급한 사람들은 장기적인 투자에 눈 돌릴 여유가 없고, 그로 인해 사회·경제적 불이익은 점점 더 깊어진다. 이때 말하는 투자는 단지 돈에만 그치지 않는다. 건강도, 교육도, 자신을 위한 시간과 노력도 모두 그 범주에 포함된다.

우리는 일이나 프로젝트에 얼마나 시간이 걸릴지를 터무니없이 낙관적으로 예측한다. 이런 자기기만이 가장 적나라하게 드러나는 곳이 바로 건설업이다. 스페인에서 가장 많은 관광객이 찾는 명소이자 바르셀로나의 상징인 사그라다 파밀리아 성당을 보자. 유네스코 세계문화유산으로 지정된 이 성당은 그 자체로도 아름답고 놀라운 건축물이지만, 사람들의 관심을 끄는 진정한 이유는 그 기묘한 역사 때문이다. 공사가 시작된 건 무려 1882년, 카탈루냐 모더니즘의 대표 건축가 안토니 가우디는 이 성당에 자신의 인생을 통째로 바쳤다. 하지만 그가 세상을 떠난 1926년까지 지어진 건 전체의 4분의 1도 되지 않았다. 그 후로도 공사는 좀처럼 속도를 내지 못했고, 스페인 내전과 같은 정치적 혼란 속에서 건축 자금도 끊기기 일쑤였다. 그렇게 사그라다 파밀리아는 오랜 기간 '세계에서 가장 큰 미완성 가톨릭 성당'이라는 타이틀을 안고 있었다. 생각해 보라. 어떤 프로젝트를 시작하면서 예상보다 100년 넘게 걸릴 줄 몰랐다는 것―정말 상상이나 할 수 있을까? 물론 가우디는 지금쯤 아무렇지도 않게 하늘에서 지켜보고 있겠지만, 이 성당의 완공 목표는 그의 사망 100주기를 맞는 2026년이다.

이는 프로젝트 소요 시간을 지나치게 낙관적으로 예측한 사례로 널리 알려졌지만, 결코 드문 일은 아니다. 집에서 공사를 한 번이라도 해본 사람이라면 누구나 이 기분을 안다. 계획한 일정대로 끝나는 경우가 얼마나 적은지 몸으로 겪어봤을 것이다. 이 문제의 공통점은 하나의 핵심 원칙, 즉 계획 수립의 기본을 간과했다는 데 있다.

이 분야의 선구자 중 한 명인 더글러스 호프스태터^{Douglas Hofstadter}는 흥미로운 현상을 지적했다. 많은 사람이 "10년쯤 걸릴 일"이라고 말한 사건에 대해, 실제로 10년이 지나도 프로그램은 그 수준에 한참 못 미친다는 것이다. 아무리 여유 있게 계획해도 결국 항상 예상보다 더 오래 걸리는 판단 착오는 이후 '호프스태터의 법칙'^{Hofstadter's Law}으로 알려지게 되었다.

모든 일은 항상 예상보다 오래 걸린다. 호프스태터의 법칙까지 감안하더라도.

효과적인 오디세우스식 계약 ⏱

우리가 어떤 일을 끝내는 데 걸리는 시간을 늘 과소평가하는 이유만 알면, 그 습관을 고치는 건 의외로 단순하다. 문제는 자아다. 사실은 10주가 걸릴 일인데도 6주면 충분하다고 말한다. 그렇게 무리한 약속을 하는 이유는 뻔하다. 현실 속의 우리—동기부여가 자주 꺾이고, 실수도 하는 평범한 모습—가 아니라, 늘 완벽하고 이상적인 모습으로 보이고 싶기 때문이다.

자아가 판단을 흐리지 않게 하려면 '내가 하면 얼마나 걸릴까'가 아니라 '다른 사람이 하면 얼마나 걸릴까'를 먼저 떠올려 보는 게 좋다. 우리는 자기 일에는 낙관적인 반면, 남이 하는 일은 실수도 있고 지체될 수도 있겠다는 현실적인 그림이 더 잘 그려지기 때문이다. 그래서 타인의 경우를 기준 삼는 편이 훨씬 합리적이다. 물론 그 '다른 사람'이 꼭 특정 인물일 필요는 없지만, 최소한 나와 비슷한 조건과 실력을 갖춘 이여야 한다. 예컨대 첫 식당을 운영하려 한다면 이미 오래전부터 수많은 레스토랑을 성공시켜 온 제이미 올리버(영국 출신 스타 셰프-옮긴이)가 같은 일을 해내는 데 걸리는 시간을 기준으로 삼아서는 안 된다. 나와 비슷한 실력을 지닌 사람이 같은 일을 한다고 가정해 보면, 그만큼 내 안의 과도한 자신감이 빠져나가 훨씬 현실적인 계산이 가능해진다.

다른 유형의 자기기만―이를테면 결정을 번복하거나 계획을 저버리는 행위―을 극복하기 위해서는 또 다른 해법이 필요하다. 그 대표적인 사례를 가장 오래되고도 널리 알려진 고전에서 찾아볼 수 있는데, 바로 호메로스의 《일리아스》에 이어지는 그리스 신화적 서사시 《오디세이아》다. 약 2,700년 전에 쓰인 이 방대한 장시는 24권으로 이루어져 있으며, 오늘날까지도 여전히 읽히는 가장 오래된 이야기 가운데 하나로 손꼽힌다. 《오디세이아》는 그리스 영웅 오디세우스가 트로이 전쟁 이후 고향 이타카로 돌아가기까지의 10년에 걸친 여정을 그린 이야기다. 그는 수많은 치명적인 시련을 겪는 과정에서 동료들을 모두 잃는다. 한편 고향에서는 오디세우스가 이미 죽은 자로 간주되어서 그의 아내 페넬로페는 결혼을 간절히 바라는 구혼자들을 물리치며 외롭게 버틴다. 영웅의 앞길은 암담해 보이지만, 결말은 여기서 미리 밝히지 않겠다.

　　오디세우스의 항해가 남긴 영향은 오늘날에도 여전히 이어지고 있다. 예를 들어 '차악을 택하다'the lesser of two evils라는 표현은 오디세우스가 메신나 해협을 건너며 여섯 개의 머리를 지닌 바다 괴물 스킬라와 거대한 소용돌이 괴물 카리브디스 사이에서 어느 쪽을 택할지 고민했던 딜레마에서 비롯됐다. 또 외눈박이 거인 사이클롭스와 폴리페모스의 이야기는 〈타이탄족의 멸망〉이나 〈엑스맨〉과 같은 할리우드 작품 속에 변주되어 등장했다.

그러나 아마도 이 서사에서 가장 널리 알려진 장면은 제12권에 실린 오디세우스와 세이렌의 조우일 것이다. 호메로스의 서사시 속에서 세이렌은 초원에 터를 잡은 흉측한 괴물로 등장한다. 그러나 세월이 흐르면서 그 모습은 바다에서 유혹을 뿜어내는 매혹적인 존재로 더 널리 알려졌다. 세이렌은 황홀한 목소리와 노래로 뱃사람들의 마음을 사로잡아 배를 위험한 바위 절벽으로 이끌었고, 그 끝에는 어김없이 파멸이 기다리고 있었다.

다행히 오디세우스는 여신 키르케에게서 세이렌의 존재를 미리 전해 듣고 그 유혹을 뿌리칠 계책을 세웠다. 그는 교묘하게도 부하들의 귀를 밀랍으로 막아 노랫소리를 들을 수 없게 했고, 자신은 더욱 과감한 방법을 택했다. 배의 돛대에 몸을 단단히 묶어 놓고 아무리 유혹에 흔들리더라도 몸을 풀 수 없도록 한 것이다. 마침내 배가 세이렌의 섬 근처에 이르렀을 때, 그 노랫소리는 너무도 매혹적이어서 오디세우스는 결박을 풀어달라고 애원했다. 그러나 충직한 부하들은 오히려 밧줄을 더 단단히 조여 그를 붙들어 두었다. 그 치밀한 계략 덕분에 배는 세이렌의 섬을 무사히 지나쳤고, 오디세우스와 그의 부하들은 또 한 번 살아남아 항해를 이어갈 수 있었다.

밧줄과 밀랍에 얽힌 이 신화는 오디세우스가 그랬듯 자신의 약점을 인정할 때 비로소 길이 열린다는 사실을 일깨워 준다. 미래의 환경은 완벽할 리 없고, 예상치 못한 걸림돌은 반드시 나타난다. 계획을 세웠던 순간과는 전혀 다른 마음가짐으로 맞닥뜨리게 될 때도 많다. 그래서 필요한 것이 바로 자신을 묶어두는 '오디세우스식 계약'(미래의 유혹에 흔들리지 않도록 미리 제약을 걸어두는 장치–옮긴이)이다. 오디세우스가 세이렌의 유혹을 알면서도 돛대에 몸을 묶어 대비했듯, 누구나 자신 앞에 놓일 유혹과 장애를 미리 짐작해야 한다. 해변에서의 몸매를 망칠 케이크가 찾아오고, 통장을 흔들어 놓을 한밤의 유흥도 언젠가는 다가온다. 골목마다 세이렌이 숨어 있어, 달콤한 노래로 발걸음을 비틀게 만든다.

내 가까운 친구 한 명은 술자리에 나가면 라거 맥주 대신 칼로리가 낮은 진(칵테일 베이스로 널리 쓰이는 증류주)과 저칼로리 토닉워터를 마시기 위해 오디세우스식 계약을 활용한다. 친구들과 어울려서 술을 마실 때 대부분은 라거를 시킬 것이고, 당연히 자신도 그 유혹에 끌려서 진한 맛과 청량감을 주지만 칼로리도 높고 숙취를 부르는 라거를 마시고 싶어질 것이다. 이 유혹을 뿌리치기 위해 그는 독특한 계약을 걸어두었다. 정치 성향이 왼쪽에 기울어 있고 오른쪽 진영을 몹시 싫어하는 그는, 만약 라거를 마신다면 아내에게 자신의 개인 계좌에서 20만 원을 빼서 우파 정당의 금고에 기부하도록 지시해 둔 것이다. 라거를 마시는 순간 증오하는 정당의 전쟁 자금을 불려주는 꼴이 된다. 엉뚱하지만 효과는 확실하다. 그는 라거를 입에 대지 않는다.

내 친구처럼 기발한 방식까지 쓸 필요는 없다. 다음 주에 러

133

닝을 하고 싶다면, 친구와 함께 뛰기로 약속하는 것이 좋다. 길 모퉁이에서 자신을 기다리는 이가 있다면 러닝 약속을 어기기 쉽지 않다. 미리 비용을 내고 프로그램이나 수업을 신청하는 것도 훌륭한 오디세우스식 계약이 된다. 사람들은 돈을 내고도 참석하지 않아서 낭비하는 것을 꺼리기 때문이다.

또, 이루고자 하는 목표를 주변에 알리기 역시 유용한 구속 장치가 된다. 이는 일종의 사회적 계약으로 작용한다. 친구와 맺은 약속을 어기지 않으려는 마음은 강력한 동기가 되며, 무엇보다 좋은 친구라면 목표를 이루려는 노력을 함께 지지해 줄 것이다. 게다가 은행 계좌를 자동이체로 설정해서 저축이나 투자가 꾸준히 이어지도록 해두면 눈앞의 욕구에 흔들려 절약 계획을 깨뜨리기가 쉽지 않다. 이처럼 미래의 이익을 위해 스스로 행동하게 만드는 방법은 수없이 많다. 현재의 자아는 언제든 흔들리기 마련이기에, 숭고한 다짐을 지켜내려면 계약으로 자신을 단단히 묶어둘 필요가 있다.

터무니없는 계획 안 하는 법 🕐

오디세우스식 계약은 현재의 나와 미래의 나 사이에 강제적인 다리를 놓는다. 약속을 지키지 못하면 친구들에게 실망을 안기거나, 20만 원의 손해를 보거나, 스스로 정한 불이익을 감수해야 한다. 그러나 더 이상적인 모습은 따로 있다. 현재의 나와 미래의 내가 쌍둥이처럼 닮아, 한쪽이 무엇을 생각하고 어떻게 행동할지 다른 쪽이 이미 알고 있는 상태다.

광고 회사들은 현재의 나와 미래의 나를 이어 붙이는 데 유난히 능하다. 이를테면 은퇴 상품이나 상조회사 광고에는 실제 나이보다 훨씬 젊어 보이는 배우들이 종종 등장한다. 화면 속 인물은 노년의 모습이면서도 더 어린 시청자와 크게 다르지 않게 그려지는데, 이 장치는 보는 이로 하여금 미래를 훨씬 가까이 느끼도록 만든다. 그래서 미리 준비해야겠다는 마음이 자연스럽게 생겨나고 결국 지갑을 열게 만드는 것이다. 현재의 나와 미래의 내가 단단히 이어져 있을수록 목표는 쉽게 흔들리지 않고 끝내 지켜진다. 이때 미래의 나는 지금의 나에게 불가능한 짐을 지우지 않는다. 대신 감당할 수 있는 기대만을 건네며, 더 단단하게 앞으로 이끈다.

현재의 자아와 미래의 자아의 관계를 더 깊이 이해하기 위해 우리는 정치의 영역, 그중에서도 민감한 주제인 브렉시트(영국이 유럽연합EU에서 탈퇴하기로 한 정치·경제적 사건 – 옮긴이)로 눈길을 돌려볼 수 있다. 2015년, 보리스 존슨은 유럽연합 탈퇴가 하나의 가능성임을 인정하면서도, 개인적으로는 내키지 않는 선택이라고 했다. 이듬해 초까지도 그는 어떤 쪽에 표를 던질지 결정을 내리지 못한 상태였다. 당시 인터뷰에서 존슨은 영국이 유럽연합과

'밀접하게 연계'intimately engaged되어 있는 편이 이익에 부합하며, 브렉시트는 필연적으로 기업의 활동에 심각한 혼란을 불러올 것이라고 언급했다.

존슨이 한때 유럽연합 잔류를 저울질했다는 사실은 이제 널리 알려져 있다. 그렇다면 그는 어떻게 최종 결정을 내리고 탈퇴 운동의 선봉에 섰을까? 그는 미리 신문 칼럼을 두 편 써두었다. 하나는 유럽연합 잔류를 지지하는 내용이었고, 다른 하나는 탈퇴를 지지하는 글이었다.

이 가운데 후자는 2016년 2월 21일 〈텔레그래프〉에 실렸으며, 잔류안을 담은 글은 며칠 뒤 〈선데이 타임스〉에 유출되었다. 잔류안에서 존슨은 유럽연합과의 동맹을 유지하는 이점을 강조했다. 세계와 맺는 의미 있는 관계, 그리고 그로부터 얻게 되는 국제적 혜택을 나열하며, 회원국으로 치르는 비용은 그에 비하면 대수롭지 않은 값일 뿐이라고 썼다. 또한 잔류가 영국의 주권을 약화시킬 것이라는 우려는 크게 문제되지 않는다고 일축했고, 당시 총리였던 데이비드 캐머런과 잔류를 위해 캐머런이 끌어낸 타협안(영국이 EU에 남을 수 있는 명분을 마련하기 위한 조치로, 이민자 복지 혜택 제한, 비유로존 국가 보호 장치, 국가 주권 강화 조치 등을 포함한 재협상안 – 옮긴이)을 지지했다.

보리스 존슨은 이 '반쯤 풍자적인'semi-parodic 잔류 칼럼을 단순한 글쓰기가 아니라, 자신의 마음을 시험해 보는 정신적 실험이라고 주장했다. 두 편의 글을 나란히 써봄으로써 미래를 미리 들여다보고 각 선택 앞에서 어떤 감정을 느낄지를 확인하고자 했던 것이다. 하지만 이 방식은 곧 거센 비난을 불러왔고, 존슨은 불성실하다는 공격에 맞서 끊임없이 방어해야 했다. 만약 그가 대중의 눈에 그렇게나 논란이 많은 인물이 아니었다면, 이 시도는 오히려 중요한 결정을 깊이 숙고하는 기발한 방법으로 인정받았을지도 모른다. 두 갈래 길을 직접 살아보듯 글로 재현하면서 그는 미래의 자기 자신이 어떤 생각과 감정을 품을지 미리 체감할 수 있었다. 그렇게 현재의 나와 미래의 내가 마주 앉아 함께 고개를 끄덕일 수 있는 결론을 찾아낸 것이다.

군이 신문 칼럼을 써가며 머릿속 생각을 정리할 필요는 없다. 필요한 건 잠깐 앞을 내다보는 힘이다. 잘나가는 기업들이 '호라이즌 스캐닝'horizon-scanning(이슈 탐지)이라 불리는 방식을 쓰는 것도 같은 맥락이다. 다가올 위험이나 기회를 미리 읽어내서 회복력을 키우는 전략인데, 이 태도는 개인의 삶에도 고스란히 적용된다.

예를 들어 다이어트를 결심했다고 하자. 힘든 하루를 끝내고 집에 와서 저녁상에 앉았는데, 눈앞에 놓인 음식이 당근 스무디와 크래커라면? 그 순간의 나는 분명 짜증이 나서 배달 앱을 켜게 될 것이다. 그렇다면 아예 그런 장면을 미리 상상해 두고 현실적인 식단을 짜는 게 맞다. 다른 사례로는 다음 주 화요일 저녁, 인스타그램에 올릴 만한 스리랑카식 소고기 카레를 직접 해먹겠다는 멋진 계획을 세울 수 있다. 하지만 현실의 나에게 솔직히 물어보면 퇴근 후 3시간 넘게 주방에 매달릴 체력이 남아 있을 리 없다. 그럴 땐 화려한 카레 대신 간단히 차려도 만족할 만한 메뉴가 더 현명한 답이다.

이것만은 기억하자 ◷

우리는 미래에 무슨 일이 일어날지, 또 그때 어떤 기분일지 예측하는 데 참으로 서툴다. 게다가 미래에 얻게 될 이익은 대개 과소평가하고, 프로젝트를 완성하거나 목표에 도달하는 데 걸리는 시간은 터무니없이 짧게 잡는다.

이 모든 결함이 겹쳐져 결국 이루지 못한 다짐, 탈선한 계획, 빛을 잃은 열정으로 가득한 삶이 되고 만다. 그러나 이 결말을 당연히 받아들일 필요는 없다. 활동에 걸리는 시간을 계획할 때는 자신이 아니라 다른 사람이 끝내는 데 얼마나 걸릴지를 기준으로 삼자. 그러면 자존심이 끼어들 틈이 줄고, 판단은 훨씬 더 정확해진다. 그리스 영웅 오디세우스는 세이렌의 유혹에 치명적으로 흔들릴 자신을 미리 알았기에, 스스로 계획을 지켜낼 수 있는 대비책을 마련했다.

우리 역시 마찬가지다. 계획과 다짐을 쉽게 저버리지 못하도록 자신을 단단히 묶어둘 장치를 마련해야 한다. 친구에게 도움을 청하고, 위약금을 설정하고, 비용을 미리 지불하고, 주변에 자신의 계획을 공개하라. 이 장치들이 여러분을 끝까지 밀어준다.

그리고 마지막으로, 보리스 존슨의 사례에서 배울 점이 있다. 바로 현재의 자아와 미래의 자아 사이의 관계를 연결하는 일이다. 새로운 생활 변화나 프로젝트를 계획할 때는 호라이즌 스캐닝, 즉 앞을 내다보는 시각을 통해 현재의 자아를 그 결정 과정에 참여시켜라. 그래야 현재의 나와 미래의 내가 함께 균형을 이루며, 같은 방향으로 나아갈 수 있다.

'지금 당장'이 아니라 '앞으로'의 일로 생각하는 순간
판단은 엉뚱해지고 자기기만은 더 깊어진다.

'내가 하면 얼마나 걸릴까'가 아니라
'다른 사람이 하면 얼마나 걸릴까'를
먼저 떠올려 보는 게 좋다.

5장

보상이 빨라야
행동도 빠르다

: 시간적 근접성

"혼자서는 교향곡을
휘파람으로 불 수 없다."

⏐⏐⏐⏐⏐⏐⏐

할퍼드 E. 루콕Halford E. Luccock,
목사이자 예일대 교수

1960년대 뉴욕 광고업계를 배경으로 한 미국 드라마 〈매드 맨Mad Men〉의 주인공 돈 드레이퍼가 대중의 머릿속에 매디슨 애비뉴를 각인시켰지만, 이 거리는 이미 한 세기 전부터 미국 광고업계의 정신적 고향으로 군림하고 있었다. 1960년대에 이르자 기업들은 광고의 규칙에 매달리는 것이 더 이상 통하지 않음을 깨닫기 시작했고, 마침내 낡은 틀을 벗어나 새로운 길을 찾아 나섰다. 새로운 흐름을 가장 상징적으로 보여준 인물은 매디슨 애비뉴의 전설이자 뉴욕 출신인 페레츠 로젠바움Peretz Rosenbaum이었다. 그는 경력 초기부터 효과적인 브랜딩의 힘을 간파하고, 스스로 이름을 폴 랜드Paul Rand(IBM·ABC·UPS 등 글로벌 기업 로고를 디자인한 20세기 대표 그래픽 디자이너 –옮긴이)로 바꾸어 지난 세기를 대표하는 거장으로 자리매김했다.

폴 랜드가 동시대의 다른 디자이너와 달랐던 점은, 미국식 디자인 규범에 얽매이지 않고 20세기 초 유럽 예술의 원리에서 과감히 영감을 끌어왔다는 데 있었다. 냉전이 격화되자 미국 정부와 기업들은 획일적이고 정형화된 공산주의 예술과 극명히 대비되는 랜드의 추상적 미학을 적극적으로 내세웠다. 특히 독일식 창의 철학(바우하우스 Bauhaus, 예술과 공예·건축을 아우르며 '형태는 기능을 따른다'는 원칙을 내세운 근대 디자인 운동 - 옮긴이)의 영향을 구현한 대표적 사례가 바로 1972년 그가 디자인한 IBM 로고였다. 그전까지 IBM의 시각적 이미지는 제1차 세계대전 이후로 거의 변함이 없었고, 광고 캠페인도 맥락 없이 따로 흩어져 있었다.

그러나 폴 랜드의 참여로 IBM은 광고에만 의존하던 방식에서 벗어나 '기업 아이덴티티'라는 새로운 영역을 전면에 내세우기 시작했다. 그 결과 IBM의 정체성은 전 세계 어디서든 단번에 알아볼 수 있는 상징으로 자리 잡았다. 문서 서식에서 사옥 외벽까지, 모든 것이 하나의 현대적 로고 아래 통일되었다. 랜드가 만든 상징은 여덟 줄의 가로 막대로 이루어진 단순한 도형이었지만, 사람들의 눈에는 그것이 자연스럽게 세 글자, I·B·M으로 읽혔다.

랜드의 작업에서 영감을 받은 이후, 전 세계의 그래픽 디자이너들은 단어와 이미지 사이의 여백을 활용해서 작은 요소들을 모아 더 큰 주제를 만들어 내는 방식을 즐겨 썼다. 유니레버(영국·네덜란드에 뿌리를 둔 세계적인 생활용품 및 식품 기업-옮긴이)의 로고만 해도 그렇다. 그 안에는 태양, 비둘기, 식물, 불꽃 등 기업이 내세우는 '지속 가능한 삶'의 가치를 상징하는 아이콘들이 여럿 숨어 있다(물론 일부 환경운동가들에게는 이 말이 공허하게 들릴 수도 있겠지만, 그 논쟁은 다른 자리로 미루자). 하지만 우리가 그 로고를 바라볼 때 개별 도형을 하나하나 인식하지는 않는다. 대신 커다랗게 떠오른 파란색 알파벳 'U'만을 보게 된다. IBM과 유니레버의 로고가 시선을 붙잡는 데는 다 그만한 이유가 있다.

별자리는 몇 개의 별로 이어질까? ◐

20세기 초, 독일에서 공부한 심리학자 막스 베르트하이머, 쿠르트 코프카, 볼프강 쾰러는 인간의 눈과 마음이 세상을 어떻게 엮어내는지에 주목했다. 당시 과학자들은 사람들이 사물을 바라볼 때 그것들을 하나하나 따로 떼어 인식한다고 믿었다. 예컨대 집과 정원, 차고를 '하나의 집'으로 받아들이는 대신 서로 무관한 대상 세 개로만 본다고 여긴 것이다. 그래서 인간의 지각과 실제 경험은 과학적 탐구의 범주에서 밀려나 있었고, 진지한 연구의 주제로조차 다뤄지지 못했다.

하지만 베르트하이머와 동료들은 기존의 관점으로는 '파이 현상'phi effect을 설명하기 어렵다는 점에 주목했다. 전구들을 일

렬로 늘어놓고 빠르게 하나씩 번갈아 켜면, 우리는 그것을 개별 전구의 점멸로 보지 않고 빛이 연속적으로 움직이는 것처럼 받아들인다. 이는 곧 인간이 사물을 인식할 때 눈앞의 한 대상을 고립적으로 보는 것이 아니라 그 앞뒤 맥락과의 관계 속에서 파악한다는 뜻이다. 베르트하이머는 바로 이 점을 강조하며, 인간의 지각은 사물 하나하나보다 그것들이 맺는 관계에 달려 있다고 주장했다. 이 발견은 이른바 '프레그낫츠의 법칙'(독일어로 '간결성'을 뜻함-옮긴이)으로 이어졌다. 이는 뇌가 여러 대상을 볼 때 가장 단순하고 이해하기 쉬운 방식으로 지각한다는 원리다. 이전의 통념과 달리, 인간은 집과 정원, 차고를 따로따로 보기보다 '하나의 집'으로 인식하는 경향이 있다는 것이다.

이러한 전환과 더불어 심리학자들이 밝힌 여러 성과는 '게슈탈트 원리'(게슈탈트는 독일어로 '형태'나 '전체'를 뜻하며, 인간이 사물을 부분이 아니라 전체로 인식하는 심리학적 법칙을 가리킨다-옮긴이)라 불리며, 20세기 과학 이론 가운데 가장 큰 영향력을 지닌 흐름 중 하나가 되었다. 실제로 코프카는 이를 압축해 "전체는 단순히 부분들의 합보다 크다"가 아니라, "전체는 부분들의 합과는 전혀 다른 무엇이다"라고 표현했다.

폴 랜드와 동시대 디자이너들의 작업, 이를테면 IBM 로고를 비롯한 수많은 작품이 오늘날까지도 강한 매력을 발하는 이유는 수십 년 전 발견된 게슈탈트 원리와 맞닿아 있기 때문이다. 특히

'근접성의 원리'는 인간의 두뇌가 서로 가까이 놓인 여러 개체를 각각 따로 인식하기보다 하나의 더 큰 전체로 파악하는 경향이 있음을 설명한다. 사람의 두뇌는 복잡한 것을 단순하게 묶고 흩어진 것을 하나로 조직하려는 성향을 지니고 있다. 여러 요소를 각각 따로 인식하는 것보다 전체로 아우르는 편이 훨씬 수월하기 때문이다. 그래서 인류는 무수히 흩어진 별들을 하나의 그림으로 연결해 북두칠성이나 큰곰자리, 천칭자리와 같은 별자리를 만들어 냈다. 실재보다 질서를 부여해 이해하는 방식, 바로 그 원리가 독일의 디자인에도 깔려 있었고, 이는 독일 과학의 토대 위에서 더욱 공고해졌다.

근접성의 원리는 일상 어디에서나 찾아볼 수 있다. 운전을 할 때 두뇌는 도로 위의 차량 하나하나를 따로 인식하지 않고, 눈앞의 도로가 얼마나 붐비는지 전체적으로 파악한다. 또한 퍼즐을 맞출 때도 조각을 개별적으로만 보는 것이 아니라, 다른 조각들과의 짜임새 속에서 전체 그림을 완성해 나간다. 이와 같이 슈퍼마켓 역시 이 원리를 교묘히 활용해서 소비자가 더 많은 돈을 쓰도록 유도한다. 예컨대 토르티야 칩, 살사, 과카몰리가 늘 함께 진열되는 것은 마케팅 담당자들이 소비자가 이 세 가지를 하나의 세트로 인식하길 바라기 때문이다. 그 결과 처음에는 칩만 살 생각이었더라도, 어느새 멕시코식 만찬 재료를 장바구니에 담게 된다.

더 나아가 근접성의 원리는 유명인 광고 전략도 설명해 준다. 대중음악 스타나 운동선수, 영화배우가 제품 곁에 서 있는 모습만으로도 소비자는 그 인물과 제품을 자연스레 하나의 이미지로 엮어 받아들이기 때문이다. 데이비드 베컴이 위스키병 곁에 서 있는 장면, 조지 클루니가 에스프레소를 즐기는 모습, 루이스 해밀턴이 시상대 위 카메라 앞에서 급히 스위스 시계를 차는 순간을 떠올려 보자. 사람들은 유명인과 제품을 따로 떼어서 보지 않고, 두 이미지를 하나로 결합해 받아들인다. 그 결합은 많은 이들이 동경하는 특정한 삶의 방식을 비춘다. 그래서 사람들은 유명인이 광고하는 제품을 그렇지 않은 제품보다 훨씬 더 쉽게 그리고 더 빠르게 고른다.[64]

월급날만 기다리면 불행한 이유 ○

몇십 년 전 공간적 근접성이라는 개념이 처음 제안된 뒤, 과학자들은 그 시선을 시간으로 옮겨 사물과 사건에 적용했다. '시간적 근접성'이란 짧은 간격을 두고 일어나는 것들이 서로 떨어져 있지 않고 하나의 흐름, 하나의 덩어리로 인식된다는 뜻이다. 마치 IBM 로고의 줄무늬가 따로 떨어진 선이 아니라 하나의 이미지를 이루듯 말이다. 이제야 알게 된 사실은 이 원리가 눈으로 보는 것에만 그치지 않고 우리의 행동과 목표에도 적용된다는 점이다. 가까이 있는 것들이 하나로 느껴지듯, 작은 행동과 짧은 간격의 목표들이 모여야 삶도 더 충만해진다. 결국 근접성의 법칙은 시각뿐 아니라 우리 마음속 동기에도 그대로 스며드는 것이다.[65]

'목적을 위한 수단'이라는 표현은 17세기에 처음 쓰이기 시작했다. 원하는 목표를 이루기 위해 그 자체로는 즐겁지 않은 과정을 거쳐야 하는 상황을 뜻한다. 성인의 삶은 대부분 이런 사고방식 속에서 흘러간다. 건강을 위해 달리고, 돈을 벌기 위해 일하며, 외모를 가꾸기 위해 다이어트를 하고, 더 나은 직업을 위해 대학에 간다. 얼핏 보면 합리적인 태도로 보인다. 뚜렷한 이유나 동기 없이 행동하는 것은 시간을 낭비하는 것처럼 여겨지기 때문이다. 반대로 어린아이들은 이 사고에 얽매이지 않는다. 아이들은 무언가를 하기 위해서가 아니라, 그저 하는 순간 자체를 즐기며 움직인다. 그래서 아이들에게는 '수단'이 곧 '목적'이다.

이를테면 세 살배기 아이에게 왜 부엌을 정신없이 뛰어다니느냐고 물어보라. 돌아올 대답은 건강을 위해서도, 급해서도 아닐 것이다. 오히려 그런 질문 자체가 성립하지 않는다. 아이는 단지 뛰는 순간이 즐거워서 뛸 뿐이다. 그러나 어른들의 세계는 다르다. 삶의 고단함이 언제나 뚜렷한 목표를 요구하기에, 우리는 자연스레 목적을 향해 달려야 한다고 배운다. 그러나 사실은 그 반대다. 목표와 그것이 지니는 동기적 의미를 놓고 보면, 오히려 어린아이들이 어른들보다 더 본질에 가까운 시각을 지니고 있다.

모르는 사이에 어린아이들은 시간적 근접성의 원리를 자연스레 따르고 있다. 행동과 목표를 따로 떼어내지 않고, 동시에 일어나는 하나의 것으로 받아들이기 때문이다. 그래서 아이들은 그냥 노는 순간이 즐거워서 놀고, 새로운 세상을 만나는 기쁨으로 탐험한다. 반면 어른들은 행동과 목표 사이에 시간을 끼워 넣어서 둘을 서로 다른 것으로 바라본다. 우리는 언젠가 건강해지겠다는 생각에 달리고, 월급날을 기다리며 일한다. 하지만 행동과 결과를 멀찍이 갈라놓아 버리면 동기는 금세 힘을 잃는다. 우리의 에너지는 과정이 아니라 결과에서 솟아나기 때문이다. 날씬해진 모습을 상상할 때는 의욕이 불타오르지만, 정작 다이어트라는 고된 과정에서는 발걸음이 무겁다. 몰디브의 푸른 바다를 떠올릴 때는 마음이 설레지만, 그 비용을 모으기 위해 돈을 아껴야 한다는 사실은 좀처럼 실천으로 이어지지 않는다. 결국 행동과 결과가 멀어질수록 결과가 가진 동력은 힘을 잃고 행동은 자리에 멈춘다.

아이들은 사정이 다르다. 아직 시간이라는 간격이 행동과 목표 사이에 끼어들지 않았기에 행동과 목표는 여전히 단단히 맞붙어 있다. 그러나 성장하면서 아이들은 사회적 압력, 곧 어른들의 세계에 떠밀려 이 순수한 관점을 하나둘 잃어버리고 마침내 목적을 위한 수단이라는 더 열등한 방식에 길들여진다. 근사한 한 끼를 요리하려는 마음은 그 순간 솟구치는 창조의 즐거움에서 비롯되어야 한다. 그것은 몇 시간 뒤 소셜 미디어에 올려 '좋아요'를 받으려는 욕망이 아니라, 요리라는 행위 자체가 주는 순수한 즐거움에서 나와야 한다.

어린 시절에 세상을 바라보던 태도를 되찾으려면, 세계 최고의 디자이너들이 로고와 이미지에 활용해 온 공간적 근접성이 아니라 행동과 목표를 한데 묶어주는 시간적 근접성이 필요하다. 다시 말해, 결과나 보상이 가능한 한 행동과 가까이 일어나도록 시간차를 줄여야 한다는 뜻이다. 평소 운동을 하는 사람들에게 왜 운동을 하느냐고 물어보라. 대부분은 멀리 있는 보상이 아니라, 그 자리에서 곧바로 느낄 수 있는 즐거움 같은 즉각적인 결과를 이야기할 것이다. 반대로 운동을 꾸준히 이어가지 못하는 사람들 대부분은 체중 감량처럼 한참 뒤에나 나타나는 결과만을 바라보았을 가능성이 크다. 반면 비교적 금세 느낄 수 있는 성취나 보상에 집중할 때, 사람들은 훨씬 수월하게 그 활동을 지속한다.

이 효과는 운동 습관을 유지하는 데에만 그치지 않는다. 연구 결과에 따르면 새해 결심을 더 잘 지키고, 공부에 더 몰두하며, 채소를 더 많이 먹게 되는 것도 모두 같은 원리에서 비롯된다.

151

사람을 움직이는 힘은 먼 미래가 아니라, 바로 지금 느낄 수 있는 성취에서 나온다.[66]

사실 이 원리는 다양한 맥락에 두루 적용될 수 있다. 가령 보너스를 지급하는 회사라면, 회계연도 말까지 미루기보다 일을 끝낸 직후 지급하는 편이 훨씬 더 큰 동기를 불어넣는다(다만 성취의 즐거움이 아닌 외적 보상에 기대어 동기를 부여하는 방식에는 위험이 따른다는 점은 다시 살펴보겠다).

마찬가지로 새로운 사업을 시작하거나 부업을 준비하는 사람이라면, 몇 년 뒤 부자가 되겠다는 희망만으로는 오래 버티기 어렵다. 그런 꿈을 마음 한편에 품는 것은 물론 의미 있지만, 매일을 움직이게 하는 힘은 당장 느낄 수 있는 보상에서 나온다. 새로운 기술을 배우는 만족감이나 소중한 인연을 쌓는 성취감이야말로 더 큰 목표를 향해 꾸준히 나아가게 하는 진정한 원동력이다.

아이들도 스티커 같은 보상이 수업이 끝난 뒤가 아니라 읽자마자 곧바로 주어진다는 사실을 알면 훨씬 더 열심히 책을 읽는다. 그리고 즉각적인 보상이 반드시 물질적인 것일 필요는 없다. 읽는 순간의 즐거움, 기분이 밝아지는 경험, 그리고 그 밖의 심리적 만족감 같은 것들 역시 충분한 보상이 된다.

사실 운동을 시작하는 사람들이라면 다른 이유보다 정신적 효과를 위해 운동할 때 생활 습관을 더 오래 유지할 가능성이 크다. 이러한 효과는 대개 곧바로 체감되기 때문이다. 반면 신체 건강상의 이득은 대체로 시간이 지나야 나타난다. 또 여러 활동에서 얻을 수 있는 사회적 보상 역시 즉각적이고 효과적인 이득이 될 수 있으나, 언제나 꼭 필요한 것은 아니다. 사람들은 휴식을 취하거나, 고요 속에 머물거나, 집중하기 위해 혼자 책을 읽고 달리며 창작 활동을 하곤 한다. 이 순간이야말로 훌륭한 즉각적 보상이다. 수단과 목적이 시간에 갈라지지 않고 하나로 겹칠 때, 우리는 비로소 살아 있음을 느낀다.

즉각적인 보상이라고 해서 모두 같은 힘을 발휘하는 것은 아니다. 사랑이나 즐거움처럼 그 자체로 기쁨을 주는 활동을 찾아냈다면, 거기에 억지로 외적 보상을 덧씌워 그 순수함을 흐리지 않는 것이 좋다. 수많은 연구 결과에 따르면, 본래 마음속에서 우러난 동기가 있을 때 돈과 같은 외적 보상을 얹으면 오히려 몰입이 약해진다. 특히 그 보상이 사라지면, 남아 있던 열정마저 쉽게 식어버린다.[67]

사람들은 사실 스스로는 성취감이나 즐거움 같은 내적인 이유(내적 동기)를 더 선호하면서도, 다른 사람들은 돈이나 칭찬처럼 겉으로 주어지는 보상(외적 보상)을 더 좋아한다고 여기곤 한다. 이를 보여주는 실험이 있다. 어린아이들에게 과자를 주며 "이걸 먹으면 건강에 좋다"(음식을 먹는 흔한 외적 보상)라고 말했더니, 아무 말도 하지 않았을 때보다 과자에 대한 흥미가 줄어들고 실제로 먹은 양도 적었다.[68] 연구자들이 아이들에게 "이 과자를 먹으면 글자를 읽고 숫자를 셀 수 있게 된다"고 말했을 때도 같은 결과가 나왔다. 즉 음식이 맛있다면 그 자체가 이미 충분한 보상이라는 뜻이다.

약은 분명히 듣는다 ⊙

우리가 즉각적인 결과에 끌리는 편향은 생각보다 훨씬 큰 영향을 미친다. 실제로 이 편향은 보건의료 체계 전반에까지 스며들고 있다.

비만은 21세기 들어 가장 심각한 공중보건 과제 가운데 하나다. 전 세계적으로 해마다 최소 280만 명의 성인이 과체중이나 비만으로 목숨을 잃는다. 영국과 미국 같은 국가에서는 비만이 예방할 수 있는 사망 원인 가운데 가장 큰 비중을 차지한다. 비만을 줄이는 것만으로도 일부 암이나 제2형 당뇨병, 각종 심장 질환의 위험을 낮출 수 있다. 해마다 새해 결심 1순위가 다이어트인 것은 자연스러운 일이다. 좋든 싫든 더 나은 건강을 위해 우리 대부분은 몇 킬로그램쯤은 감량할 필요가 있기 때문이다. 세계 각국의 정부도 이 문제를 풀기 위해 대규모 연구에 자금을 쏟아붓고 있다. 그러나 연구와 정책의 흐름이 반드시 바람직한 결과로 이어지는 것은 아니다.

21세기 초, 비만에 대한 인식은 근본적으로 달라졌다. 2004년, 저명한 과학자인 조지 브레이(미국의 비만 연구 권위자 – 옮긴이) 교수는 비만이 '질병'으로 규정되기 위한 모든 기준을 충족한다고 밝혔다. 학계의 권위 있는 주장들이 이어지면서 대부분의 의학 단체는 비만을 질병으로 새롭게 정의했다. 겉으로 보기에는 '상태'에서 '질병'으로의 변화가 별다른 차이로 느껴지지 않을 수도 있다. 그러나 그 변화의 함의는 결코 작지 않다. 비만이 질병으로 규정되면서 더 이상 개인의 생활 습관 차원에 머무르지 않고 의학의 영역 속으로 들어갔으며, 치료와 관리, 그리고 치유는 이제 임상의들의 책임으로 옮겨가게 되었다.[69]

155

체중 감량 약은 지금 가장 뜨거운 화제다. 위고비(노보 노디스크가 개발한 주 1회 투여형 비만 치료 주사제 – 옮긴이)와 오젬픽(노보 노디스크가 개발한 당뇨병 치료제로, 체중 감량 효과까지 입증된 주사제 – 옮긴이) 같은 세마글루타이드 계열 약물은 식욕 억제와 포만감 증가로 비만을 획기적으로 줄여주며 이미 '기적의 약'으로 불리고 있다.

무엇보다 이 약들의 효과는 빠르게 나타난다. 주사를 맞고 나면 불과 몇 분 안에 식욕이 줄어들고, 먹는 양도 눈에 띄게 줄어든다. 게다가 하루 이틀만 지나면 운동 한 번 하지 않아도 체중이 눈에 띄게 빠져나가기 시작한다. 전통적인 다이어트는 먹고 싶은 음식을 꾹 참아내는 의지력에 기대는 경우가 많다. 운동도 마찬가지다. 고된 노력이 필요하지만, 눈앞에서 바로 체중이 줄어드는 효과는 별로 없다. 그에 비해 체중 감량 약물은 당장의 보상이 먼 미래의 보상보다 훨씬 더 큰 동기를 준다는 심리를 정조준한다. 약을 한 번 맞는 것과 세 달 내내 길거리를 뛰며 샐러드만 씹는 것 중, 어느 쪽에 더 손이 갈지는 두말할 필요도 없다.

체중 감량 의약품 시장은 2030년까지 540억 달러 규모로 성장할 것으로 전망된다. 바로 여기서 문제가 생긴다. 제약 산업은 비만 문제의 해법으로 생활 습관 개선을 권장하지 않는다. 대신 약을 내세우고 그 이유는 단 하나, 이윤 때문이다. 그 결과 비만 치료는 시간이 갈수록 더 비싸질 수밖에 없으며, 단순히 밖으로 나가 걷는 데 드는 비용과는 애초에 비교조차 되지 않는다.

약 처방이 끊기면 어떻게 될까? 약물은 생활 습관 개선과 함께할 때 효과가 오래 간다고 하지만, 현실은 다르다. 약을 끊으면 체중은 다시 늘어나기 마련이다. 평생 체중을 지킬 수 있는 습관과 생활 리듬이 자리 잡지 않았기 때문이다. 그래서 대부분 다시 원점으로 돌아간다. 체중 감량 약물은 근본적인 생활 습관의 변화를 미룰 뿐이다.

위의 사례는 우리가 눈앞의 보상에 얼마나 쉽게 끌리는지 보여주는 여러 모습 가운데 하나다. 하지만 이 성향을 거꾸로 활용할 수도 있다. 당장의 보상이 강한 동기를 준다는 '즉시성의 원리'를 삶에 적용하려면 새로운 일이나 프로젝트, 혹은 생활 변화를 시작하려는 이유를 먼저 자신에게 물어야 한다. 만약 그 이유가 지금 당장 느낄 수 있는 즐거움이 아니라 언젠가 먼 훗날에야 얻을 성과라면, 그 다짐은 오래가지 못할 공산이 크다.

가능하다면 새로운 동기를 찾아보자. 정신적·사회적 이득에서 출발하는 것도 좋은 방법이다. 시작하려는 활동에서 당장의 보람을 느낄 수 없다면, 그 활동이 과연 자신에게 맞는 것인지 되돌아볼 필요가 있다. 특히 1월이 되면 거리 곳곳에서 이런 장면을 흔히 볼 수 있다. 숨이 가빠서 마치 공황 발작이라도 일어난 것 같고, 얼굴은 금세 터져 나갈 듯 벌겋게 달아오른 채 주먹을 꼭 쥔 손으로 허공을 휘두르며 다음 가로등까지 달려가려 애쓰는 사람들의 모습 말이다. 이 방식은 당장의 보람이 없으니 대부분 2월이 되기도 전에 포기하고 만다. 숨을 헐떡이며 얼굴이 벌겋게 달아오르고, 주먹을 불끈 쥔 채 다음 가로등까지 버티려 애쓰는 모습―숙련된 러너들에게서 이 장면을 본 적이 있는가? 없다. 그들은 마치 힘을 들이지 않는 것처럼 가볍게 미끄러지듯 달려간다. 실제로 1만 4,000명이 넘는 러너를 분석한 결과, 속도가 빠른 러너일수록 느린 러너보다 오히려 상대적으로 낮은 강도로 훈련한다는 사실이 밝혀졌다.[70]

달리기가 자신에게 맞지 않는다면 속도를 늦추면 된다. 그래도 당장 보람이 느껴지지 않는다면 그냥 걸어도 좋다. 같은 활동이라도 변화를 주며 즐길 수 있는 방법은 얼마든지 있다. 예를 들어

유화에서 즐거움을 찾지 못했다면 수채화로 바꿔보는 식이다.

게슈탈트는 알고 있었다 ⏱

게슈탈트의 근접성 원리를 목표에 적용해 보니 의외의 가능
성이 드러났다. 행동과 목표가 가까이 놓일 때 취미도 프로젝트
도 생활의 작은 변화도 더 오래 이어질 수 있었던 것이다. 그렇
다면 근접성에 그치지 않고, 다른 게슈탈트 원리들 역시 우리의
삶을 지속시키는 또 다른 힘으로 작용할 수 있지 않을까?

158

그중 하나는 닮은 점을 지닌 사물은 서로 관련된 것으로 인식
되고 뇌 속에서는 하나의 큰 덩어리로 엮여 떠오른다는 '유사성
의 법칙'이다. 뇌는 비슷한 디자인을 보면 곧장 '하나의 세트구
나' 하고 받아들인다. 기업들이 서체나 글꼴을 맞춰 쓰는 것도
이 효과를 노린 것이다. 가령 스타트렉(1960년대 첫 방영 이후 전 세계
적으로 인기를 얻은 미국의 대표적 SF 시리즈-옮긴이) 특유의 폰트로 찍
힌 파티 초대장을 받았다면, 우리는 자동으로 그 파티를 스타트
렉 세계관에 연결하고 우주여행이나 외계인을 떠올리며 은하계
콘셉트일 거라고 짐작한다.

이 사고방식은 효율적이다. 두 개로 나눠 기억하는 것보다 하
나로 묶어두는 편이 훨씬 쉽기 때문이다. 문제는 이 과정에서 시
간과 역사를 바라보는 감각이 왜곡될 수 있다는 점이다. 특히 직

접 경험하지 않은 장소나 사건을 떠올릴 때 그렇다. 이를테면, 클레오파트라가 기자의 대피라미드 건설보다 런던의 더 샤드(현대에 지어진 초고층 빌딩 - 옮긴이) 건립에 더 가까운 시대를 살았다는 사실을 처음 접했을 때 순간적으로 시간 감각이 흔들릴 것이다. 역사적 세부 사항에 정통한 역사가가 아니라면, 우리는 흔히 클레오파트라와 피라미드를 하나로 묶어 '고대 이집트'라는 이름 아래 기억해 두곤 한다. 그래서 클레오파트라가 마치 기자의 대피라미드와 같은 시대에 살았다고 착각하기 쉽다. 그러나 실제로 클레오파트라는 기원전 69년경에 태어났으며, 이는 더 샤드가 개장하기 약 2,082년 전이다. 반면 기자의 대피라미드는 기원전 2465년 무렵에 건설된 것으로 추정되는데, 이는 클레오파트라의 탄생보다도 2,396년 앞선 시점이다.

159

이 같은 착시는 생각보다 흔하다. 가장 잘 알려진 공룡의 종은 영화 〈쥐라기 공원〉 시리즈 덕분에 유명해진 티라노사우루스 렉스(백악기 말기에 살았던 육식 공룡 - 옮긴이)일 것이다. 이제 친구에게 이렇게 물어보자. 티라노사우루스와 더 가까운 시대에 살았던 종은 인간일까, 아니면 스테고사우루스(약 1억 5,000만 년 전 쥐라기 후기에 살았던 초식 공룡 - 옮긴이)일까? 많은 이들의 예상과 달리, 티라노사우루스가 살았던 시대는 스테고사우루스가 살던 때보다 오히려 현재와 더 가깝다. 스테고사우루스는 지구 위를 거닐던 대표적 초식 공룡이었다. 그로부터 무려 8,000만 년이 지난 뒤, 백악기 말기인 약 6,800~6,600만 년 전이 되어서야 티라노사우루스 렉스가 등장했다. 그러나 우리의 뇌는 스테고사우루스와 티라노사우루스를 '공룡'이라는 커다란 묶음으로 합쳐 기억한다. 그래서 이 둘이 같은 시대를 살았을 것이라고 자연스레 착각하게 되는 것이다.

근접성의 원리와 마찬가지로, 유사성의 법칙 역시 행동과 목표 사이의 간격을 줄여 의미 있는 활동을 더 오래 이어가게 해준다. 비결은 간단하다. 행동과 목표를 언어적으로나 의미상으로 닮게 만들어 주면 된다. 실제로 한 실험에서 참가자들에게 컴퓨터 게임 수행 능력을 높이라는 목표를 주었다. 그런데 같은 게임을 '스킬 게임'이라고 소개했을 때는 몰입도가 높았지만, '판타지 게임'이라고 했을 때는 그렇지 않았다. '스킬'이라는 단어가 '수행 능력 향상'이라는 목표와 결이 맞아떨어졌기 때문이다.[71]

건강을 챙기고 싶다면 억지로 '다이어트'를 하지 말고, 그냥 더 건강한 음식을 고르자. 말은 달라도 본질은 같다. 집을 사기 위해 돈을 모으고 싶다면 '허리띠를 졸라맨다'라고 하기보다 '재정 상태를 조정한다'고 표현하는 편이 낫다. 스트레스를 줄이고 싶다면 막연히 '운동을 한다'기보다 '기분 좋게 달리기를 하러 나선다'고 말해 보자. 이렇듯 사소해 보이는 언어의 차이가 행동과 목표 사이의 간극을 좁히며 우리를 조금 더 가볍게 앞으로 밀어준다.

또 한 가지, 게슈탈트 심리학에 의하면 서로 다른 두 대상이 반복적으로 같은 움직임을 보일 때 우리는 그것들을 별개의 존재가 아니라 하나의 동일한 존재로 인식한다. 예를 들어 여러 마리 새가 동시에 날갯짓하며 방향을 바꾸면, 우리는 그것을 개별의 새가 아니라 하나의 '새 떼'로 본다.

이 원리는 우리의 행동과 결과 사이의 심리적 간극을 줄이는 데에도 적용할 수 있다. 이를테면 일주일 동안 음식을 줄였을 때 그만큼 체중이 줄어든다면, '식사량을 줄인다'는 행동과 '체중 감량'이라는 목표는 따로 떨어져 있는 것이 아니라 서로 맞물려 하나의 경험으로 느껴진다. 그래서 노력과 보상이 자연스럽게 연결되며 행동을 이어갈 힘이 생긴다. 그러다 다이어트를 멈추면서 체중 감량이 멈추더라도, 행동과 목표의 축은 여전히 나란히 놓여 있다. 시간이 흐를수록 이 둘의 연결은 더욱 단단해지며 마침내 하나로 엮인다.

직장에서도 마찬가지다. 예컨대 영업 전화를 거는 시간을 바꿨는데 잠재 고객 수가 늘어났다면, 그 순간 '전화 시점'과 '성과' 사이에 새로운 연결 고리가 생긴다. 더 나아가 이후에도 시점을 바꿀 때마다 성과가 달라진다면 두 요소는 점차 떼려야 뗄 수 없는 관계로 굳어진다. 다이어트든 영업이든 꾸준히 이어가는 힘은 성과와 행동이 하나의 흐름으로 닿을 때 생겨난다. 목표와 걸음이 서로 호응할 때 끈기는 자연스레 깊어진다. 이 원리가 곧바로 실천 지침을 내놓지는 않는다. 그러나 목표에 향하는 길을 과학적 태도로 점검하고, 자신의 진척을 세심하게 살피는 일이야말로 중요하다는 사실을 일깨운다.

마음이 내키지 않는 목표도 자신이 진정으로 아끼는 목표의 힘과 엮어낼 수 있다. 싫어하는 일과 좋아하는 일을 짝짓는 것이다. 이를테면 저녁을 준비하는 건 귀찮지만 좋아하는 음악 앨범을 듣는 건 즐겁다면 둘을 동시에 해보자. 음악을 들으며 저녁을 만드는 식이다. 과학자들은 오래전부터 이 원리를 주목해 왔다. 재미도 흥미도 크지 않은 평범한 일(예: 저녁 준비)을 즐거운 경험(예: 좋아하는 음악 앨범 감상)과 함께 묶으면, 뇌는 두 활동 사이에 자연스러운 연결 고리를 만든다는 것이다. 시간이 흐르면 처음에는 시시하게 느껴지던 일도 즐거운 경험이라는 보상과 하나로 이어진다.

이를 보여주는 대표적인 사례가 있다. 한 연구진은 실험을 통해 침팬지에게 동전을 기계에 넣도록 가르쳤다. 그러면 기계에서 곧바로 포도가 보상으로 나왔다.[72] 침팬지들이 동전을 넣는 행동과 포도의 맛을 하나로 연결해서 받아들이자, 연구자들은 한 단계 더 추가해서 레버를 들어 올려야 동전을 얻을 수 있도록 했다. 그러자 놀랍게도 침팬지들은 이제 포도를 직접 받지 않아도 레버를 당기는 행위 자체에 몰두했다. 포도가 주던 짜릿한 보상의 힘이 그대로 레버 당기기라는 행동으로 옮겨간 것이다.

좋아하는 일과 하기 싫은 일을 연결하는 사례로, 헬스장에서 러닝머신에 달린 화면으로 넷플릭스 드라마를 보는 것도 같은 원리다. 다만 이 방법에는 한 가지 조건이 있다. 드라마를 평소에도 본다면 동기 부여 효과는 금세 줄어든다. 그러니 〈브리저튼〉(영국 왕실과 귀족 사회를 배경으로 한 넷플릭스 인기 드라마 — 옮긴이)은 러닝머신 위에서만 즐기는 특별한 보상으로 남겨두는 게 좋다.

한 실험에서는 참가자들에게 '건강한 몸매 유지'라는 목표를 제시하고, 이를 이루는 방법을 하나만 선택하게 하거나 세 가지를 고르게 했다.[73] 몸매를 유지하는 방법을 하나만 고른 참가자들은 세 가지를 고른 이들보다 그 선택이 훨씬 효과적이라고 느꼈다. 인기를 얻는 것을 목표로 했을 때도 결과는 비슷했다. 하나의 행동과 하나의 목표가 뚜렷한 연결을 맺을 때 목표의 힘이 더 강하게 행동으로 옮겨져서 지속성을 높여준다.

이를테면 더 사교적으로 변하고 싶어서 합창단에 들어가기로 마음먹는 순간, '합창단 활동'은 곧 '사교성 향상'과 연결되며 행동을 이어가게 만드는 원동력이 된다. 이처럼 특정한 활동과 목표가 단단히 이어질 때 비로소 고유한 연결이 만들어진다. 하지만 더 사교적으로 변하고 싶어서 합창단에 들어가는 것과 동시에 직장에서 사람들과 더 자주 어울리고, 이성 친구를 만나기 위한 데이팅 앱까지 사용하기 시작한다면 상황은 달라진다. 합창단 활동과 사교성 향상 사이의 고리가 더 이상 뚜렷하지 않게 되고, 그만큼 합창단에 참여하는 동기 역시 약해진다. 보상이 여러 활동에 흩어져 버리기 때문이다. 마찬가지로 하나의 활동을 여러 성과와 엮어놓으면 행동과 목표의 관계는 희석된다. 가령 새로운 취미를 시작한다면 목적을 분명히 하나로 정해야 한다. 창의성을 키우려는 것인지, 새로운 사람을 만나려는 것인지, 아니면 새로운 기술을 익히려는 것인지. 세 가지를 한꺼번에 노리면 행동과 목표의 초점이 흐려지고 동기도 금세 옅어진다.

이것만은 기억하자 🕐

독일의 과학자들과 미국의 광고 혁신가들은 서로 전혀 다른 것들을 어떻게 하면 하나로 엮어낼 수 있을지 그 기반을 닦았다. 이 아이디어를 행동과 목표에 적용해 본 덕분에, 인간이 왜 움직이고 또 어떻게 끝까지 밀어붙이는지에 관한 이해가 한층 깊어졌다. 따라서 진정으로 강력한 동기는 따로 흩어져 있던 수단과 목적, 다시 말해 내가 하는 행동과 그 결과가 온전히 하나로 맞물릴 때 비로소 생겨난다.

새로운 취미나 프로젝트, 혹은 생활 방식을 오래 밀고 나가려면 이 상태가 꼭 필요하다. 게슈탈트 학자들의 아이디어 덕분에 우리는 수단과 목적을 하나로 엮어내어 동기를 더 강하게 만들고 끈기도 오래 가게 하는 방법들을 알게 됐다. 그렇게 해야 잃어버린 내면의 활력과 추진력, 즉 모조를 다시 불러올 수 있다.

방법은 의외로 단순하다. 하고 있는 일과 그에 따른 보상 사이의 간격을 줄이고, 목표와 보상이 맥락상 잘 맞아떨어지도록 연결하며, 하나의 행동과 하나의 목표를 깔끔하게 잇는 것이다. 이런 식으로 변화를 주다 보면 어른들의 계산이나 간섭이 끼어들기 전, 무언가에 푹 빠져 있던 어린 시절의 순수한 동기를 다시 만날 수 있다.

사람을 움직이는 힘은 먼 미래가 아니라,

바로 지금 느낄 수 있는 성취에서 나온다.

목표와 걸음이 서로 호응할 때

끈기는 자연스레 깊어진다.

6장

마지막
10분의 중요성
: 뇌는 '끝'을 기억한다

"행복한 결말을 원한다면, 이야기를 어디에서
멈추느냐가 모든 것을 좌우한다."

ㅣㅣㅣㅣㅣㅣ

오슨 웰스Orson Welles,
영화사에 길이 남은 거장이자 아마추어 마술사

톰 행크스는 지난 30년간 큰 흥행작들에 꾸준히 얼굴을 비쳐 온 배우다. 그는 〈필라델피아〉와 〈포레스트 검프〉로 2년 연속 아카데미 남우주연상을 받은 두 번째 인물이기도 하다. 하지만 많은 이들은 행크스의 최고 활약으로 오히려 〈토이 스토리〉 시리즈 속 카우보이 우디의 목소리 연기를 꼽는다.

이 할리우드 거장에게는 잘 알려지지 않은 면모가 있다. 몇몇 유명인 친구들의 말에 따르면, 그는 또 다른 영화계 전설 스티브 마틴이 여는 파티에 종종 참석한다고 한다. 이 모임에서는 포커를 치거나 영화를 보는 평범한 일도 하지만, 고형 음식을 끊고 액체만 마시거나 변비약을 먹고 장을 비우는 등 다소 기묘한 의식도 함께 한다(전해지는 바에 따르면 정작 주최자의 집에는 화장실이 단 하나뿐이라고 한다). 마틴과 그의 친구들이 이런 준비를 하는 이유는 누구나 두려워하는 대장내시경 검사를 조금이라도 덜 힘들게 받고 앞으로도 피하지 않으려는 마음에서라고 한다. 그런데 흥미로운 점은 이 불편한 시술이 뜻밖에도 다른 교훈을 보여준다는 데 있다. 우리의 감정과 기억은 '어느 순간을 기준으로 하느냐'에 따라 완전히 달라진다. 그래서 검사 전에 겪는 고통을 줄이려 애쓰는 건 얼핏 합리적으로 보이지만, 정작 중요한 부분에서는 한참 빗나간 셈이다. 어떤 경험을 더 좋게 남기고 싶다면 마지막 장면이 결정적이다. 끝이 어떻게 마무리되느냐가 앞으로 같은 일을 반복할지 아니면 두 번 다시 안 할지를 가른다. 그렇기에 행크스와 마틴, 그리고 그들의 친구들에게 필요한 건 대장내시경 전 파티가 아니라, 끝난 뒤에 열리는 파티다.

이야기를 언제 끝낼 것인가 🕐

대장내시경 검사를 버킷리스트에 올려두는 사람은 거의 없다. 길고 가느다란 관 끝에 카메라를 달아 항문을 통해 장 속을 살펴야 하는 검사이기 때문이다. 보통은 시간이 길어질수록 더 고통스러울 거라 생각하지만, 의외로 서둘러 끝내는 것은 좋은 방법이 아니다. 우리의 기억은 '마지막 순간'을 기준으로 전체 경험을 다시 쓰기 때문이다. 실제 연구에서는 검사가 끝난 뒤 내시경을 곧바로 빼지 않고 3분 정도 더 두었을 때 사람들이 오히려 "생각보다 괜찮았다"라고 회상하는 경우가 많았다. 결국 고통의 총량보다 중요한 건 마무리가 어떻게 기억되느냐고, 그 한 장면이 전체 경험의 인상을 바꿔놓는다.[74]

다시 말해, 대장내시경의 기억은 전체가 어땠는가보다 마지막 순간의 감정에 크게 좌우된다. 비록 검사가 조금 더 길어졌더라도 끝이 덜 힘겹게 마무리되면 경험 전체가 훨씬 부드럽게 남는 것이다.

과학자들은 실험을 통해 환자들의 대장내시경 시간을 일부러 늘려보았다. 몇 년 전 연구자들이 대학생 그룹에 손을 차가운 물에 일정 시간 담그게 했을 때 같은 현상이 나타났다는 점에 착안한 것이다.[75] 섭씨 15도 물에 손을 넣는 것이 섭씨 14도 물에 넣는 것보다 약간 덜 괴롭지만, 두 경우 모두 불쾌한 경험임은 분명하다. 그런데 학생들은 섭씨 14도 물에 1분간 손을 담그는 것보다, 섭씨 14도 물에 1분 담근 뒤 섭씨 15도 물에 30초를 더 담그는 편을 선호한다고 보고했다. 반복하겠냐는 질문에 다소 마조히스트(고통에서 쾌감을 느끼는 사람 - 옮긴이) 같은 학생들 가운데 3분의 2 이상이 더 오래, 더 큰 불편을 겪는 쪽을 선택했다. 참가자들 대부분은 긴 실험이 오히려 견디기 수월했다고 답했는데, 그 이유는 전체적인 불편이 '덜했고' 가장 차가운 순간도 시간이 짧은 실험 때보다 '덜 혹독하게' 느껴졌기 때문이다. 그러나 이는 착각이었다. 인간은 보통 경험 전체를 기준으로 판단하지 않고,

마지막 순간에 지나치게 큰 비중을 두기 때문이다.

고통스러운 의료 절차를 일부러 길게 끌기 전에 먼저 짚어야 할 윤리적 고민이 있다. 절차를 연장하면 환자는 분명 필요 이상으로 더 많은 고통을 겪게 된다. 그렇다면 더 중요한 건 무엇일까? 환자가 실제로 견디는 고통의 시간일까, 아니면 시간이 지난 뒤 기억 속에 남는 고통의 크기일까?

환자들에게 직접 물어보면 대부분 "빨리 끝내주세요"라고 한다. 하지만 그렇게 하면 오히려 그 경험이 더 부정적인 기억으로 남기 쉽다. 이 선택의 배경에는 이른바 '종결 욕구'가 있다. 여기서 말하는 종결은 힘든 사건, 이를테면 연애의 끝을 받아들이는 것과는 다르다. 동기적 종결 욕구motivational closure란 눈앞의 일을 어떻게든 마무리하고 목표를 끝내 달성하려는 성향을 뜻한다. 그래서 장기적으로 더 큰 대가를 치르게 되더라도, 사람들은 당장의 절차를 조금이라도 빨리 끝내는 쪽을 택하는 경우가 많다.[76]

대장내시경의 경우도 다르지 않다. 대부분의 사람은 당장의 고통을 빨리 끝내고 싶어서 짧은 절차를 선택한다. 하지만 이 선택은 시간이 흐른 뒤 훨씬 더 부정적인 기억으로 남는다. 반창고 뗄 때를 생각해 보자. 피부를 잡아당긴 채 천천히 떼어내면 거의 아프지 않다. 그런데 많은 사람이 불편할 걸 알면서도 "확 떼는 게 낫다"고 말한다. 일부 온라인 자동차 판매 회사들은 바로 이 심리를 간파해, '빨리 끝내고 싶은 욕구'에 기대어 마케팅 전략

전체를 짠다. 사람들은 차를 전통적인 방식으로 팔면 더 높은 값을 받을 수 있다는 걸 알면서 조금 손해를 보더라도 절차를 간단히 하는 길을 택한다. 당장의 번거로움을 피하고 싶은 마음이 결국은 더 큰 손해로 이어지는 셈이다. 생각해 보면, 이 장의 첫머리에 인용했던 오슨 웰스의 말처럼 우리는 종종 이야기를 서둘러 끝내려다 정작 더 행복한 결말을 놓치곤 한다.

이 현상을 설명하기 위해 '서둘러 끝내는 성향'pre-crastination (미루기를 뜻하는 'pro-crastination'의 반대 개념 - 옮긴이)이라는 용어가 만들어졌다. 이 표현은 흔히 '양동이 실험'으로 불리는 일련의 과학 연구에서 처음 등장했다.[77] 연구팀은 본격적인 실험에 들어가기 앞서 한 가지 사실을 확인하고 싶었다. 똑같은 무게의 물건을 옮겨야 한다면 사람들이 당연히 짧은 거리를 더 선호할 것이라는 점이다. 그래서 출발선에서 약 5미터 떨어진 결승선까지 가는 길에 두 개의 양동이를 서로 다른 위치에 놓았다. 연구진의 예상은 간단했다. 전체적으로 덜 옮겨야 하는, 즉 출발선에서 더 멀리 놓인 양동이를 고를 것이라고 생각한 것이다. 결과는 의외였다. 참가자들은 오히려 결승선에서 더 멀리 떨어져 있는데도 눈앞에 가까이 놓인 양동이를 먼저 집어 들었다.

연구진은 참가자들이 의외의 선택을 한 이유를 밝히기 위해 추가 실험을 진행했다. 참가자들이 더 운동하려고 일부러 멀리 있는 양동이를 든 것도 아니었고, 가까운 양동이가 눈에 띄어서도 아니었으며, 둘의 무게가 다르다고 믿은 것도 아니었다. 결정적인 이유는 눈앞의 양동이를 집어 드는 편이 일을 빨리 끝내는 길이라고 착각했기 때문이다. 양동이가 가벼워서 걸음 속도에 영향을 줄 정도가 아니었기 때문에 빈손으로 걷든 들고 걷든 완주 시간은 사실상 동일했다. 그러나 '바로 집었다'는 느낌이 더 빨리 끝냈다는 착각을 만든 것이다. 참가자들은 더 큰 목표를 향해 나아가는 과정에서 당장 눈앞의 할 일을 하나씩 지워나가고 싶어 했다. 목표를 떠올리는 것만으로도 정신적 에너지가 소모되기 때문에, 그 부담을 줄일 수 있는 방법이 있다면 사람들은 자연스레 그쪽을 택한다. 흥미로운 점은 이 편향이 인간에게만 나타나는 것이 아니라는 사실이다. 비둘기 역시 결과나 필요한 노력이 똑같더라도 일을 조금이라도 빨리 시작하는 쪽을 더 선호하는 경향을 보인다.[78] 해야 할 일이 앞에 있으면 우리는 시간을 그저 조용히 흘려보내는 걸 참 힘들어한다.

하루를 시작할 때도 사정은 같다. 할 일 목록에서 뭔가를 지워내고 싶은 마음에 정작 중요하지 않은 일부터 손을 댄다. 그러다 보니 결국 더 많은 일을 떠안는다. 일을 서둘러 시작하다 보면 애초에 서두를 필요조차 없는 자잘한 일에 몇 시간을 허비하게 된다. 앞에서 살펴봤듯 이메일에 답장을 하면 곧바로 할 일들이 줄줄이 이어진다는 걸 알면서도, 텅 빈 받은편지함이 주는 묘한 해방감을 좋아해서 손이 먼저 간다. 결국 우리는 시간을 그냥 흘러보내지 못하고 사소한 일로 망쳐버리곤 한다.

이 성향은 서비스 비용을 더 지불하는 데까지 이어진다. 예컨대 배관공을 불러야 하는 상황에서 며칠만 기다리면 저렴하게 해결할 수 있음에도, 빨리 끝내고 싶다는 조급함 때문에 굳이 비싼 긴급 서비스를 선택하는 경우가 그렇다. 사람들은(심지어 비둘기조차도) 어떤 일을 가능한 한 일찍 시작해 머릿속의 부담에서 지워버리고 싶어 한다. 그렇게 하면 더 빨리 끝내거나 덜 힘들 거라고 믿기 때문이다.

하지만 이 믿음은 착각에 가깝다. 시작을 앞당기는 순간 처음에는 속이 시원할지 몰라도, 결국 불필요한 시간과 노력을 낭비하게 되는 경우가 많다. 왜곡된 판단은 다른 모습으로도 나타난다. 오래 걸리는 중요한 일이나 프로젝트는 조금 해봤자 당장 할 일 목록에서 지워지지 않는다. 그러니 차라리 미뤄두고 그 대신 금세 지울 수 있는 사소한 일에 손을 뻗는다. 결국 중요한 일은 뒤로 밀리고, 해야 할 일만 점점 불어난다.

의사결정도 마찬가지다. 마음을 짓누르는 선택지가 있을 때 보통 그 부담을 빨리 덜고 싶어 서둘러 결정을 내려버린다. 하지만 억지로 앞당기기보다 시간이 흐르며 답이 자연스럽게 드러나도록 두는 편이 훨씬 낫다. 마지막 순간까지 기다리면 얻을 수 있는 정보가 최대한 쌓여서 오히려 빠르고 정확하게 판단하기 쉬워진다. 게다가 기다리다 보면 애초에 결정을 내릴 필요가 없어지는 경우도 있다. 그러니 불필요한 고민으로 시간을 채우며 중대한 결정을 성급히 내리지 말라. 유혹적일지라도 말이다.

투표에서 승리하는 법 ⏱

대장내시경 실험과 얼음물 실험은 사람들이 전체 경험보다는 마지막 순간을 더 강하게 기억하는 경향이 있음을 보여주었다. 물론 우리 대부분은 대장내시경을 자주 받을 일도 없고, 손을 찬물에 담그는 일을 일상적으로 반복하지도 않는다. 하지만 경험의 마지막 부분에 지나치게 끌리는 습성은 삶 곳곳에서 드러나고, 때로는 그 영향이 썩 바람직하지 않을 때도 있다.

미국의 대통령 임기는 통상 4년이며, 영국의 총선은 보통 4~5년에 한 번씩 치러진다. 선거철이 다가오면 어느 정부든 경제 성과가 유권자의 판단에 핵심 요소가 된다는 사실을 잘 알고 있다. 영국의 전 총리 해럴드 윌슨은 "총선에서 정부가 어떤 평가를 받고, 또 국민의 신임을 얻을 수 있는지는 경제 정책의 성패에 달려 있다"고 말한 바 있다. 1992년 대선을 앞두고 빌 클린턴 전 대통령의 선거 사무실 벽에는 "문제는 경제야, 바보야"It's the economy, stupid라는 문구가 붙어 있었다. 이처럼 사람들은 집권당의 경제 성과 전반이 유권자의 선택에 가장 중요한 기준이 될 것이라고 생각하기 쉽다. 실제로 누구에게 투표할지 묻는 조사에서도, 유권자들은 바로 그 점을 가장 중요하게 고려하겠다고 답한다.

하지만 현실은 다르다. 유권자들은 임기 전체의 경제 성과를 보겠다고 말하지만, 막상 표심을 움직이는 것은 선거 직전의 경기 상황이다. 결국 집권 기간 내내의 성과보다 임기 말의 분위기가 훨씬 더 큰 영향을 미친다.[79] 실제로 2000년 미국 대선을 분석한 결과, 만약 유권자들이 임기 마지막 몇 달이 아니라 전체 임기의 경제 성과를 기준으로 판단했더라면 대통령 자리는 조지 W. 부시(당시 공화당 후보이자 제43대 미국 대통령 – 옮긴이)가 아닌 앨 고어(당시 민주당 후보이자 빌 클린턴 행정부의 부통령 – 옮긴이)에게 돌아 갔을 것이라는 분석이 나왔다. 경제 성과 자체의 우열 때문이 아니라, 유권자들이 '전체'가 아닌 '끝'만 보고 판단하는 편향 때문에 결과가 달라졌다는 의미다.[80]

시간의 어느 지점에 놓였는가에 따라 우리가 사건을 불균형하게 기억하는 경향은 세계 정치 지형에도 큰 영향을 미친다. 행동경제학을 개척한 인지심리학자이자 2002년 노벨 경제학상 수상자 대니얼 카너먼은 이렇게 썼다. "우리는 어려운 질문에 직면했을 때, 스스로 알아차리지 못한 채 그보다 쉬운 질문으로 바꿔 답하곤 한다."

우리 뇌는 경험을 떠올릴 때도 비슷하게 움직인다. 기억을 되살릴 때 뇌는 복잡한 과정을 단순화해서 마지막 순간을 마치 전체 경험을 대표하는 것처럼 여긴다. 다만 사물이나 사실, 정보 같은 '목록'을 기억하는 방식은 조금 다르다. 목록에서는 보통 맨 앞과 맨 뒤에 있는 항목이 가장 또렷하게 남는다. 개, 소, 양, 토끼, 고양이를 기억해 보라고 하면 대부분 개와 고양이가 가장 쉽게 떠오를 것이다. 이는 처음 제시된 것을 더 잘 기억하는 초두 효과primacy effect와 마지막에 제시된 것을 더 잘 기억하는 최신 효과recency effect 때문이다.

반면 '경험'을 떠올릴 때는 방식이 다르다. 마지막 순간에 느낀 감정이 전체 기억을 좌우하는 가장 큰 영향력을 발휘한다. 이처럼 상반된 효과가 나타나는 이유는 두 가지 기억 방식이 서로 다른 뇌 활동을 요구하기 때문이다. 목록을 기억할 때는 단기 기억과 주의력이 필요하지만, 어떤 사건에 대해 우리가 어떻게 느꼈는지를 떠올리는 과정은 무의식적인 수준에서 훨씬 더 빠르게 이루어진다.

다시 말해, 이는 복잡한 정신적 계산이 아니라 단순하고 충동적인, 그리고 효율적인 반응으로 작동한다. 그래서 놀이공원을 떠올릴 때 우리는 긴 대기 줄보다는 놀이기구를 탄 순간을 더 선명하게 기억한다. 다만 줄이 지나치게 길어서 특별히 강한 감정을 불러일으켰다면 그때는 예외가 된다.

이 두 가지 기억 방식은 배심원 평결 같은 상황에서도 뚜렷하게 드러난다. 재판 초반에 제시된 증거가 더 큰 영향을 미칠 수도 있다. 배심원들이 아직 집중력이 높고 피로하지 않은 상태에서 들었기 때문이다. 그러나 반대로 재판 말미에 나온 증거가 더 강하게 작용할 수도 있다. 가장 최근에 접한 내용이 기억에 선명히 남기 때문이다.

만약 배심원들이 사실과 논리에 따라 판단한다면 초반 증거와 마지막 증거 모두 중요할 수 있다. 하지만 피고인 측이 감정에 호소하고 변호사가 배심원들의 마음을 움직이는 데 집중한다면 이야기는 달라진다. 이 경우 평결은 마지막 국면, 즉 최종 변론에서 크게 좌우된다. 광고도 마찬가지다. 사람들은 광고 전체를 기억하기보다 마지막 장면에서 받은 인상으로 평가를 내린다.

덧붙이자면, 이런 국면에서 언론의 힘은 절대 가볍게 볼 수 없다. 1997년 영국 총선을 앞두고 보수당은 경제 성적표만 놓고 보면 꽤 괜찮은 성과를 내고 있었다. 하지만 뉴스 화면에 비친 모습은 달랐다. 저녁 뉴스 보도를 뜯어보면, 실제 성과를 반영하기에는 지나치게 부정적인 톤이 많았다. 언론은 잘 굴러간 정책보다 경제 노선을 두고 벌어진 당내 갈등을 더 부각했고, 이 분위기가 유권자들의 눈과 귀에 깊이 각인되었다. 그 결과 보수당은 역사에 남을 만큼 처참한 선거 패배를 맛봐야 했다.[81]

정치인들은 대중이 가장 최근의 일을 더 강하게 기억한다는 사실을 잘 알고 있다. 그래서 임기 전체가 아니라 선거 직전에 집중적으로 성과를 내는 데 힘을 쏟는다. 경제 성장을 부각하거나, 누구나 좋아할 만한 정책을 마지막 해에 쏟아내는 식이다. 이렇게 하면 유권자들 눈에는 임기 말에 내놓은 대표 정책만 또렷하게 남는다. 반대로 임기 초반에는 인기 없는 정책이나 반발을 살 만한 조치들을 미리 시행한다. 시간이 지나면 잊힐 거라 계산하기 때문이다. 결국 이러한 선거용 전략 때문에 유권자들은 임기 내내 꾸준히 성과를 낸 지도자보다, 선거 직전에 보여주기식 성과를 집중적으로 내는 정치인을 선택하게 된다.

180

3년 전 휴가는 어땠더라? ⏱

우리의 투표 방식은 뇌가 경험 전체를 차분히 평가하기보다는 손쉬운 길을 택한다는 사실을 잘 보여준다. 모든 정보를 모아 따져보는 일은 큰 부담이 되기 때문에, 마지막 순간만 떠올리고 그것이 전체를 대표한다고 착각하기 쉽다. 특히 뇌에서 어떤 정보가 더 쉽게 떠오를수록 이 시간적 편향은 더욱 강하게 작동한다. 만약 비행기 추락 사고에 관한 기사를 최근에 읽었다면, 사람들은 실제보다 그 사고가 일어날 확률을 훨씬 높게 생각한다. 떠올리기 쉬운 정보가 판단을 왜곡하는 것이다.

이 편향은 운동할 때 겪는 부상처럼 일상적인 상황에서도 나타난다. 조깅을 하다 근육을 다친 적이 있으면 다시 달릴 때 또 다칠 거라고 실제 가능성보다 더 크게 걱정한다. 그 기억이 쉽게 떠오르기 때문이다. 잘못된 믿음은 조깅을 이어가려는 마음을 꺾어버린다. 어떤 맥락에서든 한번 좌절을 겪으면 그 일이 또다시 일어날 가능성을 실제보다 부풀려 생각하기 쉽다.

이렇듯 쉽게 떠오르는 정보를 과대평가하는 편향은 1970년대에 처음 주목받았다. 앞서 언급한 대니얼 카너먼과 심리학·경제학 분야의 또 다른 개척자인 아모스 트버스키(인지 편향과 의사결정 이론 연구를 선도한 심리학자-옮긴이)의 실험 덕분이었다. 참가자들에게 'K로 시작하는 단어'(예: king)가 더 많은지, 아니면 'K를 포함한 단어'(예: cake)가 더 많은지 물었을 때, 대부분은 K로 시작하는 단어가 더 많다고 답했다. 실제로 참가자의 70퍼센트가 그렇게 대답했다. 그러나 이는 잘못된 추정이었다. 영어에는 K로 시작하는 단어보다 K를 포함한 단어가 훨씬 더 많기 때문이다.[82] 문제는 K로 시작하는 단어들이 뇌 속에서 더 쉽게 떠오른다는 데 있다. 그래서 사람들은 빠르게 판단을 내릴 때 이 단어들에 더 큰 비중을 둔 것이다.

또한 사건이 불러일으키는 감정이 강렬할수록 우리는 그 일을 더 쉽게 떠올리고 또렷하게 기억한다.[83] 중대한 지정학적 사건들은 과거를 되돌아볼 때 강렬한 감정을 불러일으키며 뇌에 쉽게 각인된다. 코로나19 팬데믹과 9·11 테러는 전 세계를 크게 뒤흔든 초대형 사건이었고, 우리 삶에 지울 수 없는 흔적을 남겼다. 정치인과 그 뒤에서 전략을 짜는 참모들은 이 기억의 특성을 교묘하게 활용해 일부 정책을 더 강렬하게 각인시킨다. 예컨대 브렉시트 완수(영국의 국가 정체성과 주권 회복이라는 감정적 메시지와 맞닿아 있었기에 많은 대중의 공감을 얻었다 - 옮긴이)와 이민 축소(일자리·복지 경쟁에 대한 불안과 맞물려 폭넓은 지지를 끌어낸 사안 - 옮긴이) 같은 공약이 그러하다. 강렬한 감정과 직접 연결된 약속은 사람들의 기억에 오래 남고, 선거에서 강력한 호소력을 발휘한다. 그래서 보수당은 이 공약에 '브렉시트를 반드시 완수하자'Get Brexit done 나 '불법 보트 입국을 막자'Stop the boat처럼 감정을 자극하는 구호를 붙였다. 선거를 앞두고 유권자들이 메시지를 더 쉽게 기억하도록 하기 위함이었다. 반면 세금 인상이나 공공 재정 축소 같은 정책에는 단순하고 직설적인 구호가 붙지 않는다. 우리가 굵직한 사건이나 정부 정책을 또렷하게 기억하는 이유는 그것이 경험의 마지막에 있었기 때문이 아니라, 강렬한 감정을 불러일으켰기 때문이다. 마찬가지로, 그다지 특별하지 않았던 파티도 마지막에 매력적인 손님과 잠시 농담을 주고받은 기억 덕분에 좋은 자리로 남을 수 있다. 반대로 아무리 훌륭한 만찬이라도 웨이터가 와인을 쏟아서 좋아하는 옷을 망쳐버리면 불쾌한 기억으로 각인된다. 결국 강렬한 순간이 곧 오래 기억되는 순간이다.

뇌리에 오래 남을 만큼 강렬한 순간을 만드는 것, 그것이야말로 광고 산업의 핵심 원리다. 광고는 브랜드와 연결된 '감정'을 깊이 스며들게 유도한다. 소비자들은 나중에 비슷한 제품을 고를 때 그 기억이 자연스레 떠오르고 결국 그 브랜드로 손이 간다. 복권 광고가 좋은 예다. 당첨 확률을 실제보다 높게 믿게끔 설렘과 기대를 부풀려 우리의 계산을 교묘히 흔든다. 이 원리는 뉴스에서도 똑같이 작동한다. 특정 민족 출신이 저지른 테러 사건을 충격적으로 보도하면 그 강렬한 인상이 머릿속에 깊이 각인된다. 그 결과 사람들은 같은 민족에게서 또 다른 테러가 일어날 가능성을 실제보다 훨씬 크게 생각한다.

어떤 경험의 마지막 국면에 가장 강렬한 순간이 오도록 타이밍을 조율하면, 그 기억은 훨씬 더 선명하게 각인된다. 이렇게 삶의 장면을 '연출'하는 방식은 새로운 습관이나 생활 방식을 꾸준히 이어가는 데 중요한 의미를 지닌다. 뇌는 가장 강렬했던 순간의 경험을 가장 쉽게 불러오기 때문에, 무언가를 반복하고 싶다면 마지막을 최고의 장면으로 장식하는 것이 바람직하다.

한 실험에서는 여성 64명이 공포 영화 〈스트레인저스 The Strangers〉의 한 장면을 시청했다.[84] 실험 참가자 가운데 절반은 이전 실험에서 측정한 심박수를 기준으로 가장 공포심이 극대화된 장면에서 영상을 끊었다. 나머지 절반은 같은 영상을 보되, 그 장면 뒤에 이어지는 다소 덜 무서운 결말까지 시청했다. 가장 두려운 장면에서 영상을 끝낸 집단은 시청 후 불안감이 훨씬 더 크게 남는다고 보고했다. 170편이 넘는 연구를 종합한 결과 또한 이와 일치했다. 연구자들은 우리가 어떤 경험을 기억할 때, 그 과정 전체가 아니라 가장 강렬했던 순간과 마지막 순간에 크게 의존한다는 설득력 있는 증거를 발견했다.[85] 이 두 가지 효과가 결합되면, 우리의 기억은 더욱 편향되기 쉽다.

가장 강렬했던 순간과 마지막 순간이 기억에 미치는 영향은 서로 다르게 나타난다. 우선, 강렬했던 순간의 효과는 시간이 흐를수록 서서히 희미해진다. 그러나 마지막 순간의 영향력은 반대로 시간이 지날수록 오히려 더 커진다. 결국 어떤 경험이 과거로 멀어질수록, 뇌는 경험 전체를 평가할 때 마지막 국면에 더욱 크게 의존하게 되는 것이다. 누군가가 2주 전의 휴가에 대해 묻는다면, 뇌는 마지막 부분을 어느 정도 강조하겠지만 여전히 다른 장면들도 비교적 쉽게 떠올릴 수 있다. 하지만 몇 년 전 휴가에 대해 묻는다면 이야기는 달라진다. 휴가 전체를 다시 평가하기에는 뇌에 너무 큰 부담이 되므로 기억은 주로 마지막 부분에 기댄다. 이처럼 시간이 흐를수록 경험의 끝맺음은 우리의 평가에서 점점 더 중요한 역할을 한다.

우리가 과거의 경험을 평가하는 방식은 앞으로 비슷한 활동에 참여할지 말지를 결정하는 데 큰 영향을 미친다. 운동을 시작할지, 일을 더 할지, 멋진 저녁을 요리할지, 그림을 그릴지, 책을 펼칠지, 아니면 그냥 소파에 드러눕는 게 나을지—이 선택의 순

간마다 뇌는 무의식적으로 과거의 경험을 꺼내 와서 빠르게 판
단한다. 문제는 이 기억이 곧바로 드러나지 않고, 늘 그럴듯한
이유 뒤에 숨어버린다는 것이다. 예를 들어 요리 수업의 첫 경험
이 별로였다면 다음 주에 다시 갈지 고민할 때 뇌는 슬쩍 '시간
이 없어'라는 핑계를 앞세운다. 하지만 실제 이유는 시간이 아니
라 지난번에 남은 불편한 기억 때문이다. 결국 "못 가는" 게 아니
라 "가기 싫은" 것이다.

생각을 행동으로 🕐

이 정신적 메커니즘은 투표나 대장내시경 같은 극단적인 사
례에만 머무르지 않고, 일상에서도 충분히 쓰일 수 있다. 실제로
과학자들은 이를 위한 실험을 하나 설계했다. 강도는 똑같지만
구성만 다른 두 가지 웨이트 트레이닝 프로그램을 만든 것이
다.[86] 한 세션은 시간이 지날수록 점점 더 힘들어져서 끝날 무렵
엔 지쳐버렸고, 다른 세션은 반대로 점차 쉬워져서 마지막은 한
결 편안했다. 운동을 하는 동안 참가자들은 두 세션 모두 비슷하
게 괜찮다고 평가했다. 그런데 세션이 끝난 직후나 시간이 지난
뒤에 다시 물어보자, 사람들은 점차 쉬워지는 쪽을 훨씬 더 좋은
경험으로 기억했다. 운동을 처음 시작해서 꾸준히 이어가고 싶
다면, 힘든 동작은 앞부분에 몰아두고 마지막은 최대한 기분 좋

게 마무리하는 게 효과적이다. 이건 운동뿐 아니라 다른 취미나 프로젝트에도 똑같이 통한다. 뭐든 다시 하고 싶게 만들고 싶다면, 끝을 가장 즐거운 순간으로 남겨두면 된다.

이 원칙은 꼭 어떤 활동을 오래 이어가기 위해서만 필요한 건 아니다. 단순히 경험을 더 좋게 기억하게 만드는 데에도 충분히 쓸 수 있다. 예컨대 휴가를 다녀왔다고 해보자. 비행기가 5시간 지연되더라도 그 일이 여행의 마지막 날이 아니라 첫날에 있었다면, 전체 휴가는 훨씬 더 좋은 기억으로 남을 것이다. 그래서 여행을 계획할 때는 돌아오는 길, 아니면 적어도 마지막 일정만큼은 가볍고 편안하게 만드는 게 좋다. 긴 비행이나 불편한 이동을 떠나기 전 겪을지, 아니면 돌아오는 길에 겪을지를 두고 선택해야 한다면 망설일 필요 없이 전자를 택하는 편이 낫다. 마지막을 수월하게 끝내야 결국 휴가 전체가 따뜻한 추억으로 남기 때문이다.

이 원칙은 교육 현장이나 피드백을 주고받는 상황에도 똑같이 적용될 수 있다. 한 연구에서 과학자들은 아이들에게 평가를 부여했는데, 한 그룹은 또래로부터 네 번의 부정적인 평가만 받았고, 다른 그룹은 네 번의 부정적인 평가에 더해 그보다는 조금 덜 부정적인 평가 하나를 함께 받았다.[87] 대장내시경 실험과 비슷하게, 전반적으로 후자의 아이들이 오히려 그 경험을 더 긍정적이고 덜 힘들었다고 기억하는 역설적인 결과가 나타났다. 연구자들은 여기서 아이디어를 뒤집어서 또 다른 그룹에는 네 번의 긍정적 평가만 주고, 다른 그룹에는 네 번의 긍정적 평가에 마지막으로 다소 덜 긍정적인 평가 하나를 덧붙였다. 그런데 이 다섯 번째 평가 때문에 아이들은 전체적으로 더 많은 칭찬을 받았는데도 덜 긍정적이고 더 힘든 경험으로 받아들였다. 교사와 부모라면 마지막 한마디에 각별히 주의해야 한다. 그 한마디가 아이들에게 전혀 다른 여운이나 응어리를 남길 수 있기 때문이다.

시간이 흐르면서 경험을 회상하는 방식을 보면, 짧게 끝나는 일보다 기분 좋게 끝나는 쪽이 더 오래 남는다. 가장 강렬한 순간이 불쾌한 활동이라면 전략은 반대로 세우는 편이 낫다. 불편한 순간은 가급적 초반에 배치하는 것이 현명하다. 예컨대 매달 열리는 회의에서 꼭 해야 하는 발표가 두렵다면 스스로 먼저 하겠다고 나서는 게 좋다. 가족 모임에서 어려운 대화를 해야 한다면 괜히 망설이지 말고 초반에 털어놓는 편이 기억을 더 좋게 남기는 방법이다.

서비스를 받는 고객의 입장에서도 이 편향을 기억해 둘 필요가 있다. 뜻밖의 할인이나 이벤트처럼 긍정적인 순간이 눈에 띄면, 전체적인 경험 자체는 다른 곳과 크게 다르지 않았더라도 더 좋은 기억으로 남기 쉽다. 나는 세비야의 한 호텔에서 체크인할 때 예상치 못한 샴페인 한 잔을 받은 기억은 또렷이 남아 있지만, 정작 호텔에 대해선 거의 기억나는 게 없다. 반대로 끝이 조금 불편했다고 해서 전체 경험이 흐려지도록 두어서는 안 된다. 식당에서 계산서가 한참 늦게 나오면 괜히 실망감이 들지만, 그 전까지의 서비스가 훌륭했다는 사실은 달라지지 않는다.

사람들이 경험의 마지막 순간과 가장 강렬한 순간에 치우치는 심리는 제품 가격의 책정에도 그대로 이어진다. 우리는 여러 상품을 평가할 때 무작정 가격을 나열해서 비교하지 않는다. 대신 뇌는 기준이 될 만한 '참조 가격'을 하나 정해두고, 다른 가격들을 거기에 견주어 판단한다. 경제학자들은 사람들이 이 참조 가격을 어떤 방식으로 만들어 내는지를 꾸준히 탐구해 왔다.[88]

연구 결과는 흥미롭다. 우리가 머릿속에 세우는 참조 가격은 대체로 마지막에 본 가격과 가장 비쌌던 가격에 의해 정해진다. 말하자면, 어떤 상품의 값을 따질 때도 경험을 기억할 때와 똑같은 법칙이 작동하는 셈이다. 그래서 기업이 가장 비싼 제품의 값을 가끔씩 올려두기만 해도 우리의 기준선이 따라 올라가고, 어느새 더 비싼 가격도 당연하게 받아들이게 된다. 반대로 명품 브랜드가 큰 폭의 할인을 좀처럼 하지 않는 이유도 여기에 있다. 단 한 번의 할인만으로도 그동안 높게 쌓아 올린 참조 가격이 무너져 내리고, 결국 소비자들이 앞으로 지갑을 열 때 기꺼이 지불하려는 금액 자체가 낮아져 버리기 때문이다.

여기서 기억해야 할 메시지는 분명하다. 이 가격 장치가 어떻게 작동하는지 늘 의식해야 한다는 것이다. 메뉴판 맨 위에 놓인 가장 비싼 와인 한 병은 괜히 있는 게 아니다. 그 한 병만으로도 다른 와인 값이 훨씬 덜 부담스럽게 느껴진다. 자동차 매장에서 마지막에 보여주는 차가 가장 고가 모델인 경우도 마찬가지다. 이는 은근히 기준선을 높여, 원래 지불하려 했던 것보다 더 많은 돈을 쓰게 만들려는 전략일 수 있다. 롤스로이스는 이 원리를 영리하게 활용한다. 그들은 에어쇼에 자동차를 전시한다. 약 52억 원에 달하는 개인 전용기를 마지막으로 본 직후 4억 3,700만 원짜리 롤스로이스는 '가성비 좋은 선택'처럼 보이기 때문이다.

우리가 어떤 일을 기억하고 또 얼마나 만족스럽게 여기는가는 그 경험이 어떤 순서와 강도로 다가왔는지에 따라 달라진다. 흥미롭게도 이 원리는 자살 예방 상담에 나선 자원봉사자들의 활동 지속 여부를 살펴본 연구에서도 확인된다. 연구진은 200만 통에 가까운 상담 전화를 분석해서 자살 예방처럼 무겁고 어려운 대화가 이어졌을 때 상담자들이 활동을 그만둘 가능성이 더 높은지, 아니면 일반적인 상담과 비교해 어떤 차이가 있는지를 추적했다.[89]

누군가가 삶을 포기하지 않도록 붙잡는 일은 감정적으로 극도로 소모적이고 힘든 경험이다. 그렇다 보니 자살과 관련된 상담을 많이 맡은 자원봉사자일수록 중도에 활동을 그만두는 경우

가 잦았다. 그런데 상담의 양뿐 아니라 상담이 어떤 순서로 이어
졌는가 역시 큰 영향을 미쳤다. 경험을 기억하는 방식과 마찬가
지로, 여러 통의 상담 전화 가운데 마지막에 자살 예방 상담이
끼어 있으면 그만두려는 가능성이 훨씬 더 올라갔다. 또한 자살
과 관련된 상담이 연달아 이어질 경우, 상담원들이 그만둘 가능
성은 더 올라갔다. 특히 근무가 끝나갈 무렵에 자살 예방 상담이
세 통 연속 이어지면, 같은 세 통이라도 근무 시간 전체에 흩어
져 있거나 더 일찍 걸려 온 경우보다 상담원이 역할을 포기할 확
률이 크게 높아졌다.

상담원 연구에서 드러난 이 결과는 보건의료 현장에도 중요
한 시사점을 던진다. 환자를 돌보는 과정에서 감정적으로 벅차
고 고된 순간은 피할 수 없지만, 그것을 어떻게 배치하느냐에 따
라 상황은 달라질 수 있다. 힘겨운 진료가 몰려 있지 않도록 나
누어 놓고, 하루 중 더 이른 시간에 마무리되도록 조정한다면 의
료인의 번아웃과 이탈을 줄일 수 있다. 숙련된 의료진이 현장에
오래 머물수록 환자들은 지속적인 치료를 받을 수 있고, 이는 결
국 더 많은 생명을 구하는 결과로 이어진다. 실제로 위기 상담원
연구를 진행한 학자들은 이러한 재배치를 수학적으로 시뮬레이
션했고, 그 결과 이탈률이 무려 22퍼센트 줄어들 수 있다는 전망
을 내놓았다.

물론 어떤 경우에는 편향이 우리의 판단을 흔들지 못하도록

막고 객관성을 확보해야 한다. 예컨대 면접에서 마지막에 들어와 농담 하나로 분위기를 풀었다는 이유만으로 지원자를 뽑는 건 옳지 않다. 휴양지를 다시 찾고 싶다는 마음도, 정말로 전체 여행이 좋았던 것인지 아니면 마지막 하루만 특별했던 것인지 따져볼 필요가 있다. 편향은 뇌가 오랜 세대를 거치며 발달시킨 정상적인 작동 방식이기에 완전히 없애기는 어렵다. 그렇다고 손 놓고 있을 수는 없다. 우리가 할 수 있는 일은 이를 의식적으로 점검하고 보정하는 것이다.

이를 위한 방법으로 사이버 보안에서 아이디어를 빌려올 수 있다. 보안 점검을 위해 '레드팀'을 두어 해커 역할을 맡기듯이, 스스로 판단을 점검하는 가상의 '적' 역할을 두는 것이다. 마치 해킹을 시뮬레이션하듯 내 기억과 판단이 편향에 흔들리고 있지 않는지 의도적으로 검증하는 방식이다. 레드팀은 해킹의 표적이 될 수 있는 허점을 찾아내는 일을 한다. 이 아이디어는 삶에도 그대로 적용할 수 있다. 예를 들어 채용 면접처럼 중요한 의사결정을 내려야 하는 자리라면 면접관 중 한 명에게 '일부러 다른 시각을 제기하는 역할'을 맡길 수 있다. 이렇게 하면 모두가 비슷한 생각에 끌려가 잘못된 결정을 내리는 일을 막을 수 있다.

개인적인 선택에서도 마찬가지다. 집을 옮기거나 직장을 바꾸는 큰 결정을 앞두고는 친구나 가족에게 "내 판단을 일부러 까다롭게 검증해 달라"고 부탁할 수 있다. 또 다른 방법은 스스로

'레드햇'red hat(영국의 의사이자 창의적 사고 연구가인 에드워드 드 보노가 제안한 여섯 색깔 모자 기법에서 유래한 개념으로, 일부러 다른 관점을 취하며 사고의 틀을 바꾸는 방식-옮긴이)을 쓴다고 상상하는 것이다. 즉 습관적인 생각과 충돌하는 시각을 의도적으로 취해보며 내 안의 편향을 찾아내는 것이다. 이렇게 하면 중요한 결정을 내리기 전에 훨씬 더 균형 잡힌 판단을 할 수 있다.

새로움이 불러오는 강렬함 ⏱

안타깝게도 우리 힘으로 어찌할 수 없는 일들이 있다. 바닷가에서 즐거운 하루를 보냈더라도 돌아오는 기차가 지연되면 그 하루가 한순간에 망가질 수 있다. 밤늦게까지 신나게 놀다가도 스마트폰을 잃어버리는 일 하나로 하루가 씁쓸하게 끝나버릴 수도 있다. 이런 우연까지 통제할 수는 없지만, 적어도 확률을 우리 쪽으로 조금은 기울게 만들 수는 있다. 활동의 마지막에 '새로운' 경험을 더해두면, 그것만으로도 의욕과 동기를 단숨에 끌어올리는 강력한 윤활제가 된다.[90]

통신업계는 고객 경험 측면에서 곱지 않은 평가를 받곤 한다. 와이파이 문제를 해결하려고 전화를 걸어도 20분 넘게 대기한 끝에 돌아오는 답이 "도와드릴 수 없다"는 말일 때가 많다. 그런데 AT&T(미국 3대 이동통신사 중 하나-옮긴이)는 고객과의 상호작용을 특별한 방식으로 마무리했다. 고객 2,000명에게 개인 맞춤형 감사 영상을 보내며 잊지 못할 경험을 선사한 것이다. 의미 있는 전략이 고객의 기억을 훨씬 더 긍정적으로 바꿔놓았다.

새로운 경험은 일상적인 경험보다 더 강렬한 감정을 남긴다. 특별한 순간을 기억에 새기는 일이 중요하기 때문이다. 이 메커니즘은 다른 뇌의 기능과 마찬가지로 진화 과정에서 만들어졌다. 낯선 환경이나 상황을 탐험하는 것은 생존에 꼭 필요한 지식을 얻는 길이었다. 어디에서 음식을 구할 수 있는지, 어떤 자원이 필수적인지 알게 되는 것이다. 그래서 새로움은 곧 생존과 연결되었고, 조상들의 뇌는 도파민을 분비해 탐험의 즐거움을 느끼도록 했다. 덕분에 사람들은 본능적으로 새로움을 찾아 나서게 되었다.[91] 도파민은 뇌가 주는 일종의 보상 신호다. 기분을 좋게 만들어서 같은 행동을 또 하게끔 이끈다. 특히 새로운 경험은 도파민을 강하게 자극해, 강렬한 감정의 순간을 만들어 낸다.

같은 자극을 계속해서 받다 보면 뇌는 '습관화'라는 과정을 거친다. 그 결과 중요하지 않은 요소들은 자연스레 무시하고, 더 중요한 일에 에너지를 쓸 수 있도록 뇌의 힘을 아낀다.[92] 익숙해진 대상에서는 더 이상 새로운 배움이 일어나지 않는다. 가령, 처음 어떤 방에 들어섰을 때 코끝을 스치는 낯선 향은 강렬한 인상을 남기고 감정을 흔든다. 하지만 그 방에 날마다 들어가다 보면 같은 향도 점차 무심하게 스쳐 지나간다. 냄새가 사라진 것은 아니지만 뇌의 반응은 점점 옅어진다. 이렇게 감각이 무뎌지는 습관화 과정에서 도파민 분비는 줄어들고, 감정의 파동 또한 차츰 잔잔해진다.

새로운 경험은 단순히 강렬할 뿐 아니라 시간의 흐름마저 달라 보이게 만든다. 똑같은 길이의 사건이라도 낯선 순간은 평범한 순간보다 길게 늘어진 듯 느껴지는 것이다. 실험에서도 이런 현상이 확인된다. 반복된 이미지 사이에 불쑥 낯선 이미지를 끼워 넣으면, 참가자들은 그 이미지가 실제보다 화면에 더 오래 떠 있었던 것처럼 기억한다.[93]

얼마 전 나는 자전거를 타다 넘어졌다. 길가 농장의 동물 구경에 정신이 팔린 사이, 도로 위에 솟아 있던 큰 요철을 미처 보지 못한 것이다. 아스팔트로 곤두박질치는 순간은 낯설고 충격적인 경험이었기에 시간이 느리게 흘러가는 듯했다. 실제로 교통사고 피해자들 역시 충돌 순간이 실제보다 훨씬 길게 느껴졌다고 말하곤 한다. 평범한 일상에 갑자기 찾아온 강렬한 사건이었기 때문이다. 어린 시절의 시간이 유난히 더디게 흐르는 것도 같은 이유다. 그 시절은 새로움으로 가득 차 있었고, 그래서 하루하루가 길고 또렷하게 기억되는 것이다. 새로움은 시간을 늘려놓은 듯한 착각을 불러일으키며, 동시에 강렬한 감정을 남기기 때문이다.

활동의 끝에 새로움을 더하면, 그것이 오래 이어져야 할 때 큰 힘이 된다. 만일 가게의 주인이라면 손님이 떠날 때 특별한 제스처를 건네보라. 나가면서 맛보는 작은 시식 한 입만으로도 손님은 다시 찾고 싶은 마음이 생긴다. 물론 너무 자주 쓰면 신선함은 금세 사라진다. 부모도 마찬가지다. 아이가 방을 치우거나 채소를 먹은 뒤, 마무리에 색다른 즐거움을 곁들여 준다면 아이는 그 일을 다시 하려고 마음먹게 된다.

헬스장을 찾는 이라면 매번 똑같은 마무리 대신 작은 변주를 해보자. 구석에 놓여 있던 낯선 기구를 써보거나 새로운 운동법을 배우는 것만으로도 분위기가 달라진다. 건강을 위해 걷기를 시작했다면, 매일 같은 길만 고집하지 말고 다른 길로 돌아가거나 스쳐 지나가던 건물의 위쪽을 올려다보라. 시선을 달리하는 순간, 전에는 보이지 않던 풍경이 새롭게 펼쳐진다.

새로움은 설렘과 두려움이 동시에 깃든 감정이다. 실리콘밸리의 창업가라면 그 낯선 떨림을 기꺼이 모험으로 바꾸겠지만, 많은 이들은 새로운 기회 앞에서 한발 물러서곤 한다. 그러나 새로움이 반드시 위험을 뜻하는 것은 아니다. 임상심리학은 지나친 새로움 추구가 불필요한 무모함이나 정신적 불안을 불러올 수 있음을 오래전부터 보여주었다. 여기서 말하는 새로움은 대단한 모험이 아니라, 시선을 살짝 틀어 다른 풍경을 바라보는 일에 가깝다. 익숙한 카페로 가는 길을 바꾸거나 달리기 코스를 달리해 보는 것만으로도 일상은 낯설게 빛나고, 마음에는 잔잔한 파문처럼 작은 활력이 번져간다.

새로움은 멀리 있는 것이 아니다. 주변을 조금만 더 주의 깊게 바라보면 곧바로 낯선 경험이 될 수 있다. 많은 과학적 연구에서는 새로움에 마음을 열려는 태도가 지금 이 순간을 온전히 살아내는 '마음챙김'의 핵심이라고 말한다.[94]

익숙한 공간도 시선을 조금만 달리하면 전혀 다른 얼굴을 드러낸다. 우리는 늘 눈으로 보는 데 익숙하지만, 소리에 집중하거나 공기 중의 냄새를 맡고 손끝의 감촉을 느껴보면 평범한 장면 속에서도 낯선 풍경이 살아난다. 이런 작은 전환이 긍정적인 감정을 불러일으키고 기억 속에 즐거운 흔적을 남긴다. 새로움은 보통 복잡한 것으로 오해받지만, 사실 단순한 것도 충분히 새롭게 다가올 수 있다. 새로운 것을 배울 때 가장 어려운 부분에 집착하기보다 단순한 면을 다시 들여다보는 것만으로도 숨통이 트이는 듯한 새 길이 열린다.

이것만은 기억하자 ◷

우리가 어떤 활동을 다시 할지 결정할 때 ─ 어학 수업에 다시 등록할지, 운동 수업을 계속 다닐지, 혹은 가게를 다시 찾을지 ─ 뇌는 이전의 경험을 빠르게 불러온다. 이 과정은 거의 무의식 수준에서 이루어지는데, 효율이 중요하기 때문이다. 그래서 뇌는 전체 경험을 꼼꼼히 따지는 대신 마지막 순간과 감정이 가장 강렬했던 부분에 더 큰 비중을 둔다.

결국 뇌가 가장 자주 꺼내 보는 것은 경험의 '끝'이다. 힘들지만 가치 있는 활동을 오래 이어가려면 경험이 어떻게 기억되는지를 의도적으로 설계할 필요가 있다. 고된 운동도 마지막에 즐거운 요소를 곁들이면 좋은 기억으로 남는다. 가게에서는 손님이 떠날 때 작은 시식 혹은 샘플을 건네거나, 문 앞에서 환하게 인사를 나누는 것만으로도 다시 방문할 가능성이 커진다.

이렇듯 새로움으로 강렬한 감정을 만들면, 지난 경험은 더 따뜻하게 회상되고 새로운 습관이나 프로젝트도 오래 지속될 수 있다.

⌛

선택의 순간마다 뇌는 무의식적으로
과거의 경험을 꺼내 와서 빠르게 판단한다.

힘들지만 가치 있는 활동을 오래 이어가려면,
경험이 어떻게 기억되는지를
의도적으로 설계할 필요가 있다.

7장

슬럼프가 오는 시간

: 언제 얼마만큼의
노력을 해야 할까

"견디고 버텨라. 이 고통은 머지않아
  열매가 되어 돌아올 것이다."

ı ı ı ı ı ı ı

오비드Ovid,
로마 시인

　　노자는 다음의 속담으로 널리 회자되는 구절을 《도덕경》에 처음 남긴 인물로 전해진다.

　　"천 리 길도 한 걸음부터."

　　이 구절은 막연히 거대한 목표를 붙드는 대신, 당장 눈앞의 첫걸음부터 내디디라고 일러준다. 만약 샤넬에 견줄 만한 패션 제국을 꿈꾼다 해도, 경쟁사 분석과 시장 조사 같은 구체적인 행동으로 옮기지 않는다면 그저 헛된 망상에 불과하다. 세계를 지배하겠다는 야심 또한 마찬가지다. 처음부터 전 세계를 상상하기보다 한 나라씩 차근차근 공략하는 데 집중해야 한다.

　　이 구절이 널리 회자되는 것은 간결한 울림 때문만이 아니다. 노자의 가르침은 기본적인 물리 원리와도 놀랍도록 맞닿아 있다. 물리학에서 말하는 관성이란 외부에서 힘이 가해지지 않는

한 물체가 정지 상태를 그대로 유지하거나, 이미 운동 중이라면 그 운동 상태를 지속하려는 성질을 뜻한다(고대의 '가만히 있는 것은 가만히 있으려 한다'는 직관을 과학이 이론화한 개념이다 – 옮긴이). 물체의 질량이 클수록 관성도 커지며, 따라서 움직임을 시작하기 위해서는 더 큰 힘이 필요하다. 그러나 일단 움직이기 시작하면 관성의 벽은 낮아지고, 계속 움직이게 하는 데 필요한 힘은 훨씬 줄어든다. 노자가 강조한 것처럼 첫 과제에 집중해 관성의 장벽을 넘어서는 순간, 말 그대로 공이 굴러가기 시작하는 것이다.

이 철학적 통찰과 물리학적 원리를 이어보면, '동기적 관성' motivational inertia이라는 개념으로 설명할 수 있다. 인간의 노력 역시 물체의 운동과 크게 다르지 않다. 우선, 어떤 일을 시작할 때는 많은 힘이 필요하다. 그러나 일단 시작하고 나면 그 흐름을 이어가는 데 훨씬 적은 힘으로도 충분하다.

예를 들어, 집 밖으로 한발 내디디면 달리기를 해내는 게 한결 쉽다. 또, 냉장고에서 신선한 재료만 꺼내도 집밥이 식탁에 오를 가능성이 높아진다. 마찬가지로, 첫 영업 전화를 걸고 나면 오히려 에너지가 뒤따라 준다. 동기적 관성을 이해하면 새로운 취미나 프로젝트, 혹은 삶의 방식을 선택할 때 가장 큰 장애물이 바로 '시작'임을 알 수 있다. 인간은 활동을 시작하기 위한 힘을 쏟아내는 데 유난히 어려움을 겪기 때문이다.

안타깝게도 새로운 일을 시작하려면 동기적 관성을 깨뜨릴 만큼 큰 노력이 필요한데, 문제는 우리가 원래부터 힘든 일을 피하려는 성향이 있어서 시작 자체가 더 큰 장벽이 된다는 점이다.[95] 선사시대의 삶은 한순간도 안심할 수 없었다. 에너지 절약이 곧 생존의 조건이었기에, 인간의 뇌는 진화 과정에서 '가능한 한 힘을 덜 들이는 쪽'을 선택하도록 편향되었다. 결국 우리는 행동을 고를 때 본능적으로 가장 적은 노력이 드는 길을 택한다. 이 성향은 달리기나 걷기 같은 신체적 활동뿐 아니라, 까다로운 결정 내리기 같은 정신적 활동에도 똑같이 작동한다. 그래서 우리 조상들이 사냥을 나갈지, 아니면 불 옆에 앉아 쉴지를 두고 고민했다면 ― 극단적인 상황이 아니라면 불 옆을 택했을 가능성이 훨씬 높다.

하지만 오늘 우리가 사는 세상에서는 그 이유가 사라졌다. 병에 대비해 에너지를 비축할 필요도, 숲속 어딘가에서 달려들 맹수를 피해 숨죽일 필요도 없다. 사실상 이제는 힘을 '아껴두는' 것보다 일부러 '쓰는' 것이 더 필요한 세상을 인류가 만들어 버렸다. 인류는 그 어느 때보다 많은 영양을 섭취하는데도 수많은 기술 발전 덕분에 손 하나 까딱할 일들이 점점 줄어들고 있다. 많은 사람은 집을 나서지 않고 일을 하거나, 출근하더라도 자동차를 이용한다. 책상에서 몸을 일으키는 일이라곤 화장실에 갈 때뿐이다(언젠가 이마저도 '불편'이라며 사라지게 될까?).

집에 있을 때는 배달 서비스가 음식을 가져다주고, 저녁의 오락거리는 알고리즘이 알아서 추천해 준다. 이제는 데이팅 앱에서 손가락 몇 번만 움직이면 오늘 저녁을 함께할 사람이 정해진다. 한때는 생존이 걸린 선택이었지만, 지금은 목숨을 건 긴급 상황 따위는 거의 찾아보기 힘들다. 바삭한 사천식 소고기를 직접 걸어가서 사 올 것이냐, 아니면 공짜로 배달받을 것이냐—선택이 주어진다면, 대다수는 고민할 것도 없이 배달 버튼을 누른다.

문제는 우리의 뇌다. 태생적으로 에너지를 아끼도록 설계된 뇌가 정작 힘을 쓰라고 등을 떠밀어 줄 리 없다. 소파에 드러누워 있는 게 생존에 유리하다고 믿는 뇌가 어떻게 헬스장으로 향하는 발걸음을 응원하겠는가. 그래서 동기부여의 세계에서 '노력'은 늘 가장 높은 벽이고, 우리는 본능을 교묘히 피해 가는 방법을 찾아야 한다.

선사시대적 성향은 우리의 선택을 종종 '현상 유지' 쪽으로 기울게 했다. 그 길이 더 쉽고 위험도 덜했기 때문이다. 예컨대 이미 확보해 둔 식량을 그대로 소비하는 편이 새로운 먹거리를 찾아 사냥에 나서는 것보다 훨씬 수월했다. 언제 닥칠지 모를 생사의 위기에 대비해 귀한 에너지를 아껴두는 것이 현명하다고 여겼던 것이다. 그래서 무언가 고장 나지 않았다면 굳이 손대지 않았다. 이렇듯 안주하게 만드는 심리야말로 오늘날 우리의 야망과 목표가 자주 미완에 머무는 큰 이유다.

실제로 새로운 사업을 시작하거나 몸을 단련하고 책을 쓰는 일처럼 야심 찬 대부분의 목표에는 막대한 노력이 따른다. 그런데 뇌는 아이러니하게도 가능한 한 노력을 피하라고 끊임없이 속삭인다. 더욱이 목표라는 것은 대개 엄두조차 내기 어려울 만큼 벅차다. 마라톤을 준비하거나 새로운 사업을 성공으로 이끄는 일은 헤아릴 수 없는 에너지를 쏟아야 하는 거대한 과업이다. 그러니 이런 순간마다 노력 회피 성향이 작동하고, 여기에 동기적 관성까지 겹치면서 우리의 야망은 현실로 이어지지 못한 채 자주 멈춰버린다.

관성의 브레이크 풀기 ⏱

동기적 관성과 노력을 피하려는 본능이 있다고 해서 큰 꿈을 꾸기를 멈출 필요는 없다. 오히려 크고 도전적인 목표는 마음을 뛰게 하고, 지루함을 덜어주며, 제자리걸음을 막아준다. 배우고 싶다는 열망, 세상을 탐구하려는 호기심, 새로운 길을 찾아 나서는 힘은 결국 높이 세운 목표에서 시작된다. 다만 그것만으로 매일의 발걸음을 이끌기에는 부족하다. 어려운 목표가 주는 설렘은 크지만, 특히 프로젝트의 초반처럼 관성을 깨고 첫걸음을 떼야 하는 순간에는 꾸준히 움직이게 할 안정적인 동력이 생기기 쉽지 않기 때문이다.

동기적 관성을 넘어서려면 무엇보다 첫걸음이 중요하다. 얼핏 보면 단순해 보이지만, 실제로는 많은 사람들이 이 부분에서 자주 헛발을 디딘다. 노자가 말했듯 천 리 길도 결국 한 걸음에서 시작된다. 새로운 활동이나 취미, 도전이나 프로젝트를 시작할 때는 필요한 노력을 최대한 줄여야 한다. 그러려면 크고 거창한 목표를 아주 작은 단기 목표로 쪼개는 게 효과적이다. 전체 프로젝트나 활동을 잘게 나누어 첫 조각이나 작은 과업부터 시작하면, 관성을 깨뜨리는 데 필요한 힘이 훨씬 줄어든다.

여기서 중요한 것은 목표를 '작게, 그리고 더 작게' 나누는 일이다. 업무 프로젝트를 시작하거나, 새로운 과정을 수강하거나, 운동 프로그램에 도전하려 할 때는 그 규모에 압도되어 쉽게 주저앉기 마련이다. 흔히 빠지는 함정은 과업을 충분히 잘게 쪼개지 않는 데 있다. 여전히 큰 도약으로 천 리 길을 단숨에 건너려 하고, 작은 걸음 하나하나가 지닌 힘은 간과해 버리는 것이다. 관성이 버티고 서 있기 때문에 프로젝트를 시작하려면 필요한 노력이 실제보다 훨씬 커진다. 이 부담을 줄이려면 과업을 아주 작게 쪼개자. 목표가 작아질수록 넘어야 할 관성의 크기도 함께 줄어든다.

예를 들어 운동에 막 입문한 사람이 5킬로미터 달리기를 장기 목표로 세운다고 하자. 이를 잘게 나눠 1킬로미터 달리기를 목표로 삼아도, 초보자에게는 여전히 벅차게 느껴진다. 관성이 붙은 순간 그 1킬로미터조차 실제보다 훨씬 큰 장벽이 되어 다가오기 때문이다. 그래서 가장 현명한 첫걸음은 단순하다. 러닝화를 신고 문밖으로 나서는 것, 바로 그것이다. 이렇게 작아야 비로소 관성을 누르고 움직일 수 있다. 과학적 연구 역시 이를 뒷받침한다. 체중 감량 목표를 크게 잡은 사람보다 오히려 소박한 목표를 세운 사람들이 더 큰 성과를 거둔다는 결과가 일관되게 나타난다. 결국 거대한 성취는 웅대한 계획이 아니라 믿기 힘들 만큼 작은 시작에서 비롯된다.[96]

성공적인 사업을 키워가고 싶다면 첫 목표를 '사업계획서 작성'으로 잡을 수도 있다. 하지만 더 현명한 출발은 '사업계획서 템플릿을 내려받는 것'이다. 한 번도 저축해 본 적이 없다면 10만 원을 모으려 하기보다 단 1,000원부터 시작하는 편이 낫다. 마찬가지로 책을 쓰고 싶다면 한 페이지가 아니라 한 문장을 쓰는 것부터 목표로 삼아야 한다.

첫 과업을 시작하는 일이 여전히 버겁게 느껴진다면, 동기적 관성을 이길 수 있을 만큼 더 잘게 쪼개보라. 그래도 진전이 없다면, 어떤 일을 시작하기 전 반드시 거쳐야 하는 사소한 준비를 떠올려야 한다. 예컨대 매일 아침 산책을 하고 싶다면 목표는 '산책하기'가 아니라 현관 앞 눈에 잘 띄는 자리에 신발을 놓는 것이어야 한다. 책을 쓰고 싶지만 문장 하나조차 버겁게 느껴진다면, 목표는 단순히 노트북을 여는 것으로 충분하다. 이런 사전 준비도 분명 과업이며 달성해야 할 목표다. 작은 걸림돌을 치워

내고 바퀴에 기름을 칠해두면 관성을 극복하기 훨씬 수월해진다. 준비 과정까지 계획에 담아두면 거대한 프로젝트나 삶을 바꾸는 활동도 훨씬 자연스럽게 출발할 수 있다. 첫걸음이 아무리 사소해 보여도 상관없다. 중요한 건 시작하는 것 그 자체다.

작은 목표는 관성을 깨뜨리는 열쇠이자, (거의) 확실한 성공의 약속이다. 그 성공은 단순한 성취가 아니라, 가슴을 두드리는 달콤한 보상으로 다가온다(누가 그 황홀한 순간을 마다하겠는가?). 더 놀라운 건 뇌의 은밀한 반응이다. 목표를 이루는 순간 도파민과 세로토닌이 흘러나와 마치 봄 햇살처럼 따스한 만족과 잔잔한 행복을 안겨준다. 원리는 코카인과 닮았지만, 훨씬 순하고 안전하다. 그래서 우리는 이 기분 좋은 감각을 또다시 갈망하며 작은 성공을 거듭 좇게 된다. 결국 중독되는 것은 마약이 아니라, 삶을 전진시키는 성취 그 자체다.

성공은 또 다른 놀라운 뇌의 변화를 불러온다. 뇌는 신경가소성이라 불리는 과정을 끊임없이 겪는데('가소성'可塑性이란 본래 찰흙처럼 외부 힘에 따라 모양을 바꾸는 성질을 뜻한다-옮긴이), 뇌과학에서는 이 개념을 빌려 학습과 경험에 따라 신경세포와 시냅스가 새롭게 연결되거나 약화되면서 뇌가 유연하게 변한다고 말한다. 과학적 연구가 정교해지면서 그 변화의 원인도 조금씩 밝혀지기 시작했다. 적어도 원숭이를 대상으로 한 실험에서는 그렇다. 원숭이가 과제를 성공적으로 수행했을 때 보상으로 맛있는 과일

주스를 받자, 뇌 속 신경망이 몇 초 동안 활발히 활성화됐다. 흥미로운 점은 실패가 신경망을 약화시키지는 않았다는 사실이다.[97] 성공이 뇌의 신경 구조를 바꾸며 학습을 촉진하고, 더 나아가 실패는 뇌에 유효한 결과를 남길 때에만 부정적 영향을 미친다. 따라서 작은 목표를 세우고 이루려는 시도는 뇌 발달에 있어 잃을 게 없는 선택이다. 작은 걸음 하나가 뇌를 바꾸고, 삶을 앞으로 움직인다.

과제를 이루는 데 필요한 노력을 줄였다면, 두 번째 전략은 계획한 활동 속에서 불필요한 노력을 덜어내는 것이다. 1948년, 군의관 토머스 드로름은 학술지에 발표한 글에서 근력 향상을 위해서는 한 동작을 열 차례 반복하는 동작을 3세트 수행하는 방식이 가장 효과적이라고 밝혔다.[98] 몇 해 뒤, 보디빌딩 선수로 활동하기도 했던 영국 외과의 이언 맥퀸은 근육 성장에 최적화된 방법으로 비슷한 방법을 권장했다.[99] 70여 년이 지난 지금도 근력 운동은 반드시 3세트, 각 세트마다 8~12회 반복해야 한다는 믿음을 맹목적으로 고수하는 경향이 여전히 남아 있다. 1950년대의 피트니스 전문가들은 마라톤 경기 중에는 어떤 음료도 마셔서는 안 된다고 권했으며, 진동 벨트 기계를 이용해 몸의 지방을 흔들어 빼야 한다고 주장하기도 했다. 그러나 이런 1950년대식 잘못된 운동 통념들처럼, 근력 운동의 '3세트 규칙'

역시 이제 역사 속으로 보내야 한다.

아서 존스는 1970~80년대 운동 분야의 선구자였다. 그는 콜로라도주립대 연구진과 함께 실험을 진행했는데, 그 결과 근력 운동은 기존처럼 3세트를 나누어 정해진 횟수를 반복하는 방식보다 단 1세트를 더 이상 움직일 수 없을 때까지 밀어붙이는 방식이 근력과 지구력을 훨씬 크게 향상시킨다는 사실이 밝혀졌다.[100] 무거운 중량을 사용하면 근섬유가 커지고, 반복 횟수를 늘리면 근육이 에너지를 처리하고 활용하는 능력이 좋아진다. 그러나 단순히 동작을 느리게 하기만 해도 이 두 가지 효과를 동시에 얻을 수 있으며, 3세트로 나누어야 가능한 성과를 단 1세트로도 달성할 수 있다. 달리 말해 존스는 '최소 유효 용량'이라는 개념을 운동에 적용한 것이다. 이는 임상 환경에서 사용되는 용어로, 의미 있는 반응을 이끌어 내기 위해 필요한 가장 적은 수준의 처치(대개 약물 투여)를 뜻한다. 그리고 최소 유효 용량은 대부분의 사람이 생각하는 것보다 훨씬 적다. 이 원리는 50년 넘게 증명되어 왔지만, 운동계의 주류는 여전히 낡은 통념에 갇혀 외면하고 있다.

최소 유효 용량은 몸을 더 건강하고 강하게 만드는 데만 쓰이는 개념이 아니다. 우리가 하는 모든 과제, 프로젝트, 목표에도 똑같이 적용할 수 있다. 핵심은 단순하다. 계획 속 불필요한 노력을 찾아내어 '최소 유효 노력'으로 줄이는 것이다. 보고서의 요약본은 임원들만 보라고 있는 게 아니다. 100쪽짜리 본문을 읽는 대신 대부분은 그 몇 장이면 충분하다. 건강하게 먹는 것도 생각보다 훨씬 적은 노력이 든다. 휴가를 위해 정말 그만큼 저축이 필요한가? 그 프로젝트 회의에 정말 모든 사람이 다 있어야 하는가? 어떤 업무에서는 중간 단계를 아예 잘라낼 수도 있다. 불필요한 노력은 어디에나 널려 있다. 다만, 그것을 볼 줄 아는 눈이 필요할 뿐이다.

처음의 관성만 넘어서면 상황은 훨씬 유리해진다. 뉴턴의 운동 제2법칙은 '힘=질량×가속도'라는 공식으로 이를 설명한다. 즉 한번 움직이기 시작하면 계속 움직이거나 속도를 더 내는 데 필요한 힘은 훨씬 적다. 반대로 이미 빠르게 달리는 물체를 멈추려면, 같은 무게라도 느리게 움직이는 물체를 멈출 때보다 훨씬 큰 힘이 필요하다. 속도를 얻은 행동은 멈추기 어려울 만큼 강력한 추진력을 가진다. 이 개념이 바로 '모멘텀'momentum이다.

목표와 꿈도 똑같다. 새로운 취미나 목표를 향해 관성을 깨고 첫걸음을 내디딘 순간, 모멘텀이 붙는다. 하루를 생산적으로 열면 그 흐름은 자연스럽게 이어지고, 속도가 붙은 일은 적은 힘으로도 굴러간다(3장에서 활동을 가능한 한 빨리 시작하라고 권했던 이유가 바로 이것이다). 그러나 이후의 길이 늘 순탄한 것은 아니다. 과제를 이어가는 동안 동기와 노력의 정도가 오르내리고, 그 기복 속에서 약점도 드러나지만 동시에 새로운 기회도 열린다.

노력은 S자 곡선을 그린다 ⏱

　세계 최고의 스포츠 교육기관으로 여러 해 연속 선정된 곳에서 일한다는 것은 내게 큰 행운이다. 이곳에서 나는 최정상급 선수들의 훈련 과정을 곁에서 지켜보고, 그 속에서 많은 것을 배울 수 있다. 선수들이 치르는 생리학적 테스트는 말 그대로 가혹하다. 끝나고 나면 구토를 하거나 그대로 쓰러지는 일이 꽤 흔하다. 그럼에도 선수들을 지켜보면 시간과 노력 사이의 미묘한 관계가 선명하게 드러난다.

　실험실에서 고정식 자전거를 타고 실제 경기처럼 꾸며놓은 주행 테스트를 하면, 그들이 얼마나 힘을 쏟아내는지 와트 단위로 실시간 확인할 수 있다. 이 수치는 곧 일정 시간 동안 몸이 내는 '노력'의 흔적이다. 흥미로운 건, 실험을 반복할 때마다 거의 똑같은 패턴이 나온다는 사실이다. 시작하자마자 노력의 수치가 급격히 치솟아서 오래 버티기엔 무리일 정도로 올라가 버린다. 이는 자전거 페달을 처음 밟을 때 필요한 힘이 계속 밟아나가는 데 드는 힘보다 훨씬 크기 때문이다. 말하자면 선수들은 관성의 문턱을 넘어서는 순간 폭발적인 에너지를 끌어내는 셈이다.

　다음 단계에 들어서면 노력은 자연스럽게 줄어들기 시작한다. 관성의 벽을 넘은 뒤 선수는 힘을 다시 조율하고, 그 과정에서 강도는 낮아질 수밖에 없다. 이는 뇌의 성향과도 맞닿아 있다. 뇌는 몸이 항상성이라 불리는 안정된 상태에 머무는 것을 선호하는데, 그래야 탈이 날 가능성이 거의 없기 때문이다. 따라서 이 균형에서 크게 벗어나면 뇌는 몸을 다시 편안한 상태로 되돌리려 하며, 그 과정에서 노력의 강도를 낮추라는 신호를 보낸다. 게다가 지금의 힘을 끝까지 유지할 수 있을지를 뇌가 보수적으로 따져보는 습성까지 더해지면, 노력이 점차 줄어드는 흐름을 피할 수 없다. 다시 말해, 시간이 갈수록 노력이 필요 없어지는 것이 아니라, 뇌가 스스로 제동을 걸기 때문에 처음처럼 전력을 다할 수 없는 것이다.

개인 기록 경주(타임 트라이얼 time trial, 선수들이 한 명씩 출발해 일정 코스를 달리며 기록을 겨루는 방식-옮긴이)의 마지막 구간에 들어서면 선수들의 노력은 다시금 확실히 높아진다. 중반에 보여주던 조심스러운 힘 조절은 사라지고, 짧은 시간 동안 버틸 수 있는 한계를 가늠하기가 훨씬 쉬워지기 때문이다. 누구나 결승선이 가까워지면 더 힘을 내게 된다. 목표가 손에 닿을 듯 눈앞에 다가오면 이룰 수 있다는 확신이 생기고 그만큼 동기도 강력해지기 때문이다. 이렇게 막판에 다시 터져 나오는 힘은 드문 듯 보이지만 의외로 흔히 관찰된다.

BBC 인기 리얼리티 프로그램 〈전 세계의 경주 Race Across the World〉에서도 결승점이 코앞에 다가오면 지쳐 있던 참가자들이 다시 달려 나가는 장면이 빠짐없이 연출된다. 이 프로그램에서는 두 명이 한 팀으로, 부모와 자녀, 형제자매, 연인이나 친구가 함께 짝을 이룬다. 그들은 비행기를 제외한 교통수단으로 세계 곳곳에 마련된 경유지를 지나 출발지에서 목적지까지 경주를 이어가야 한다.

첫 시즌에서는 런던에서 출발해 싱가포르까지 도착하는 여정이 펼쳐졌다. 이들의 기록은 초 단위가 아니라 며칠 단위로 측정되는데도 나이 많은 참가자나 체력이 떨어진 이들조차 마지막 순간에는 힘을 짜내서 달린다. 겉보기에 결과에는 큰 차이를 만들지 않는 듯 보이지만, 끝이 보이면 누구나 다시 속도를 올리는 것이 인간의 본능임을 보여주는 장면이다.

과학자들은 시간에 따라 변화하는 노력의 양상을 '삼차 함수'라고 설명한다. 이는 그래프가 초반에는 빠르게 상승하다가 완만해지고 다시 상승하는 굴곡을 보이기 때문이다. 쉽게 말해, 노력의 곡선은 옆으로 길게 눌린 S자와 비슷하다. 그래서 비전문가들은 이를 'S자 곡선'S curve이라고 부른다.[101] 이 패턴은 워낙 뚜렷해서 운동선수조차 힘을 일정하게 내라는 지시를 받아도 끝까지 그대로 유지하지 못한다. 운동선수가 아닌 사람들에게서는 이 현상이 더 극적으로 드러난다. 몸을 한계까지 써본 경험이 적고, 자기 힘을 조절하는 감각도 부족하기 때문이다.

노력이 S자 곡선을 그리는 건 몸을 움직일 때만이 아니다. 생각을 쓰는 일도 똑같다. 일을 시작하거나 끝낼 무렵, 우리는 가장 집중하고 성실해진다. 시작할 때는 멈춰 있던 마음에 시동을 걸어야 하니 큰 에너지가 들고, 끝이 다가오면 '이제 다 왔다'는 생각이 다시 불을 지펴 마지막 힘을 끌어올린다. 과제가 끝에 가까워질수록 얼마만큼 힘을 들여야 할지가 분명해지고, 지나친 신중함도 덜해진다. 반면 중반부는 우리의 정신적 노력과 몰입이 가장 취약해지는 구간이다. 이때는 주의와 집중이 느슨해지기 쉬워져 실수도 대개 여기서 나온다. 집중력 하락의 원인은 육체적 노력을 할 때와 조금 다르다. 신체 활동이 뇌의 항상성, 즉 원래 상태를 유지하려는 성향 때문에 제동이 걸리는 것과 달리, 정신적 과제에서는 중반에 접어들수록 초반의 열의와 새로움이 서서히 사그라지는 영향이 더 크게 작용한다.

2년 차의 슬럼프를 극복하는 법 ⏱

노력이 시간에 따라 어떻게 달라지는지 이해하면, 취미와 생활 방식, 프로젝트의 성공 확률을 높이는 방향으로 설계할 수 있다. 활동의 중반부는 노력과 몰입을 지키기 가장 어려운 구간이다. 뒤돌아봐도 입구의 빛은 보이지 않고, 앞으로 봐도 여전히 어둠뿐인 긴 터널 속에 서 있는 기분과 비슷하다. 북미의 고등교육에서는 이를 '소포모어 슬럼프'sophomore slump('소포모어'는 미국 대학에서 2학년생을 가리킨다 ─ 옮긴이)라고 부른다. 영국에서는 같은 현상을 '세컨드 이어 블루스'second-year blues라고 하는데, 모두 3년제 학부 과정에서 두 번째 해에 동기와 노력, 몰입이 떨어지는 현상을 뜻한다. 이 시기가 중요한 이유는 대학생들이 대체로 1학년이나 마지막 학년보다 2학년 때 중도 포기를 더 자주 고민하기 때문이다. [102]

초반의 높은 노력과 생산성이 꺾이는 이른바 '슬럼프'는 대학생들만의 일이 아니다. 음악계에서 악명 높은 '2집 징크스', 축구에서 새로 승격한 팀이 흔히 겪는 '2년 차 징후'second-season syndrome에서도 비슷한 현상을 찾아볼 수 있다(그리고 보니 나는 두 번째 책은 쓰지 않는 게 나을지도 모른다). 프로젝트를 시작할 때는 초반의 신선함과 열정 덕분에 힘이 붙으므로 약한 고비가 초반에 오기란 드물다. 진짜 위기는 그 열기가 식고 난 뒤에 찾아온다. 새해 다짐은 대개 첫 며칠은 순조롭게 이어진다. 끝이 가까워질수록 긴박함과 눈앞에 다다른 결승선이 강력한 동기가 되기 때문에 동력이 꺾일 가능성은 더더욱 적다. '카우치 투 파이브케이'couch-to-5k(운동 경험이 없는 초보자가 5킬로미터 달리기를 완주할 수 있도록 돕는 단계별 프로그램 – 옮긴이)에서 이미 4킬로미터를 뛰었거나, '한 달 동안 금주하기'를 25일이나 이어왔다면, 그 시점에서 갑자기 멈춰버릴 가능성은 거의 없다.

중반부가 약한 구간이라는 사실을 인정한다면, 이 시기에 집중력과 몰입을 유지할 수 있도록 인센티브를 모아야 한다. 예를 들어 달리기를 할 때 가장 필요한 격려는 출발선이나 결승선이 아니라 중간 구간에 있어야 한다. 직장에서 프로젝트 매니저라면, 팀원들이 프로젝트의 초반이나 막바지에 얼마나 열심히 하는지에 대해 지나치게 걱정할 필요는 없다. 그보다는 중반부에 동기를 북돋우고 힘을 불어넣는 것이 중요하다.

만약 인센티브를 주는 것이 어렵다면 프로젝트에서 가장 중요한 과업을 중간에 배치하지 말아야 한다. 집중과 에너지가 흔들리기 쉬운 시기가 바로 그때이기 때문이다. 따라서 핵심적이거나 많은 노력을 요하는 과업은 프로젝트의 초반이나 후반부에 두는 것이 바람직하다. 덧붙여, 중반부에는 눈에 잘 드러나지 않는 동기에 더 초점을 맞춰야 한다. 이 요인들은 우리가 생각하는 것보다 훨씬 강력하다. 많은 조직이 구성원의 의욕을 높일 때 급여와 보너스 같은 가시적 보상을 앞세우는 반면, 업무의 재미와 동료애, 일의 의미처럼 내적으로 값진 요소들은 종종 뒷전으로 밀린다. 그러나 진정 힘든 고비를 넘길 때 지속적인 몰입과 헌신을 지탱하는 힘은 바로 이러한 무형의 본질적인 가치에서 비롯된다.[103]

작업을 설계할 때는 중간 단계를 최대한 '줄이는 것'이 효과적이다. 작업을 충분히 잘게 나누면 시작의 끝이 곧 끝의 시작이 되어 흐름이 끊이지 않는다. 덕분에 새로움과 열정이 주는 활력이 사라질 무렵에도 끝이 눈앞에 보인다는 사실만으로 다시 동기가 생겨난다. 나아가 큰 프로젝트를 작은 단위로 쪼개면 시작과 끝을 자주 경험할 수 있어 동기가 높아지는 순간이 훨씬 더자주 찾아온다.

직원들의 노력을 세 달짜리 프로젝트의 끝에만 몰아넣기보다는 매주 혹은 더 나아가 매일 완료할 수 있는 작은 과제를 두는편이 훨씬 효과적이다. 업무를 하루 단위, 혹은 몇 시간 단위처럼 자신이 끝까지 집중할 수 있는 크기로 쪼개보면서 가장 적절한 길이를 찾아내는 것이 중요하다.

일이 끝을 향해 갈수록 남은 분량 때문에 스트레스를 느끼기쉽다. 그러나 노력의 투입이 시간에 따라 대체로 S자 곡선을 따른다는 점을 고려하면 그렇게까지 불안해할 필요는 없다. 이른바 '위험한 중간 구간'을 지나면 대개 다시 힘이 붙고, 그만큼 마무리 단계의 진도는 빨라진다. 예컨대 사업 자금 지원 신청서를한 주에 한 항목씩 진행해 왔다고 해서 마감이 가까워질 때도 그속도가 그대로 유지된다고 볼 수는 없다. 마감이 임박하면 자연스레 노력의 투입이 늘어나 마지막 주에는 더 많은 항목을 처리할 수 있기 때문이다. 이 원리는 다른 과제에도 똑같이 적용된다. 따라서 남은 분량에 과도하게 마음 쓰기보다, 끝으로 갈수록노력의 강도가 자연스럽게 커진다는 점을 기억하라.

내 노력과 남의 노력의 차이 🕐

앞에서는 '노력'을 꿈과 포부를 가로막는 걸림돌로 그려왔다. 새로운 일을 시작할 때는 본능적으로 힘을 아끼려는 습성 때문에 관성을 깨기가 쉽지 않고, 초반의 열기가 식고 나면 중간 구간은 금세 약한 고리가 된다. 그런데 흥미로운 반전이 있다. 다스 베이더(영화 <스타워즈> 시리즈에 등장하는 대표 악역으로, 끝내 아들을 지키기 위해 자신을 희생하며 구원받는 인물-옮긴이)가 더 큰 선善을 위해 자신을 내던졌듯, 아폴로 크리드(영화 <록키> 시리즈에서 오만한 맞수에서 록키의 평생 친구로 변하는 인물-옮긴이)가 변했듯, 말레피센트(영화 <잠자는 숲속의 미녀>에서 사악한 요정으로 등장하지만 후에 따뜻한 마음으로 저주를 푸는 인물-옮긴이)가 마음을 바꿨듯 적이 동료로 바뀌는 이야기는 언제나 매혹적이다. 노력 역시 언뜻 적처럼 보이지만, 그 속에는 우리를 앞으로 이끄는 또 다른 얼굴이 숨어 있다.[104]

앞날을 바라볼 때 유독 노력 회피 본능이 고개를 든다. 회사 프로젝트가 엄두조차 안 나 노트북조차 켜지 못하고, '15분 만에 끝난다'는 요리조차 3시간은 매달려야 할 것 같아 아예 요리책을 덮어버린다. 하지만 지나온 시간을 돌아보면 뇌는 같은 일을 훨씬 가볍고 수월했던 경험처럼 그려낸다. 모험가들은 험난한 대륙 횡단을 즐거운 기억으로 떠올리고, 산악인들은 자신이 오른 가파른 봉우리를 자랑스레 되새긴다. 운동선수들 또한 지독

했던 경기마저 달콤한 추억처럼 곱씹는다. 평범한 우리 역시 마찬가지다. 미리 앞을 내다볼 때는 부담으로 느껴졌던 노력이, 지나고 나서는 전혀 다른 빛깔로 보인다. 이 회고 효과가 가장 뚜렷하게 드러나는 순간은 다름 아닌 스스로 가구를 조립할 때다.

스웨덴 사람 열 명 중 아홉, 노르웨이와 덴마크 사람 열 명 중 여덟은 세계 최대 가구 소매업체 이케아의 제품을 가지고 있다. 이 놀라운 수치는 얼핏 비합리적으로 보이는 이케아의 사업 모델을 생각하면 더 흥미롭다. 이케아의 많은 제품은 완성품이 아니라 미완성 상태로 팔리며, 고객이 직접 조립해야 비로소 사용할 수 있다. 마치 식당에 갔더니 셰프가 요리 재료만 내주고 직접 조리하라고 하는 것과 다를 바 없다. 그렇다면 왜 사람들은 손이 더 가는 제품에 오히려 더 큰 가치를 두는 걸까? 이 질문이 심리학자들의 호기심을 불러일으켰다.[105] 이런 특징은 인간 마음의 특별한 속성을 잘 보여준다.

예를 들어보자. 여러분이 이케아에서 책장을 하나 샀는데, 납작하게 포장된 채 도착해 직접 조립해야 하는 제품이었다. 대부분의 사람은 본능적으로 수고를 피하려 하기 때문에, 이런 경우라면 완성된 상태로 받기를 더 선호할 것이다. 그런데 이번에는 친구가 똑같은 책장을 이미 조립된 상태로 받았다고 해보자. 여러분은 설명서를 꼼꼼히 읽고 책장을 완성했고, 친구는 아무 노력 없이 완제품을 얻었다. 이제 두 사람에게 똑같은 질문이 던져진다. "당신의 책장은 얼마의 가치를 지니는가?"

직접 조립한 사람은 완제품을 받은 사람보다 자기 책장의 가치를 더 높게 매기며, 그 차이는 생각보다 크다. 실제로 연구자들이 골판지 상자 같은 다른 자가 조립 품목으로 실험을 해보니, 자가 조립품과 완제품의 가치 평가는 평균 60퍼센트나 벌어졌다. 그렇다고 해서 사람들이 조립 과정을 흥미롭거나 즐겁다고 여겨서 더 높은 값을 매긴 것은 아니다. 이케아 상자가 흥미로울 리도 없고, 개인적으로 특별한 의미가 있어서도 아니었다. 사람들이 더 높게 평가한 이유는 단 하나, 스스로 들인 시간과 수고가 그 물건의 가치로 이어졌기 때문이다.

이 같은 결과는 일본의 전통 종이접기 '오리가미'에서도 확인된다. 초보자들이 종이 동물 한 점을 직접 접어서 만든 뒤에는, 이미 완성된 작품을 받은 사람들보다 스스로 지불하겠다고 밝힌 금액이 300퍼센트 더 높았다. 더구나 그들이 매긴 값은 전문가의 작품에 버금갔다. 평소에는 수고를 피하려 하면서도 막상 자신의 시간과 정성이 배어든 결과물 앞에서는 기꺼이 값을 더 얹는 인간 심리의 역설이 여기서 또렷이 드러난다.

이 실험들은 혁신적이었지만 엄격히 통제된 환경에서 이루어졌다. 그렇다면 현실에서는 어떨까. 가구 조립이나 종이접기 외의 장면에서도 이 효과가 나타날까. 실마리는 우리가 돈을 어떻게 쓰는지에서 쉽게 찾을 수 있다.

221

예컨대 카지노에 들어가려는 상황을 떠올려 보자. 상상력이 풍부하다면 라스베이거스의 벨라지오 카지노—춤추는 분수로 유명한 그곳—를, 그렇지 않다면 동네의 허름한 카지노를 떠올려도 좋다. 입구에 다다르자, 특별 프로모션으로 200만 원 당첨자에 선정됐다는 안내를 받는다. 이런 상황이라면 뜻밖에 얻은 돈은 대부분, 어쩌면 전부를 블랙잭 테이블이나 슬롯머신에 쏟아붓게 될 가능성이 크다. 그러나 몇 달 동안 아껴 모은 자기 돈 200만 원을 들고 카지노에 들어간다면 태도는 훨씬 신중해진다.

공짜처럼 굴러들어 온 돈은 쉽게 흘러 나가지만, 땀 흘려 모은 돈은 손에서 잘 안 놓인다. 그래서 카지노에서는 번 돈보다 얻은 돈이 훨씬 빨리 사라진다.[106] 마찬가지로, 사람들이 자선단체에 기부할 때도 차이가 뚜렷하다. 몇 달간 아껴 모아 마련한 여윳돈이라면 지갑이 쉽게 열리지 않지만, 누군가에게 선물처럼 얻은 돈이라면 기부 금액이 훨씬 커진다.[107] 돈을 버는 데 시간이 많이 들고 땀이 밸수록, 도박장에서는 손이 더디고 기부금도 조심스레 나온다. '땀으로 번 돈이 가장 값지다'라는 말처럼 애써 쌓아 올린 돈은 함부로 쓰이지 않는다.

마라톤은 인간의 노력을 가장 극적으로 보여주는 상징이자 스포츠에서 가장 혹독한 도전이다. 42킬로미터가 넘는 거리에는 땀이 쏟아지고, 피와 눈물까지 뒤섞인다. 대부분의 사람에게 그 거리를 완주한다는 발상 자체가 말도 안 되는 일처럼 들린다. 이토록 힘든 여정이라면 많은 이가 중간에 포기할 것이라 예상하기 쉽다. 그런데 결과는 정반대다. 2024년 런던 마라톤에서 5만 4,281명이 출발했고, 그 가운데 5만 3,700명 이상이 끝까지 달려 결승선을 통과했다.[108] 마라톤 도중에 포기하는 사람은 전체 참가자의 고작 1퍼센트 남짓이었다.

보통 훈련은 대회 16주 전부터 시작해 주 3~4회 달리기를 이어가며, 긴 훈련은 평균 3시간에서 4시간이나 걸린다. 이렇게 많은 시간과 노력을 들였으니 웬만해서는 중간에 대회를 포기하지 않는다. 실제로 가장 흔한 중도 포기 이유는 준비 부족이다. 애초에 훈련에 충분히 투자하지 않았으니 포기한다고 해서 잃을 것도 적은 셈이다. 결국 쏟아부은 시간과 노력이 그만큼 값지게 여겨지기에 마라톤 완주율은 놀라울 만큼 높은 것이다.

노력을 들인 시간이 얼마나 값지게 여겨지는지는 다양한 사례에서 확인된다. 예를 들어, 오래 애를 써서 받아들여진 모임은 쉽게 들어간 모임보다 훨씬 더 애착이 간다.[109] 케이크는 집에서 직접 만든 것이라고 믿을 때 훨씬 더 맛있게 느껴진다. 동네의 작은 베이커리에서 산 케이크는 마트에서 산 것보다 한층 맛있게 여겨진다. 아이들도 마찬가지다. 열심히 노력한 뒤 받은 스티커는 그냥 공짜로 받은 스티커보다 훨씬 아깝게 느껴져서 다른 아이들에게 잘 나눠주지 않는다. 결국 우리는 노력에 들인 시간을 그만큼 더 소중하게 여긴다.

사람은 자기 손으로 흘린 땀의 가치를 알기에, 남이 아무런 고생도 없이 성공하는 모습을 보면 괜스레 불편해한다. 우리는 성취가 반드시 노력으로 뒷받침되어야 한다고 믿으며, 종종 타인에게는 지나치게 높은 수준의 노력을 기대하기도 한다. 모차르트의 죽음도 사실은 병환으로 인한 설이 유력하지만, 세간에 떠도는 이야기는 훨씬 더 극적이고 흥미진진하다. 모차르트는 종종 천적이자 저명한 음악가였던 안토니오 살리에리의 질투에 휘말려 살해당했다는 이야기로도 전해진다. 그가 참을 수 없었던 것은 흔한 연정의 문제와는 달리, 모차르트가 마치 아무런 수고도 들이지 않는 듯 보이면서도 천부적인 음악적 재능을 쏟아내는 모습이었다. 살리에리는 왜 신이 이런 놀라운 재능을 버릇없고 세상 물정 모르는 사내에게 내렸는지 이해할 수 없어서 신앙마저 흔들리곤 했다.

사실 우리 모두 학창 시절 한 번쯤은 비슷한 감정을 맛본 적이 있을 것이다. 단 한 번 땀 흘린 적도 없어 보이는데 모든 운동에 두루 재능을 발휘하는 아이는 늘 부러움의 대상이 된다. 수업 내내 장난만 치던 아이가 막상 졸업할 때 성적표에 A만 가득 채워 들고 나오는 경우도 있다. 이런 모습은 '열심히 노력해야만 결실을 거둘 수 있다'는 부모와 교사의 가르침을 무색하게 만든다.

모차르트 이야기에 자극을 받은 연구자들은 이 질투가 실제로 존재하는지 확인하기 위해 연구●를 했지만, 그 결과는 아직 발표되지 않았다.¹¹⁰ 연구자들은 참가자들에게 '밀라노'라는 가상의 악기를 연주하는 인물을 설정해 보여주었다. 실력은 보통, 뛰어남, 세계적 수준으로 나누었고, 그에 이르는 과정은 하루 1시간, 5시간, 8시간의 연습으로 구분했다.[•]

결과는 뚜렷했다. 하루 8시간씩 연습한 인물은 누구든 호감을 얻었지만, 하루 1시간만 연습하고도 뛰어난 실력을 갖춘 인물은 오히려 못마땅하게 여겨졌다. 마치 노력하지 않고 얻은 성취에는 본능적으로 불편함을 느끼는 것처럼 보였다.

달리 말해, 사람들은 누군가 많은 노력을 기울였을 때는 존중을 보였지만, 적은 노력만으로 성공하는 모습은 달가워하지 않았다. 그러나 상황을 '자신이 그 음악가라면'이라고 바꾸자 결과는 정반대로 나타났다. 하루 1시간만 연습하고도 성공하는 시나리오에는 매력을 느꼈고, 하루 8시간씩 연습해야 하는 경우는 오히려 싫어했다. 남이 성과를 얻을 때는 힘들게 땀 흘려야 한다고 바라면서 정작 자신은 그 고생을 피하고 싶어 하는 것이다.

이 편향은 우리가 자기 성취의 대가는 과대평가하면서 남의 성취는 과소평가하는 습성에서 비롯된다. 마라톤을 완주하거나 새로운 사업을 시작하고 나면 스스로는 죽을힘을 다했다고 여기

225

[•] 그 연구는 아직 동료 학자들의 과학적 검증을 거친 것은 아니었지만, 내게는 도저히 그냥 지나칠 수 없을 만큼 흥미로웠다.

지만, 남의 성취에 대해서는 그저 손쉽게 해낸 일처럼 치부해 버리는 것이다.

우리가 왜 노력을 가치 있게 여기는지는 여전히 풀리지 않은 수수께끼다. 이를 잘 보여주듯, 동물 실험에서는 더 손쉬운 방법이 있는데도 여러 종이 일부러 힘을 들여 먹이를 얻는 모습이 관찰되었다. (단, 고양이만은 늘 예외였다. 언제나 가장 편한 길을 택했다.) 먹이를 더 쉽게 얻을 수 있는데도 굳이 힘든 길을 택하는 행동은 과학자들을 혼란스럽게 했다. 앞서 이 장에서 설명했듯 모든 생명체는 필요하지 않으면 불필요한 수고를 피한다는 통념과 정면으로 어긋나기 때문이다.

동물 실험에서 나온 흥미로운 가설 하나는 이렇다. 동물들은 늘 쉬운 길만 택하지 않았다. 혹시라도 그 길이 막혔을 때를 대비해 더 힘든 방법으로도 먹이를 구할 수 있도록 연습했다는 것이다. 이 생각을 인간에 빗대어 보면 우리는 꼭 필요하지 않은 상황에서도 굳이 애써 힘을 쓰곤 한다. 단순히 결과를 얻기 위해서가 아니라, 자신이 어디까지 해낼 수 있는지 확인하고 싶기 때문이다.

물론 이 성향은 모두에게 똑같이 나타나지 않는다. 심리학에서는 이를 '경험에 대한 개방성'openness to experience이라고 부른다. 이 특성이 높은 사람은 다가올 노력을 두려워하기보다 오히려 설레한다. 산길 러너는 편한 길 대신 험한 언덕길을 택하며, 아마추어 제빵사는 완성된 과자를 사 먹는 대신 직접 반죽하고 굽는 과정을 즐긴다. 그렇다면 어떻게 해야 우리도 이들처럼 노력 그 자체를 기대하고 반기는 사람이 될 수 있을까?

성공이란 '최선을 다하는 것' ○

1970년대 후반, 일리노이 대학교에서 네 명의 심리학자가 정기적으로 모여 학문적 아이디어를 논의하곤 했다. 캐롤 드웩*, 캐롤 에임스(교육 심리학자, 학업 동기와 교실 구조가 아동의 동기에 미치는 영향 연구로 유명하다 – 옮긴이), 마틴 메어(성취 동기 연구의 선구자이며 문화적 맥락에서의 동기 이해에 기여했다 – 옮긴이), 그리고 존 니콜스(목표 지향 이론 및 학습 동기 연구에 중요한 기여를 한 심리학자 – 옮긴이)가 바로 그들이었다. 이들의 대화에서 나온 통찰은, 아이들이 학교에서 '성취'를 바라보는 기준이 서로 다르다는 사실이었다.

---

* 캐롤 드웩은 이후에도 심리학계에 지대한 영향을 끼친 '고정 마인드셋'fixed mindset과 '성장 마인드셋'growth mindset 개념을 발전시켰다. 고정 마인드셋은 능력이 타고난 것이며 크게 변하지 않는다는 내재된 신념을 뜻한다. 반대로 성장 마인드셋은 능력이 노력과 학습을 통해 길러질 수 있고, 시간이 흐르면서 발전할 수 있다는 내재된 신념을 말한다. 성장 마인드셋을 지닌 경우, 삶의 거의 모든 영역 ― 직장, 스포츠, 교육을 비롯해 우리가 떠올릴 수 있는 거의 모든 맥락 ― 에서 훨씬 더 긍정적인 결과와 연결되는 것으로 나타났다.

어떤 학생들은 자신이 얼마나 배우고 얼마나 성장했는지를 성취의 척도로 삼았다. 이를테면, 주 초에는 수학 공식을 몰랐지만, 주말까지 익혔다면 그것이 곧 성취였다. 이처럼 자신의 현재 능력을 과거와 견주어 성장을 확인하는 방식을 '자기 참조적 성취관'이라고 한다. 반대로 또 다른 학생들은 동료와의 비교 속에서 성취를 정의했다. 스펠링 테스트에서 친구들 가운데 가장 높은 점수를 받았다면 그것이 곧 성취였던 것이다. 이러한 시각은 '규준 참조적 성취관'이라고 불린다.

이 구분은 교육 연구에서 널리 퍼져 나갔다. 두 가지 성취 기준이 학생들의 학습 태도와 성과를 크게 갈라놓는다는 사실이 밝혀졌기 때문이다. 자기 참조적 성취관을 지닌 학생들은 공부에 깊이 몰두하고, 실수나 좌절도 배움의 일부로 받아들이며 금세 털어냈다. 반면 규준 참조적 성취관을 가진 학생들은 지름길을 찾으려 하고, 남들 앞에서 어리석어 보일까 두려워서 도전적인 과제를 피했으며, 쉽게 포기하거나 때로는 부정행위에 의지하기도 했다.[111] 이 학생들에게 이상적인 상황이란, 가능한 한 최소한의 노력으로 과제를 끝내는 것이었다. 자기 참조적 성취관을 지닌 학생들은 노력 자체에 가치를 두었지만, 규준 참조적 성취관을 지닌 학생들은 어떻게든 그 노력을 피하려 했다.

1980년대에 시작되어 오늘날까지 이어지는 동안, 여러 국가의 연구자들은 스포츠 영역에서도 이와 유사한 과정이 일어난다는 사실을 관찰해 왔다.¹¹² 자기 참조적 성취관을 지닌 선수들은 스스로 발전하고 성장하기 위해 기꺼이 노력한다. 반면 규준 참조적 성취관을 지닌 선수들은 단지 이겨서 잘나 보이고 싶어 하지만, 패배의 위험을 감수할 용기는 부족하다. 그렇다고 해서 자기 참조적 선수들이 승리에 무심한 것은 아니다. 오히려 노력과 자기 향상을 중시하는 태도 덕분에 힘든 과정을 피하려는 이들보다 더 자주 경쟁에서 승리를 거둔다. 다시 말해, 역설적으로 승리를 좇지 않을 때 오히려 승리가 따라온다.

성공을 다시 정의한다는 것은 곧 실패의 의미까지 새로 쓰는 일이다. 실패에 대한 두려움은 우리가 온 힘을 쏟는 데 가장 큰 걸림돌이다. 새로운 도전을 주저하는 까닭은 자존심이 실패를 견디지 못하기 때문이다. 하지만 성공을 '최선을 다하는 것'으로 새롭게 정의하는 순간, 실패는 '노력하지 않는 것'으로 바뀐다. 노력은 전적으로 내 손에 달려 있다. 그러니 성공과 실패 또한 결국은 내 손안에 있다. 그렇다고 우리가 기울인 노력이 언제나 원하는 '결과'로 이어지는 것은 아니다.

특히 경쟁의 장에서는 더더욱 그렇다. 가령, 어느 날 갑자기 세계적인 테니스 선수인 로저 페더러나 세리나 윌리엄이 내 코트 맞은편에 서게 될지 알 수 없다. 또한, 몇 달을 들여 잠재 고객을 설득한다고 해도 계약이 성사된다는 보장은 없다. 규준 참조적 성취관으로 본다면 이런 상황은 곧 실패다. 그러나 자기 참조적 성취관이라면 그렇지 않다.

성공을 바라보는 기준은 일이나 운동, 취미, 그리고 양육까지 삶의 모든 순간에 스며 있다. 어디에서든 성공을 정의할 때는 남이 아니라 자기 내면을 들여다보아야 한다. 중요한 건 더 나아졌는가, 최선을 다했는가, 새로운 것을 배웠는가 하는 물음이다. 남과 비교하지 않고 자신을 기준으로 삼을 때, 노력은 두려움이 아니라 앞으로 나아가게 하는 힘으로 바뀐다.

이것만은 기억하자 ⏱

의욕을 잃었을 때 가장 흔히 드는 감정은, 마치 삶을 떠밀리듯 흘려보내며 가슴에 남을 만한 일 하나 해내지 못한 채 표류하고 있다는 느낌이다. 하지만 새로운 일이나 활동을 시작하는 건 생각보다 훨씬 벅차다. 우리가 쏟는 노력의 크기는 시간에 따라 달라지는데, 특히 관성 때문에 처음에 시동을 거는 순간이 가장 큰 힘을 요구한다.

우리의 꿈과 포부를 가로막는 가장 큰 장벽은 인간이 본능적으로 노력을 피하려 한다는 점이다. 그래서 관성을 극복하려면 큰 과제를 잘게 나누어 한 번에 감당해야 할 부담을 줄여야 한다. 이렇게 쪼개진 작은 목표는 성공을 경험할 가능성을 높여주고, 그 경험이 다시 강력한 동기가 된다. 그러나 새로운 활동이나 프로젝트에 시동을 걸었다고 해서 모든 문제가 끝나는 것은 아니다.

어떤 활동이나 프로젝트든 노력의 양은 시간이 지나면서 달라지고, S자 곡선을 그리듯 흘러간다. 초반에 치솟던 에너지가 잦아들면 중간 구간이 가장 큰 약점으로 드러나 야심을 위협한다. 이때가 가장 위험하다. 쉽게 포기하고, 간신히 되찾은 의욕도 금세 사라져 다시 원점으로 돌아가기 십상이다. 동기를 북돋우려는 보상이나 격려는 바로 이 중간 구간에 집중되어야 한다.

그러나 더 중요한 것은 아예 과제를 세분화해 중간 구간 자체를 없애는 일이다. 시작의 끝이 곧 끝의 시작이 되도록 계획하라는 뜻이다. 그리고 성공은 성과가 아니라 나아짐과 배움, 성장으로 정의하라. 이런 동기부여의 요소들에 집중할 때, 비로소 고된 노력과 수고도 기꺼이 받아들이며 목표와 꿈을 향해 나아갈 수 있다.

231

남과 비교하지 않고 자신을 기준으로 삼을 때,

노력은 두려움이 아니라

앞으로 나아가게 하는 힘으로 바뀐다.

8장

나 홀로 집에

: 고독한 시간이 주는 천국

"혼자 있을 때 외롭다면, 그것은 곧 자기 자신조차
좋은 벗이 되어주지 못한다는 뜻이다."

| | | | | | | |

장 폴 사르트르Jean-Paul Sartre,
철학자·노벨문학상 수상 거부자

무장 강도 혐의로 형을 선고받은 뒤 탈옥했던 스물여섯 살의
앨버트 우드폭스(1947~2022, 억울하게 40여 년 동안 독방에 수감돼 '미국
최장기 독방 수감자'로 알려진 인권운동가 – 옮긴이)는 곧 다시 붙잡혀
1972년 루이지애나 주립 교도소에 수감되었다. '앵골라 감옥'으
로도 알려진 이곳은 잔혹하기로 악명이 높았다. 실제로 1951년
에는 31명의 수감자가 집단 항의 시위를 하며 스스로 아킬레스
건을 끊는 사건까지 벌어졌다.

그곳에서 우드폭스는 동료 수감자 허먼 월리스와 함께 훗날
판결이 뒤집힌 교도관 살해 혐의로 추가 기소되어 유죄 판결을
받았다. 무장 강도와 교도관 살해는 결코 가볍게 넘어갈 수 있는
범죄가 아니었다. 그리하여 우드폭스가 풀려난 것은 수감된 지
무려 45년이 지난 2016년, 그의 예순아홉 번째 생일이었다. 놀

랍게도 그 세월 중 단 두 해를 빼고는 모두 독방 수감 상태에서 보냈다. 전화 통화도, 책도, 잡지도, 라디오도, 온수도 허락되지 않았다. 쥐가 사라질 때면 붉은 개미 떼가 그의 유일한 벗이었다. 마약이나 흉기 같은 금지품을 숨기지 않았는지 확인한다는 명목 아래 이루어진 굴욕적인 항문 수색은 그의 수모를 더욱 깊게 했다. 이런 만행들을 제쳐두더라도, 43년이라는 세월을 좁은 독방에서 버틴다는 것은 상상조차 하기 힘들 것이다. 우드폭스는 자서전에서 독방 수용을 이렇게 기록했다. "감옥에서 인간이 겪을 수 있는 가장 고통스러운 경험이었다. 끝없는 형벌이었다." 국제인권단체 국제앰네스티에 따르면, 그의 형벌은 미국 역사상 최장기 독방 수감 기록으로 남아 있다.

우드폭스의 고난을 다룬 수많은 기록은 이 시점에서 그의 불굴의 의지와 희망의 이야기로 방향을 튼다. 그는 교도관들의 조롱과 학대에 맞서 싸우며, 교도소의 열악한 생활 조건을 개선하기 위해 행동했고, 동료 수감자들을 가르쳤다. 침대를 정리하고, 벽을 닦고, 바닥을 청소하는 일도 거르지 않았다. 그의 감방은 배움의 공간이자 의욕을 높이는 자리였으며, 원칙을 지키고 건강을 유지하는 삶의 터전이 되었다. 우드폭스는 어떠한 학대도 무너뜨릴 수 없는 도덕성과 존엄성을 스스로 다져냈다.

그러나 우드폭스와 같은 사례는 드물다. 독방 수감으로 인해 영혼이 짓밟힌 수많은 비극이 그 이면에 도사리고 있다. 누군가는 자기 배설물로 장난을 치며 정신이 무너진 사례도 있었다. 19세기 독방수감자들을 직접 만난 뒤, 찰스 디킨스(19세기 영국을 대표하는 사실주의 소설가로 《올리버 트위스트》, 《크리스마스 캐럴》 등을 집필했다 – 옮긴이)는 이렇게 결론지었다.

> 이 끔찍한 형벌이 세월에 걸쳐 불러오는 고통의 깊이를 온전히 헤아릴 수 있는 이는 극히 드물다. (…) 나는 정신의 섬세한 작용을 날마다 조금씩 파괴해 가는 이 더딘 고문이야말로 육체에 가해지는 어떤 형벌보다 이루 말할 수 없이 잔혹하다고 믿는다.

237

사회는 디킨스의 시대에서 그다지 멀리 오지 못한 듯하다. 인간의 존엄이 스러지고, 광기에 잠식되며, 정신이 조금씩 무너져 가는 사례는 여전히 흔하다. 하지만 이런 어두운 이야기들은 베스트셀러 서사의 틀과 어울리지 않기에 좀처럼 세상에 드러나지 않는다.

예상대로 과학자들 사이의 주된 견해는 독방 수감을 야만적이고 효과 없는 처벌로 규정한다. 대다수는 독방에 갇히면 정신과 육체가 망가진다는 증거가 이미 차고 넘친다고 본다. 그렇다고 해서 모든 과학자가 같은 의견을 내는 것은 아니다. 몇 해 전 브리티시컬럼비아대학교 명예교수 피터 수드펠트^{Peter Suedfeld}

는 정반대 방향으로 나아갔다. 그는 동료들과 함께 독방에 최소 닷새에서 길게는 42개월까지 갇혔던 수인들을 면담했는데, 그중 한 명은 무려 20개월을 연속으로 독방에서 보냈다.[113] 수감자들이 들려준 이야기는 많은 생각거리를 남겼다.

수감되기 전, 많은 이들이 심각한 정신과 육체적 쇠약을 겪게 될까 두려워했다. 누군들 그렇지 않겠는가? TV와 영화 속 독방 장면은 우리에게 낯설지 않다. 예상대로, 첫 며칠은 수감자들에게 견디기 힘든 순간이었고, 시간은 더디게 흘렀다(이는 2장에서 다룬 것처럼 특정 상황에서 시간이 느려지는 또 하나의 예시다). 그들은 단조로움을 이겨내기 위해 감방 안을 서성이고, 잠으로 시간을 보내려 애썼다. 수감자들이 그토록 두려워했던 신체적·정신적 붕괴는 끝내 찾아오지 않았다. 오히려 그들은 점차 낯선 환경과 아무 자극 없는 고요함에 적응해 갔다. 어떤 이는 명상에 잠기고, 어떤 이는 상상의 나래를 펼쳤으며, 또 다른 이는 묵묵히 자신의 처지를 곱씹었다. 그렇게 시간이 흐르며 그들은 과거를 성찰하고 미래를 그려보기 시작했다. 다시 일반 수감 생활로 돌아왔을 때, 그들은 이전보다 깊이 생각할 줄 알았고, 목표를 향한 의지가 살아났으며, 그 목표에 다가서는 길까지 어렴풋이 그려낼 수 있었다.

겉으로만 보면 잠시 유토피아처럼 들릴 수도 있다. 그러나 독방 수감은 결코 사색의 낙원 따위가 아니었다. 수감자들은 굴욕과 학대를 겪었다고 증언했는데, 특히 젊고 경험이 부족한 교도관들의 손에서 그런 일이 잦았다. 구타와 최루가스 사용은 흔했고, 교육 자료나 오락의 기회는 전혀 없었으며, 음식은 형편없고 생활 여건은 끔찍했다. 발리의 요가 휴양지와는 애초에 비교조차 될 수 없는 환경이었다. 독방에서 풀려나 다시 다른 수감자들과 지내는 일반 감방으로 돌아왔을 때, 많은 경우 몸의 움직임이 둔해지고 서툴러졌으며, 멍한 상태와 어지럼증, 눈의 피로, 수면 장애에 시달렸다. 일상적인 교도소 생활에 적응하는 데에도 큰 어려움을 겪었다. 독방이 그들에게 잠시 생각할 시간을 주었을지 모르지만, 대신 굴욕을 겪었고 학대에 시달렸으며 몸과 마음은 깊이 상처 입었다.

그렇다면 이제 독방 수감은 역사 속으로 사라져야 하지 않을까? 그러나 수드펠트 교수는 다른 관점을 제시했다. 그는 '고독' solitude과 그에 따라붙는 '부수적 고통'을 분리해서 생각했다. 고독은 다른 사람 없이 홀로 있는 경험을 뜻한다. 반면 강제로 갇힘은 대개 본인의 의사와 상관없이 한 장소에 억지로 가두어 두는 상황을 말한다. 전자는 어쩌면 매혹적일 수도 있는 경험을 가리키지만, 후자는 인간성을 파괴하는 잔혹 행위를 뜻한다. 사람의 권리를 빼앗는 것만큼 영혼을 무너뜨리는 일도 없다.

문제는 고독이 아니라, 억지로 가두고 학대하는 행위였다. 교도관의 폭력과 열악한 환경만 사라진다면 대부분의 불만은 사라질 수 있었다. 누구든 맞고 굶으며 지옥 같은 곳에 내던져진다면, 고독 여부와 상관없이 몸과 마음이 부서질 수밖에 없다. 어지럼증과 불면, 일상 적응의 어려움 역시 '긴' 격리와 갑작스러운 복귀가 빚어낸 부작용일 뿐이었다. 수감자들은 독방 생활이 짧고, 그 뒤에 점진적으로 일상에 복귀할 수 있다면 부작용을 줄일 수 있다고 말했다. 가끔 새로운 생각을 시험해 볼 수 있도록 독방을 벗어나는 기회가 주어진다면, 고독은 형벌이 아니라 회복의 시간이 될 수 있다는 것이다. 물론 학대와 자유의 박탈은 누구인지를 막론하고 삶을 짓누르지만, 스스로 선택한 고독의 순간은 감옥 속에 사는 이들에게조차 삶을 되새길 수 있는 매력적인 시간으로 다가왔다.

수드펠트는 1980년대 초부터 교도소를 연구해 왔지만 독방에 대한 그의 시각은 끝내 널리 받아들여지지 않았다. 새삼스러울 것도 없다. 독방이 긍정적 효과를 낳을 수 있다는 주장만으로도 반발을 사기 마련이고, 교정 체제가 오랫동안 학대를 외면해 왔음을 스스로 인정할 가능성도 낮다. 그러나 그런 논란에만 매달리면 정작 핵심은 비껴간다. 수드펠트는 '적절한 조건이 갖춰질 때' 고독이 유익할 수 있다고 결론지었다. 그러나 통상적인 독방 수용의 현실은 그 조건과는 거리가 멀다. 그는 이후 극지와 우주 탐사 등 다른 영역으로 연구를 넓혔고, 결론은 한결같았다. 고독은 이로운 동반자가 될 수 있다.

내가 나로 존재하는 시간 🕐

　인간이 사회적 동물이라는 말은 흔하지만, 사실 문명의 뿌리이기도 하다. 언어가 생겨난 것도, 소셜 미디어가 만들어진 것도 결국은 서로 연결되고 싶다는 욕구 때문이다. 이건 인간만의 이야기도 아니다. 코끼리가 무리를 짓고, 침팬지가 집단을 이루며 살아가는 걸 보면 알 수 있다. 심지어 세균조차 옆 집락의 존재를 눈치챈다. 하지만 이 원칙에 가려진 또 다른 사실이 있다. 반대 또한 성립한다는 점이다. 무리를 지어 다니는 코끼리가 있다면, 끝없이 펼쳐진 툰드라(나무가 거의 자라지 못하는 북극권의 평원 - 옮긴이)를 홀로 헤매는 북극곰도 있다. 우두머리 수컷의 털을 고르며 함께 어울리는 침팬지가 있는가 하면, 그늘 속에 홀로 숨어 지내는 뱀도 있다. 인간 역시 사회적 책임에서 벗어나는 시간이 필요하다. 사회적 삶이 주는 이점이 분명 많지만, 동시에 그것은 시간 감각을 흐리게 하고, 의무감을 만들어 내며, 창의성을 억누르고, 새로운 탐구를 가로막을 수 있다.

　고독을 찾아 나선 이들의 사례는 인류의 역사 곳곳에 새겨져 있다. 종교적 전통만 살펴봐도 무함마드는 사색을 위해 자주 히라 산 동굴에 몸을 의탁했고, 예수는 사탄의 유혹을 이겨내며 40일 동안 광야에서 홀로 머물렀다. 모세는 늘 공동체의 진영에서 한참 떨어진 곳에 천막을 치고 고독을 누렸으며, 도교의 창시자인 노자 또한 세속을 등지고 은둔한 인물로 기억된다. 이러한 맥락에서 도가道家는 고독이야말로 인간 본연의 성품을 길러내고 참된 만족을 가져다준다고 믿는다. 유교의 한 기둥인 신독愼獨(홀로 있을 때도 자신을 경계하며 바르게 행동하는 수양법-옮긴이) 또한 고독 속에서 자기 성찰과 수련의 가치를 강조한다. 불교 역시 완전한 귀의를 위해서는 출가와 함께하는 고독의 삶이 필요하며, 이는 선정禪定(마음을 고요히 가라앉혀 깨달음에 이르는 명상 상태-옮긴이)에 도달하기 위한 길로 여겨진다.

예술, 기업, 정치의 거인들 또한 고독의 힘을 찾아 나서고 이를 적극적으로 옹호해 왔다. 버락 오바마는 종종 집무실에 홀로 들어가 자신의 정치 철학과 전략을 다듬었으며, 인도네시아의 한 섬에 머물며《내 아버지로부터의 꿈》을 집필하기도 했다. 파블로 피카소는 친구와 가족, 지인들의 영향을 차단한 채 자신만의 세계로 물러나 가장 위대한 작품들을 완성했다. 미국의 가수이자 싱어송라이터, 배우인 레이디 가가는 음악을 만들 때뿐 아니라 일상에서도 고독을 선호한다고 알려져 있다. 작가 사무엘 베케트는 강렬한 창작을 위해 스스로 고립시켰고, 그 시기를 '방 안의 포위'siege in the room라 불렀다. 작가 D. H. 로런스 역시 생애 후반 대부분을 홀로 보내면서 이를 '야만적 순례'savage pilgrimage라 칭했다. 예술과 과학, 정치와 기업을 아우르는 수많은 인물이 고독의 가치를 옹호해 왔으며, 넬슨 만델라 또한 감옥에서 아내에게 보낸 편지 속에서 지혜의 한 구절을 남겼다.

> …감방은 자기 자신을 마주하기에 더없이 적절한 곳이다. 마음과 감정의 흐름을 솔직하게, 그리고 꾸준히 탐색할 수 있는 공간이기도 하다. 설령 다른 어떤 의미가 없다고 해도, 이곳은 날마다 자신의 삶을 돌아보고, 그릇된 것은 고치며, 선한 것은 키워낼 기회를 안겨준다. 114

　　은둔자가 말하듯, 고독은 한번 맛 들이면 헤어 나오기 어려울 만큼 달콤하다. 고독은 굳어버린 일상의 틀을 해체하며 새로운 숨결을 불어넣는다. 2장에서 언급했듯 바쁘다는 허울을 휘감은 채 쫓기듯 살아가는 삶은 대개 무의미한 반복에 가깝다. 고독은 이 헛된 흐름을 끊어내어, 그에 따라붙는 부정적 생각과 감정의 소용돌이를 멈춰 세운다. 더 중요한 것은 고독의 시간이야말로 마음을 살찌우는 영양분이라는 점이다. 타인의 시선과 요구에서 벗어나 가족, 친구, 동료로부터 한 걸음 떨어져 완전히 분리될 수 있는 자유를 안겨주기 때문이다. 사람과 부딪히는 순간마다—바리스타와 나누는 짧은 인사 한마디든, 사랑하는 이와의 깊은 대화든—우리는 알게 모르게 상대의 마음까지 끌어안는다.

　　사회적 교류란 마치 물결처럼 이어지는 반응의 연쇄다. 내 생각과 감정, 행동은 언제나 타인의 파문 속에서 빚어진다. 억지웃음을 지으면서 속으론 몇 번이나 구석에 숨어서 쉬고 싶고, 울고 싶고, 아무것도 하지 않고 싶었던가. 몇 번이나 누군가의 눈에 좋은 사람으로 보이려는 마음에 억지로 행동했던가. 또 몇 번이나 어리석어 보이지 않으려고, 분노에 휩싸인 사람처럼 보이지 않으려고 속에서 치밀어 오르는 본능적 반응을 눌러 삼켰던가. 영국의 시인이자 소설가 러디어드 키플링은 "우리는 모두 오해의 바다를 사이에 두고 서로에게 거짓을 외치는 고립된 섬들이다"라고 했다.

고독은 억압에서 우리를 풀어준다. 더는 남의 시선에 매이지 않으니, 의식의 무게도 서서히 가벼워진다. 남의 눈길은 때로 신발 한 켤레, 말투 하나만으로도 사람의 됨됨이를 재단하곤 한다. 하지만 고독 속에서는 그런 평가에서 벗어나 오롯이 자신에게만 집중할 수 있다. 타인의 요구와 의무에서 한발 물러서면, 어떤 생각이든 스스로 고를 수 있는 자유가 생긴다. 하찮든 엉뚱하든 상관없이 말이다. 그 순간 마음이 어디로 흘러가는지 자신도 놀라게 될 것이다. 멍하니 공상에 잠겨도, 몽상을 펼쳐도, 지난날을 되짚어도, 내일을 그려도, 그저 쉬어가도 좋다. 가능성은 끝이 없다. 혼자서 자기 생각과 마주할 힘은 정서적 성숙을 보여주는 중요한 징표이자, 마음의 안정을 떠받치는 단단한 토대다.[115, 116] 고독 속에서 떠오르는 생각들은 얼핏 보면 잡다하고 무질서해 보이지만, 결코 우연한 것이 아니다.

고독이 주는 가장 위대한 혜택은 이루 다 말할 수 없을 만큼 크다. 이를 뒷받침하듯 프로이트와 같은 시대를 살았지만 널리 알려지지 못한 한 사상가가 있었다. 그는 숱한 음해와 훼방을 견뎌내면서도 고독의 시간에 관한 잊힌 사상을 되살려 냈다. 그리고 바로 그 사상이 오늘날에는 혁명적이라 불릴 만큼 새로운 의미를 지니게 되었다.

정신분석학의 창시자 프로이트라는 이름이 나오면, 많은 이들이 환자가 소파에 누워 부모와의 관계를 털어놓는 장면을 떠올린다(그의 치료 방식은 환자가 소파에 누워 자유롭게 떠오르는 생각을 말하게 하는 '자유연상 기법'이었기에 이런 장면이 대중적 이미지로 굳어졌다 - 옮긴이). 프로이트를 둘러싸고 여러 고정관념과 논란이 있지만 그래도 인간 정신에 대한 우리의 지식이 지금처럼 확장될 수 있었던 데는 그의 공로가 크다. 그러나 그 천재성 뒤에는 정치 드라마에나 어울릴 법한 계략과 조종의 기질도 숨어 있었다. 그는 '최고의 과학자' 자리를 지키기 위해 필사적이었고, 충실한 정신분석가들을 가까이 두어 자신의 이론을 퍼뜨리게 하는 한편 경쟁자들의 활동을 억누르려 했다. 이 모임은 거의 종교 집단과 같았는데, 회원 자격은 신들과 여신들의 고대 문양이 새겨진 반지로 표시되었다.

이 내밀한 집단에는 프로이트 외에도 웨일스 출신 어니스트 존스(정신분석의 대중화를 주도한 인물), 헝가리 출신 샌도르 페렌치

(프로이트의 제자이자 실험적 임상가), 독일 출신 카를 아브라함(정신분석 이론가), 오스트리아 출신 한스 작스(초기 정신분석 운동가)와 오토 랑크(프로이트의 핵심 제자이자 창조성 이론가)가 있었으며, 벨라루스 출신 막스 아이팅곤(국제 정신분석학회 공동 창립자)은 1919년에 합류했다.

좋은 드라마가 늘 그렇듯, 프로이트의 지위를 가장 위협한 것은 밖에서 온 적이 아니었다. 균열은 오히려 그의 내밀한 집단 내부에서 시작되었다. 프로이트가 구성원들을 서로 이간질하기 시작했기 때문이다. 그는 각자에게 따로 다가가 "당신이야말로 가장 뛰어난 지성"이라고 치켜세우며, 서로를 경쟁자로 의식하게 만드는 교묘한 이간책을 썼다. 그 결과, 집단 안에는 질투와 반목이 깊게 자리 잡았다. 샌도르 페렌치는 점차 이론적 견해 차이로 배척당했고, 막스 아이팅곤은 전 세계에서 암살을 도운 소련의 첩자라는 의심을 받았다. 그러나 가장 큰 균열은 오토 랑크와의 결별이었다. 그는 1924년 이 모임을 떠났고, 그 자리는 프로이트의 딸 안나(정신분석의 아동·청소년 치료를 개척한 학자─옮긴이)로 채워졌다.

오토 랑크는 프로이트의 내밀한 집단에서 아마 가장 헌신적인 인물이었을 것이다. 그는 프로이트 정신분석학회의 서기였고, 여러 정신분석 저널의 편집인이었으며, 프로이트가 세운 출판사의 전무이사이자 스스로도 다작하는 학자이며 치료사였다.

그러나 이전의 다른 회원들과 마찬가지로 랑크 역시 프로이트의 교리와 어긋나는 자신의 사상을 발표하기 시작했고, 그때부터 내부의 모함과 중상이 이어졌다.

애초에 이 내밀한 집단을 만들자는 발상을 했던 어니스트 존스는 랑크를 공개적으로 망신 주며 그의 연구를 "조울증에 걸린 정신병자의 넋두리"라고 매도했다. 한 학술회의에서 프로이트와 존스의 측근은 랑크의 발표를 두고 "자신의 정신질환에 관한 혼란스러운 넋두리에 불과하다"라고 깎아내렸다. 결국 1926년, 랑크는 더는 견디지 못하고 빈을 떠나 파리와 뉴욕을 오가며 새로운 삶을 열었다. 그는 기만과 악의, 권모술수가 얽힌 정신분석 학계의 바깥으로 걸어 나온 것이다. 그렇다면 랑크의 사상에는 과연 무엇이 담겨 있었기에 존경받던 학자들마저 어두운 술책을 동원해야 했던 것일까?

랑크의 사상은 낭만주의와 상상력으로 가득 차 있었고, 그는 이를 바탕으로 고전적 정신분석을 예술과 신화, 철학과 결합해 전혀 새로운 관점을 열어갔다. 그러나 프로이트와 그의 동조자들은 달랐다. 그들은 심리학이 반드시 생물학적 토대 위에 세워져야 한다고 주장했다. 마음이 병들면 약을 먹거나 치료를 받아 생물학적으로 더 잘 기능하도록 하고, 그렇게 해서 '정상적인' 사고를 하게 만들어야 한다는 것이다. 이에 대해 랑크는 단호히 맞섰다. 그는 인간을 단순히 아프다거나 건강하다는 이분법으로 나눌 수 없다고 보았으며, 자신이 처한 상황과 동료들로부터 받은 대우 또한 이러한 생각을 뒷받침하는 사례가 되었다.

랑크는 개인이 자신의 진정한 신념과 가치를 드러내지 못하게 막는 사회적 관계가 질병 발생의 핵심 요인이라고 보았다. 심리적 고통은 고쳐야 할 내부 결함 때문이 아니라, 공동체가 개인의 창조적 충동과 고유한 기질을 꺾어놓을 때 생겨난다는 것이다. 랑크의 눈으로 보자면 사람의 활력, 즉 모조가 꺼져버리는 까닭은 대개 날마다 마주치는 사람들로부터 비롯된다. 이 흐름을 거슬러 참된 자기다움을 되찾으려면, 고독이 필요하다. 랑크는 모든 인간 안에 자기라는 존재를 스스로 빚어내려는 근원적 욕구가 있다고 보았다. 이를 가능하게 하는 데는 사회의 구속에서 잠시 비켜설 수 있는 한 줌의 고독, 한 줌의 시간이면 족하다. 일상에서 마주치는 사람과 상황, 사물은 새로운 정체성을 키우기보다 지금의 정체성을 되풀이해서 굳힌다. 고독 속에서 떠오르는 무작위적인 생각들이야말로 내면을 성장하게 하고 그 윤곽을 세우는 데 도움이 된다.

그 무렵 랑크는 프로이트와 그 측근들에 밀려 학계에서 사실상 외톨이가 되었다. 문제는, 랑크의 사상은 시대를 훌쩍 앞서 있었고 프로이트는 권력을 쥐락펴락하는 데 천재적이었다는 것이다. 그런데 아이러니하게도 지금에 와서는 랑크의 생각이 여러 심리학 분야를 떠받치는 핵심 토대가 되었다.

우리의 정신은 사회적 과업과 끝없는 대화 속에 묶여 있을 때 미래를 제대로 그리지 못한다. 하지만 마음을 헤쳐 자유롭게 흘려보낼 때, 생각의 대부분은 미래로 향한다. 현재에 머무는 경우는 훨씬 적으며, 과거를 떠올리는 일은 거의 없다. 고독의 시간은 다른 모습의 나, 앞으로 될 나를 상상하고 시험해 보는 무대다. 이 시간을 괜히 두려워하거나 가볍게 흘려보내지 않고 마주할수록 나는 무엇을 진짜 원하는지, 어떤 사람이 되고 싶은지 한층 더 자유롭게 그려볼 수 있다(자세한 내용은 10장에서 다룬다). 그럴 때 비로소 미래를 여는 새로운 가능성과 기회, 해법이 속속 떠오른다. 결국 앞으로의 삶을 스스로 빚고 더 단단히 살아가기 위해, 우리에게는 고독의 시간이 꼭 필요하다.

랑크만 이 생각을 한 것은 아니었다. 같은 시기에 세르비아계 미국인 발명가 니콜라 테슬라는 300개가 넘는 발명 특허를 보유했으며, 그 가운데에는 오늘날까지 큰 영향을 미치는 교류 전력 공급 시스템 설계도 포함되어 있었다. 1934년, 그는 〈뉴욕 타임스〉와의 인터뷰에서 고독의 효용을 이렇게 품위 있게 정리했다.

> 정신은 방해받지 않는 고독 속에서 더욱 날카롭고 예리해진다. 사유를 위해 거대한 실험실은 필요 없다. 독창성은 외부의 영향이 몰려와 창조적 정신을 꺾지 못하는 고요한 고독 속에서 자라난다. 혼자 있으라. 그것이 발명의 비밀이다. 혼자 있을

때, 비로소 새로운 생각이 태어난다.

한편으로는 타인과의 연결을 끊는 일이 본능적인 사회적 욕구를 거스르는 것처럼 보일 수 있다. 선사 시대에는 무리에 속해야 살아남을 확률이 높았고, 번식의 기회도 많았다. 그래서 우리는 무리 속에 속하고자 하는 성향을 진화시켜 왔다. 하지만 고독과 연결은 서로 등을 지는 게 아니라 오히려 맞물려 있다. 가족과 친구에게 사랑받고 있다는 확신이 있으면 외로움에 대한 두려움 없이 세상에서 물러나 고독 속으로 들어갈 수 있다.

그리고 놀랍게도 그 반대도 가능하다. 고독 속에서 우리는 오히려 더 깊은 친밀함을 발견한다. 낭만주의 시인이자 모험가였던 바이런은 고독을 "고독 속에서야말로 우리는 가장 외롭지 않다"라 했고, 《실낙원》의 저자 존 밀턴은 "고독이야말로 때로는 최고의 벗이다"라고 했다. 실제로 남극 연구자들 역시 혹독한 고독을 겪은 뒤, 오히려 더 강한 친밀감을 맺는 능력이 향상됐다고 한다.[117] 고독과 사회성은 서로의 숨결을 이어주는 공생의 관계다.

고독이 두려운 이유 ⏱

고독은 모조를 지탱하는 데 큰 힘을 지녔다. 실제로 앨버트 우드폭스는 마흔 해가 넘도록 홀로 버텨내며 그 힘을 증명했다.

그런데 우리는 왜 고작 15분을 혼자 자신과 마주하기조차 두려워할까? 실제 연구 결과는 놀랍기만 하다. 연구진은 참가자들을 아무것도 하지 않고 혼자 앉아 있게 했다. 단, 원한다면 앞에 놓인 버튼을 눌러 불쾌한 전기 충격을 스스로 가할 수도 있었다. 놀랍게도 여성 참가자의 4분의 1, 남성 참가자의 3분의 2가 짧은 고독을 견디기보다 차라리 그 버튼을 누르는 편을 택했다.[118]

그러나 또 다른 연구에서는 학생들이 잠시 홀로 머무는 동안 오히려 더 편안해지고 기분도 한결 나아졌으며, 지루함조차 거의 느끼지 않았다고 한다. 사람들은 고독을 피하려 애쓰지만, 막상 그 고요한 시간을 마주하면 오히려 불안과 상처가 조금씩 치유된다는 걸 알게 된다. 이처럼 우리의 시간 감각은 이미 너무도 비뚤어져서, 정작 가장 값진 활용법 가운데 하나가 두려움으로만 다가오는 아이러니 앞에 서 있다.

많은 이들이 혼자 있는 시간을 두려워하는 이유는 역설적이게도 그 고요한 순간이야말로 가장 큰 이점을 품고 있기 때문이다. 타인의 기대라는 짐에서 잠시 벗어나는 순간, 우리는 더 이상 누군가가 대신 정해주는 생각과 행동에 의지할 수 없게 되고 그 낯섦이 곧 두려움으로 다가온다. 사실 우리는 늘 타인의 기대를 떠받치며 살아가고, 그 사이 자신이 진정으로 원하는 것은 자연스레 뒷전으로 밀려난다.

그렇게 불완전한 삶의 방식에 길들여져 있다 보니 막상 그 틀

251

을 벗어날 기회가 찾아오면 당황과 두려움이 앞서기 마련이다. 실험실에서 전기 충격을 자처하는 경우에서 보이듯, 고독에 대한 두려움은 때로 심각해져서 어떤 이들은 차라리 마음에 들지 않는 사람과 시간을 보내면서까지 혼자 있기를 피하려 한다. 타인의 인정 없이는 생각을 지탱하지 못하고 자기 머릿속에서 어떤 상상이 솟아날지 두려워하는 상태는 삶의 기운, 즉 모조를 송두리째 잃는 상태다. 그러면 마음은 더 이상 머물 수 없는 불모지가 되어버린다.

혼자 있는 생각조차 버겁게 느껴진다면, 그 뿌리는 부모나 보호자에게서 비롯되었을지도 모른다. 아기는 돌보는 이가 뒤에서 지켜보고 필요할 때만 살짝 도와주는 상황에서 혼자 탐색하는 시간을 통해 자기만의 힘을 키워간다. 그러나 보호자가 지나치게 세심하게 챙기고 매 순간 개입한다면, 아이는 홀로 설 기회를 잃고 타인의 지침 없이는 생각과 감정, 행동을 이끌어 가지 못하게 된다. 그렇게 자라난 아이는 성인이 되어서도 혼자 있을 때 불안을 견디지 못하고 외로움에 사로잡힌다. 결국 고독을 피하려는 본능이 앞서면서, 가장 손쉬운 대처 방식으로 끊임없이 타인과의 접촉만을 좇게 된다. 불편한 상황을 피하려는 이 습성은 '경험 회피'라고 불린다. 한때는 생존에 꼭 필요했던 안전장치였지만 지금은 더 이상 우리 삶에 맞지 않는 본능이 되어버렸다. 오래전 조상들에게 불안과 같은 감정은 곧 위험을 알리는 신호였고 무언가 조치를 해야 한다는 경고였다. 사바나에서 맹수를 피해 잠들어야 했던 시절에는 반드시 필요한 감각이었지만, 오늘날의 우리에게는 그 무게가 오히려 과하다.

오늘날 실제로 목숨을 위협하는 상황은 드물지만 감정이 보내는 경고 신호는 여전히 남아 있다. 실질적인 위험이 거의 없음에도 이런 정서적 알람에 반사적으로 반응하면 오히려 역효과가 난다. 우리는 쉽게 흔들리고, 회복력을 잃어버린다. 직격탄처럼 다가오는 고통이나 위험은 거의 없는데도 인간은 아이러니하게 자기 생각과 감정에 스스로 시달리며 큰 고통을 겪는다.

더 나아가 불편한 생각과 감정을 애써 피하려 하면 할수록 그것들이 삶 속에서 더 큰 힘을 발휘한다. 불안을 피하려는 시도가 결국 불안을 삶의 중심에 들러붙게 만드는 셈이다. 대표적인 예가 '영상 인터폰'이다. 집의 안전에 대한 불안을 덜고자 많은 이들이 영상 인터폰을 설치하지만, 도둑을 막는 효과가 있다는 근거는 어디에도 없다. 오히려 현관 앞을 수시로 확인할 수 있는 장치 덕분에 불안은 더 자주, 더 집요하게 되살아날 뿐이다.[119] 알면서도 끝내 그것을 들여온다.

우리는 고독 속으로 한 걸음 더 들어가야 한다. 때로는 약간의 불편함을 감수하더라도, 그 속에서 자신을 단련하고 결실을 맺을 줄 알아야 한다. 고독은 종종 불안이나 외로움을 데려오지만 정작 문제가 되는 것은 고독이 아니라 외로움이다. 불안이나 부정적인 감정은 누구나 겪는 자연스러운 흐름이며 그저 스쳐 지나가는 감정일 뿐이다. 어떤 일로 마음이 무거울 때, 고독은 그 생각을 깊이 들여다보고 스스로 해답을 길어올 수 있는 가장 충실한 공간이 되어준다. 충분한 시간을 허락한다면 말이다. 프랑스의 노벨 문학상 후보였던 콜레트는 이 고독을 절묘하게 표현했다.

> 어떤 날의 고독은 향기로운 와인처럼 취하게 하지만, 또 다른 날의 고독은 쓰디쓴 약이 되고, 때로는 자신을 벽에 몰아세우는 독이 되기도 한다.

고독이 주는 모든 것을 받아들이자.

기분 좋은 순간이든, 불편한 순간이든 다 함께 안아야 한다. 어떤 이들은 혼자 있는 시간을 즐기는 걸 두고 게으르다고 생각할지 모르지만, 그것은 큰 오해다. 진정한 게으름은 더 가치 있는 일들이 눈앞에 있는데도, 시시한 가십이나 잡동사니로 시간을 흘려보내는 것이다. 이 책 2장에서 이미 이야기했듯 그런 습관은 이제 버려야 할 대상이다. 고독의 시간은 마음이 자유롭게 흘러가도록 내버려 두는 시간이다. 떠올려 보라. 마지막으로 번뜩이는 아이디어를 얻거나 문제의 해답을 찾았던 순간을. 아마 선뜻 기억나지 않을 것이다. 혹시 기억이 난다 해도, 그 순간이

스마트폰을 붙잡고 무심히 소셜 미디어를 넘기던 때는 아니었을
것이다.

지루함의 다양한 얼굴 🕐

　왜곡된 시간 감각time warping은 자신의 사유와 마주하는 순간
을 불안으로 물들인다. 게다가 많은 이들이 고독을 피하는 또 다
른 이유는 바로 '지루함'에 대한 두려움 때문이다. 지루함은 오
래도록 부정적인 이미지를 벗지 못한 채 오해받아 온 감정이다.
영국의 사진가 세실 비턴 경은 이렇게 말했다.

> 세상에서 두 번째로 큰 죄는 지루해하는 일이다.
> 그보다 더 큰 죄는 지루한 사람이 되는 것이다.

　하지만 현실은 단순하지 않다. 지루함은 때로 상상 이상의 위
험을 불러오니 말이다. 이를 가장 극적으로 보여주는 사례가 바
로 항공교통관제다. 이 직업이 높은 보수를 받는 데에는 이유가
있다. 공항이 가장 붐비는 시간에는 관제사가 매 순간 수백 차례
나 신속하고 정확하게 판단하고 지시해야 한다. 반대로 한밤중
처럼 한산한 시간에는 별다른 움직임이 없어 보이지만, 언제든
돌발 상황에 대비해 긴장을 늦추지 않아야 한다. 아이러니하게

도 바로 이런 고요한 시간대가 실수의 위험을 가장 크게 만든다. 실제로 2011년 4월 어느 날 밤, 오하이오 상공을 비행하던 조종사들은 무전기에서 뜻밖의 소리를 들었다. 사무엘 L. 잭슨 주연의 영화 〈클리너〉의 대사가 흘러나온 것이다. 야간 근무가 지루해지자 한 관제사가 레이더 화면 대신 영화를 보고 있었던 것이다. 사실 이런 식으로 근무 중 무료함을 달래는 사람은 그가 처음이 아닐 것이다. 내 친구 중 한 명은 런던 지하철에서 관제 업무를 맡았는데, 그 역시 한가한 시간에는 영화를 보며 근무를 버티곤 했다. 그러나 이 사건의 핵심은 관제사가 마이크를 송신 상태로 둔 채 근무했다는 사실이다. 그 결과 그의 행동은 고스란히 드러났을 뿐 아니라, 조종사들의 무전도 전혀 수신되지 않았다. 결국 그는 다른 통신 체계를 쓰던 군 조종사의 지적을 받고서야 자신의 실수를 깨달았다.

지루함과 극도의 집중이 교차하는 일터는 곳곳에 있다. 마취과는 흔히 "99퍼센트는 지루함, 1퍼센트는 극도의 긴장"으로 묘사된다. 정밀함을 위해 긴 기다림을 견디다가도 결정적 순간에는 즉각적인 판단이 요구되는 직무는 제조 현장에서도 반복된다. 이처럼 '기다림의 노동'은 다양한 직군에 퍼져 있으며, 야간 근무자나 상시 대기 직군 역시 오랜 고요와 짧은 폭풍을 오가며 지루함을 빈번히 겪는다.

지루함은 여가 시간에도 스며든다. 2018년, 한 남성은 지루함을 달래겠다며 러시아의 전차를 훔쳐 슈퍼마켓으로 몰고 들어갔다.[120] 영국심장재단British Heart Foundation이 성인 2,000명을 대상으로 실시한 조사에 따르면, 영국인은 평균적으로 생애 5년을 지루함 속에서 보낸다고 한다.[121] 미국에서 성인 약 4,000명을 대상으로 한 대규모 연구에서는 참가자들이 열흘 동안 깨어 있는 시간마다 30분 간격으로 자신의 감정을 보고했다.[122] 그 결과, 거의 3분의 2가 연구 기간 중 적어도 한 번은 지루함을 느꼈다고 답했다. 지루함은 인간만의 전유물도 아니다. 연구자들은 동물의 지루함을 연구해서 이를테면 소가 지루해하지 않으려면 얼마만큼의 공간이 필요한지, 우리 속의 침팬지가 흥미를 유지하려면 무엇이 필요한지와 같은 중요한 질문에 답하고자 한다.

지루함이 '요즘의 산물'인지 아닌지는 역사적 관점에 따라 다르다. 고대 문헌 곳곳에서 지루함과 유사한 상태에 대한 언급을 찾아볼 수 있지만, 정작 '지루함'이라는 단어가 널리 쓰이기 시작한 것은 18세기부터다. 당시 영불 관계는 그리 우호적이지 않았고, 영국에서는 프랑스 특유의 무료함을 풍자하며 "따분하고 무료한 상태에 있다"in a bore라는 표현을 사용했다. 그리고 1853년에 이르러서야 '지루함'boredom이 옥스퍼드 영어사전에 공식 등재되었다.

'지루함'이라는 말은 프랑스를 향한 조롱이 아니라 일반적인 용어로 자리 잡으며 유행했다. 산업화로 많은 이들이 여가 시간을 갖게 되자, 상류층과 중산층은 곧바로 걱정에 사로잡혔다. 노동 계급이 늘어난 자유 시간을 감당하지 못하고 지루함에 빠지면, 결국 술에 취하거나 방탕에 빠지거나 온갖 부도덕한 일에 손을 대리라고 본 것이다. 그래서 그들에게 필요한 건 휴식이 아니라 감시와 통제였다. 제2차 세계대전 이후 남성과 여성은 다시 가정 내 역할로 돌아와서 '남성은 생계를 책임지고 여성은 살림을 맡으며 자녀를 기르는' 이상적인 가족상에 안착하길 요구받았다. 그러나 새로운 기술과 문화적 흐름이 이미 모든 것을 바꾸어 놓고 있었다. 지루함은 여전히 위험한 것으로 여겨졌지만, 더 이상 노동 계급만의 문제가 아니었다. 집안일이 손쉬워진 여성들이 집에서 지루해진다면 어쩌나? 혹시 그들이 가정생활, 나아가 결혼 자체에도 흥미를 잃어버리면? 학교 밖에서 젊은이들이 지루해진다면 문명은 순식간에 방탕의 수렁으로 빠져드는 건 아닐까?

지루함은 대체로 아동기에 가장 높다. 그러나 청소년 후반과 성인 초기에 이르면 점차 줄어드는 경향을 보인다. 이는 뇌 발달이 최적점에 가까워지는 동시에, 운전이나 음주처럼 새로운 자유를 누릴 수 있기 때문일 것이다(물론 두 가지를 동시에 해서는 안 된다).[123] 지루함은 보통 50대 후반까지는 낮은 수준을 유지한다. 중년기에 지루함이 거의 느껴지지 않는 까닭은 대체로 양육 때문이다. 아이를 돌보느라 숨 돌릴 틈조차 없으니, 지루해할 여유가 있을 리 없다. 그러나 60대에 접어들면 다시 지루함이 늘어나기 시작한다(특히 여성에게서 더 두드러지는데, 그 이유는 아직 명확히 밝혀지지 않았다). 이 시기에는 뇌 기능이 서서히 저하되고, 양육이나 직업과 같은 삶의 주요 책무가 점차 느려지거나 사라지기 때문이다. 삶의 책무들이 사라진 뒤 그것을 대신할 의미 있는 활동을 찾지 못한다면 지루함은 더욱 깊어진다. 지루함은 또 개인의 처지와 환경에 따라 다르게 모습을 드러낸다. 최근에는 '세상에서 가장 지루한 사람'을 가려보겠다는 흥미로운 연구까지 진행된 바 있다(물론 실제로 특정 인물을 지목한 것은 아니었다).[124] 연구 참가자들에게는 사람들이 흔히 지루하다고 여기는 직업, 취미, 거주지를 꼽아보라고 했다. 그 결과 300개가 넘는 직업과 취미가 '지루하다'라는 꼬리표를 달았는데, 연구진은 이 가운데 가장 전형적인 인물을 도출했다. '데이터 입력 업무를 하면서 잠이 많고, 중간 규모 도시에서 사는 사람'이 바로 그 주인공이었다. 혹시 이 묘사가 여러분과 겹친다면 미리 사과드린다.

지루함은 흔히 달갑지 않은 것으로 여겨지기에 과학의 관심도 주로 그 부정적 결과를 막는 데 쏠려왔다. 지루함에 자주, 오래 빠지는 사람들은 우울이나 불안을 겪을 확률이 높고, 약물이나 술, 도박에 취약해지기도 한다. 만성적인 지루함은 스트레스를 높여 결국 심혈관 질환으로 이어질 수 있다. 실제로 미국에서 공무원 7,000명 이상을 대상으로 진행된 조사에서는 지루함이 크다고 응답한 사람들이 그렇지 않은 사람들보다 연구가 끝날 때까지 사망할 확률이 무려 37퍼센트나 높게 나타났다. 지루함이 단순한 기분 문제가 아니라, 때로는 생명을 위협할 수 있는 위험 신호임을 보여주는 결과였다. 지루함은 사람들을 건강에 해로운 습관으로 이끌었을 가능성이 크다. 엉망인 식습관이나 끝없이 앉아 보내는 생활 방식이 그 대표적인 예다.[125]

2021년, 유럽과 미국의 한 연구팀은 실험 참가자의 절반을 의도적으로 지루한 상태에 빠뜨렸다. 그들에게 끝없이 반복되고 단조로운 과제를 수행하게 한 것이다.[126] 나머지 절반의 참가자들에게는 알프스를 주제로 한 흥미로운 다큐멘터리를 보여주었다(참가자들이 독일인이었으니, 나름대로 알프스에 친근감을 느꼈을지도 모른다). 이후 두 집단 모두에게 기묘한 선택이 주어졌다. 특별히 개조된 커피 그라인더에 살아 있는 구더기를 넣어 갈아 죽일 수 있다는 것이었다. 연구진은 그 행위를 더욱 극적으로 만들기 위해 세 마리의 구더기에 '토토'Toto, '티피'Tifi, '키키'Kiki라는 이름을 붙였다. 단순한 곤충이 아니라 작은 존재로 여겨지도록 해서 죽임의 행위가 분명히 가학적으로 보이도록 한 것이다. 알프스 다큐멘터리를 본 집단에서는 단 한 명만이 구더기를 죽였다. 반면 지루한 과제를 견뎌야 했던 참가자 중에서는 다섯 명 중 한 명꼴로 최소 한 마리 이상의 구더기를 갈아 죽였다. 이렇듯 지루함은

새디즘을 키웠다.•

지루함이 여러 부정적인 결과를 낳는다 해도, 혼자 있는 시간 속의 지루함까지 두려워할 필요는 없다. 지루함에도 여러 결이 있다. 그중에는 오히려 우리를 돕는 지루함도 있다. 이를테면 무언가를 하고 싶지만, 무엇을 해야 할지 몰라 답답할 때 찾아오는 그 지루함 말이다. 그러나 더 고통스러운 유형은 무력감과 함께 어떤 의욕조차 사라져 버리는 '무감각한 지루함'이다. 이런 상태는 때로 짜증이나 분노로 치닫고, 결국 상황을 더 악화시킨다. 이런 종류의 지루함은 고독 속에서 추구할 가치가 없다. 필요한 것은 지루함을 바라보는 다른 태도다. 지루함을 있는 그대로 인정하고, 시간이 흐르면 지나갈 것임을 이해하며, 그 틈을 성찰하고 숨을 고르고, 공상하며 창조적 사고로 전환하는 기회로 삼는 것이다.

이와 비슷한 관점은 독일의 작가 지크프리트 크라카우어에게서도 발견된다. 그는 1924년, 기술 발전과 공장 노동의 현대화가 낳은 사회적 결과를 논한 에세이에서 지루함을 두 가지로 나누었다. 첫째는 일상의 고역이 반복되며 개인성의 감각이 닳아 없어지는 지루함, 둘째는 그가 '급진적 지루함'이라 부른 것으로,

---

• 다행히도 커피 그라인더를 은밀히 개조해 둔 덕분에 구더기는 단 한 마리도 죽지 않았다.

우리를 쉼 없이 덮쳐 억누르는 사회 규범을 되비추고 되묻는 상태다. 왜 입고 싶은 대로 입지 못하는가? 마흔 살이면 길바닥에 그려진 칸을 폴짝폴짝 넘는 '사방치기'를 해서는 안 되는가? 비즈니스 기회를 다른 각도에서 바라보면 왜 안 되는가? 삶을 더 나은 방향으로 바꾸지 못할 이유는 무엇인가? 크라카우어는 급진적 지루함을 주어진 규범을 의심하게 만들고, 그 의문이 발언·연대·행동으로 번져 제도와 관습의 변화를 밀어붙이는 힘으로 보았다. 그러나 고독의 순간에도 이런 지루함을 능동적으로 불러내 개인의 삶을 새로 설계하는 동력으로 삼지 못할 이유는 없다. 크라카우어 이전에도 시인과 작가들은 최고의 작품을 쓰기 위해 멜랑콜리(단순한 우울과 구별되는, 사유와 창작을 촉발하는 침잠의 정서 - 옮긴이)가 필수적이라 보곤 했다. 아일랜드의 작가 앤 인라이트 역시 이런 긍정적 지루함이 없었다면 본인의 수상작들을 쓰지 못했을 것이라고 말한다.

지루함은 썩지만 않으면 생산적인 상태다. 나는 지루해지길 기다린다. 그 순간이야말로 뭔가 새롭게 터져 나올 예감이니까.

지루함의 이점은 분명하지만, 우리는 그것을 견디지 못해 서둘러 다른 활동을 찾는다. 가장 흔히 택하는 방법은 스마트폰을 집어 들어 소셜 미디어를 무작정 스크롤하는 것이다. 그렇게 하면 지루함이 사라질 것이라고 믿기 때문이다. 그러나 결과는 전혀 다르다. 지루함을 달래기 위해 스마트폰을 사용한 사람들은 오히려 더 큰 피로감과 권태를 호소한다. 캐나다 과학자들의 연구 역시 이를 뒷받침한다. 지루할 때 사람들은 한 가지 콘텐츠에 몰입하기보다는 끊임없이 빨리 감고 넘기며 디지털 화면을 훑는 데 시간을 보냈다. 이들은 그런 행동이 지루함을 줄여줄 것이라고 믿었지만, 실상은 오히려 권태를 더 깊게 만드는 결과로 이어졌다.[127] 혼자 있을 때 지루함을 떨쳐내야 할까? 아니다. 우리는 오히려 새로운 시선을 열어주는 지루함을 맞이해야 한다.

멋진 고독을 경험하는 방법 ○

산책하러 나가든, 조용히 앉아 있든, 누워서 별을 올려다보든 마음이 하자는 대로 하면 된다. 단, 혼자서 하라. 중요한 건 무언가를 하는 일이 아니라, 생각이 주인이 되는 시간이다. 한 가지 일에 지나치게 매달리면 오히려 사고의 창의력이 줄어든다. 책에 푹 빠지거나 그림을 그리는 일도 물론 값지지만, 지금 우리가 필요한 건 몰입이 아니다. 머릿속 생각이 잘 들리지 않는다면 종이에 옮겨 적어두자. 훗날 차분히 꺼내어 정리하고 돌아볼 수 있다. 특히 산책은 혼자 있음을 받아들이기에 좋은 방법이다. 다만 안전한 곳이어야 한다. 그렇지 않으면 마음이 주변을 살피느라 분주해져 고요를 누리지 못한다. 그러나 안전한 공간에서 잠시 걸으면 곧 생각은 멀리 흩어지고, 마음속에 남아 있던 고민도 고독 속에서 더 깊은 사유의 과정을 거치게 된다.

러닝은 흔히 생각을 정리하는 기회로 여겨지지만 그렇다고 해서 고독과의 관계가 단순한 것은 아니다. 앞 장에서는 장기적으로 꾸준히 이어가기 위해서는 무리 없는 강도로 러닝을 할 것을 권한 바 있다. 실제로 낮은 강도의 러닝은 창의적 사고에도 도움이 된다. 그러나 강도가 지나치게 높아지면 온 신경이 운동에 쏠리게 되고, 그 결과 고독이 주는 효과는 오히려 방해받게 된다. 또한 러닝을 즐기는 이들은 흔히 강도의 구간zone을 이야기한다. 예컨대 첫 번째 구간은 회복과 신체 적응을 위한 단계다. 두 번째 구간은 강도가 조금 더 높지만, 여전히 편안함을 유지하며 대화를 나누기에도 무리가 없는 수준이다. 바로 이 두 구간에서 고독이 주는 창의적 효과가 발휘될 수 있다. 그러나 강도가 그 이상으로 올라가면 운동이 요구하는 정신적 부담이 모든 것을 압도해 버린다. 놀라운 점은 이 구간이 생각보다 훨씬 더 가볍게 느껴져야 한다는 사실이다. 실제로 많은 이들에게는 빠른 걸음만 넘어도 금세 숨이 차고, 힘겹게 다가온다.

혼자 있기 좋은 장소 또한 따져볼 필요가 있다. 한 실험에서는 참가자들에게 몇 분 동안 고독의 시간을 갖도록 하되, 한 그룹은 도심의 공원에서, 다른 그룹은 대학의 세미나실에서 머물

264

게 했다. 두 환경 모두 참가자들의 긴장을 뚜렷이 완화했지만, 공원에 있던 이들은 주변과 자기 생각을 더 또렷하게 인식하는 것으로 나타났다.[128] 오바마처럼 외딴 별장을 빌려 고독을 즐기기란 웬만한 형편으로는 쉽지 않다. 하지만 일상의 공간에서 벗어나 조금은 다른 곳을 찾는 일이라면 누구나 할 수 있다. 많은 사람이 고독을 만나는 자리는 대개 자연 속이다. 숲이나 바닷가, 호수와 강가, 언덕 같은 곳은 고독을 누리기에 더없이 좋은 장소다. 사실 바깥이라면 어디든 충분하다. 내가 가장 좋아하는 고독의 시간은 기차 안에서 찾아온다. 누구도 말을 걸지 않고, 내가 무슨 생각을 하는지 관심 두는 이도 없다. 와이파이도 거의 연결하지 않으니, 이동 시간은 온전히 내 몫이 된다. 반면 자동차 여행은 사정이 다르다. 뒤의 차가 바짝 붙어 신경이 곤두서거나, 갈림길에서 방향을 고르느라 마음이 끊임없이 흐트러진다. 고독에 잠길 틈이 잘 생기지 않는다.

집에서도 고독을 경험할 수는 있다. 그러나 추천하고 싶지는 않다. 집은 지금의 생각과 감정을 강화하는 공간이어서, 익숙한 틀 안에서는 창의적 흐름이 좀처럼 솟아나지 않는다. 다만 샤워만큼은 예외일 수 있다. 샤워할 때 몸과 마음이 풀리기 때문이다. 집 근처를 가볍게 한 바퀴 도는 산책만으로도 충분히 전환이 된다. 생각은 물과 같아서 가두면 고이고 흘리면 길을 만든다. 익숙한 자리를 떠날 때 비로소 마음은 흐르기 시작한다. 너무 당연한 말일지 모르지만 스마트폰은 건설적인 고독과는 맞지 않는 다(그래서 샤워가 고독을 위한 괜찮은 공간이 될 수도 있는 것이다).

이것만은 기억하자 ⏲

고독은 관계와 일상의 틀에서 잠시 물러날 여백을 마련해 준 다. 삶 속에 잠시라도 고독의 시간을 더하면, 비로소 원하는 대 로 생각하고 느낄 자유를 얻는다. 많은 사람은 자기 시간을 어떻 게 써야 하는지에 대한 감각이 이미 왜곡되어 고독을 피하기 위 해서라면 거의 어떤 일도 마다하지 않는다. 그러나 몇 번의 시도 가 필요할지라도, 일단 마음이 사회적 굴레에서 벗어나면 창의 적 흐름은 자연스레 흘러넘친다.

흔히 말하는 번뜩임의 순간 가운데 많은 경우가 바로 고독 속 에서 찾아온다. 과학자들은 해법이 문득 떠오르는 순간 혼자일 때가 많다. 화가와 작가들 역시 고독 속에서 작품을 빚어낸다. 극한의 고독 속에서 연구를 이어가는 남극의 연구자들 또한 놀 라울 만큼 또렷하고 생생하게 집중하며, 몰입하고, 상상하고, 환 상을 펼쳐낼 수 있다고 말한다. 고독은 상상력을 자극해 서로 다 른 장면을 그려내고, 가능성 있는 현실을 떠올리게 하며, 그중 어떤 것이 매력적이고 효과적인지를 가늠하게 만든다.

고독은 심리적 탈의실과 같다. 삶을 살아가는 방식, 생각하는 태도, 느끼는 감정, 행동하는 습관을 마음껏 바꿔 입어보되, 꼭 구매해야 한다는 압박은 없다. 고독은 자신이 어떤 사람인지 더 깊이 통찰하도록 돕는다. 사회적 압력이 사라지면 타인이 원하는 모습이 아니라 본연의 자아에 집중할 수 있기 때문이다.

이 모든 혜택은 잃어버린 활력, 즉 모조를 회복하는 데 핵심적이다. 그러나 이 과정은 늘 바쁘게 움직이거나 타인의 기대에 짓눌려 있을 때는 일어나지 않는다. 잠깐의 시간과 한 줌의 고독, 이 두 가지가 건강한 정신을 지탱하는 가장 중요한 재료다. 로마 황제 마르쿠스 아우렐리우스의 말을 빌려 말한다.

어디에서도 영혼만큼 평화롭고 자유로운 쉼터를 찾을 수는 없다. 그곳을 자주 찾으라. 그러면 마음이 다시 깨어날 것이다.

⧗

남의 눈길은 때로 신발 한 켤레,
말투 하나만으로도 사람의 됨됨이를 재단하곤 한다.

하지만 고독 속에서는 그런 평가에서
벗어나 오롯이 자신에게만 집중할 수 있다.

9장

시간의 덕목

: 기억을 다스릴 기회 주기

"기억은 방의 모양을 바꿀 수 있고,
자동차의 색깔마저 바꿀 수 있다."

| | | | | | |

레너드 셸비Leonard Shelby,
영화 〈메멘토〉 속 등장인물

1979년 11월 8일, 미국 루이지애나주 그레트나의 한 골동품 가게 주인이 강도를 당했다. 범인은 권총을 들이대고 주인을 성폭행했다. 네 달 뒤, 경찰 보고서에는 피해자가 말콤 알렉산더라는 남자의 사진을 "조심스럽게" 가리켰다고 기록되어 있다. 사흘 뒤, 경찰이 실시한 대면식에서 피해자는 알렉산더가 "가해자일 수도 있다"고 진술했다. 그날 늦게 한 형사는 피해자가 알렉산더가 범인이라고 "98퍼센트 확신한다"는 진술서를 작성했다. 그러나 재판이 열리자 피해자는 증언대에서 알렉산더가 가해자임을 "의심할 여지 없이 확신한다"고 말했다. 알렉산더는 무능한 변호사 때문에 더욱 불리한 처지에 놓였다. 그의 변호사는 법정에 제대로 출석하지 않았고, 증인을 단 한 명도 부르지 않았으며, 심지어 변론 개시조차 하지 않았다(이후 이 변호사는 자격을 박탈당했다).

결국 알렉산더에게는 유죄 평결이 내려졌다.

몇 해 뒤, 두 명의 변호사 피터 노이펠드와 배리 셰크가 만났다. 그들은 공통점이 많았다. 단순히 법학 교육을 받았다는 사실뿐만 아니라, 두 사람 모두 시민권에 대한 강한 열정을 품고 있었고 무엇보다도 과학이 지닌 힘과 잠재력을 누구보다 깊이 이해하고 있었다. 이 공통의 문제의식은 1992년 '이노센스 프로젝트'Innocence Project의 설립으로 이어졌다. 노이펠드와 셰크는 DNA와 다른 첨단 과학적 방법을 활용해 잘못 내려진 유죄 판결을 바로잡고자 했다. 1996년, 그들은 말콤 알렉산더의 사건을 맡았다. 조사 과정에서 결정적 증거가 잘못 보관되어 파기됐고, 다른 증거는 제대로 검증조차 되지 않았다는 사실이 드러났다. 범행 현장에서 채취된 모발은 알렉산더의 것과도, 피해자의 것과도 일치하지 않았다. 2018년, 무려 38년간 억울하게 수감된 끝에 말콤 알렉산더는 마침내 무죄를 선고받았다. 그는 이노센스 프로젝트의 활동을 통해 석방된 사람들 가운데 가장 오랜 세월 옥살이를 견딘 사례로 기록되었다.[129]

이 이야기는 인간적인 한계와 제도적 결함이 어떻게 맞물려 작동하는지를 잘 보여준다. 이노센스 프로젝트에 따르면, 미국에서 DNA 증거를 통해 뒤집힌 375건의 유죄 판결 가운데 3분의 2 이상이 부정확한 목격자 진술과 관련이 있었다.[130]

목격자에게 범인을 기억으로 지목하라는 요구는 마치 마시멜

로로 집의 토대를 세우라는 것과 다름없다. 알렉산더에게 내려진 유죄 판결 역시 허술한 기억의 덫에서 비롯되었다. '아마 그 사람일지도 모른다'는 주저 섞인 기억은 어느새 '거의 틀림없다'는 확신으로, 끝내는 '의심의 여지가 없다'는 단언으로 변질되었다. 게다가 알렉산더는 사진 대조와 대면식의 두 절차 모두에 유일하게 등장한 인물이었다. 그 사이의 사흘은 증인의 기억을 흐릿하게 만들었고, 증언 속에서 재현된 얼굴이 실제 범인의 것이었는지, 아니면 사진 속에서 이미 각인된 얼굴이었는지는 끝내 뒤엉켜 버렸다. 왜곡은 사건 현장에 무기가 등장할 때 더욱 심화된다. 목격자의 시선이 범인보다 무기에 쏠리기 때문이다. 여기에 압박감, 의도적이든 비의도적이든 수사 과정에서 가해진 유도나 암시, 그리고 사건 발생 시점과 진술 사이의 시간적 간극이 더해지면 목격자가 사실을 정확히 회상하기란 거의 불가능에 가깝다.

기억은 시간이 흐르면 희미해진다고들 한다. 그러나 그것은 진실의 일면에 불과하다. 기억은 시간이 지날수록 사라지는 대신, 때로는 더 단단해지거나 전혀 다른 모습으로 변하기도 한다. 기억을 불러낼 때마다 그것과 연결된 뇌의 신경망은 다시 열리고, 그 순간 기억은 언제든 덧쓰이고 수정될 수 있다. 인간의 기억이 지닌 가변성과 유동성을 과소평가할 수 없는 수준이다.

이 사건을 비롯한 여러 유사 사례들은 기억의 연약함을 세상 앞에 드러내는 계기가 되었다. 미국 대중 매체를 분석한 보고서에 따르면, 1991년의 아동 성 학대 관련 기사 다섯 편 중 네 편에 피해 생존자들의 주장이 실렸다. 그러나 3년 뒤, 다섯 편 중 네 편이 피해자의 증언과 기억, 그리고 치료 과정에서 사용된 방법들에 의문을 제기하는 쪽으로 기울었다.[131]

기억에 관한 과학적 근거 역시 혼란스럽기는 마찬가지다. 19세기 학계의 흐름은 최면 연구자들에 의해 주도되었는데, 그중 현대 신경학의 창시자로 꼽히는 프랑스의 장 마르탱 샤르코Jean-Martin Charcot가 대표적이다. 그는 신경증 분야에서 나폴레옹에 비견되는 권위를 지닌 인물로, 다발성 경화증과 충치, 관절 퇴행을 진단하는 데까지 의학적 진보를 남겼다. 샤르코의 핵심 이론 가운데 하나는 고통스러운 사건이 무의식 속에 억압되어 의식으로 들어오지 못하게 차단될 수 있다는 것이다. 이 경우 사람은 사건을 더 이상 기억하지 못하지만, 그 기억은 완전히 사라진 것이 아니라 무의식 속에 잠재해 있어 여전히 정신 및 신체적 결과를 불러온다. 이 증상을 치유하기 위해서는 억압된 외상적 기억을 무의식에서 의식의 기억으로 옮기는 과정이 반드시 필요하다는 게 샤르코의 견해였다.

임상 현장의 전문가들은 외상을 겪은 뒤 그 경험을 무의식 속에 깊이 밀어 넣어 더 이상 떠올리지 못하는 환자들을 치료하면서 이 같은 사례들을 수없이 기록했다. 심리학에서는 흔히 '억압 기억'repressed memory이라고 부른다.

억압 기억을 믿는 이들, 즉 너무 고통스러운 경험이 의식으로 올라오지 못하도록 뇌가 스스로 차단한다고 생각하는 이들의 설명은 이렇다. 생존자는 심리적으로 안전해졌을 때만 잊힌 기억을 떠올릴 수 있으며, 그 시점은 수년이 지난 뒤일 수도 있다. 교통사고처럼 회상해도 현재 안전한 사건은 곧바로 기억되지만, 학대 경험은 다르다. 여전히 위협이 남아 있다면 뇌가 그 기억을 무의식에 가두어 개인을 보호하려 한다는 것이다. 노르웨이에서 실시된 2,000명 대상의 조사에서는 샤르코가 주장했듯 응답자의 절반 가까이가 "외상적 기억은 무의식에 억눌려 잊힐 수 있다고 믿는다"고 답했다.[132]

이러한 설명은 과학자들의 검증 속에서 대부분 설득력을 잃었다. 그 여파로 학계에는 이른바 '기억 전쟁'The Memory Wars이라 불리는 깊은 분열이 일어났다.[133] 트라우마 경험은 그 순간에 반드시 트라우마로 느껴지는 것은 아니다. 불편하지만 직시해야 할 사실은, 이를테면 아이가 자신에게 일어나는 일이 얼마나 끔찍한 것인지 당시에는 알지 못할 수도 있다는 점이다. 그렇다면 기억의 부재를 무의식적 방어 기제 때문이라고 설명하는 주장은 설 자리가 없다. 처음부터 트라우마로 받아들이지 않았다면, 그것은 억압이 아니라 시간이 흐르며 자연스럽게 사라진 기억일 뿐이다.

여기서 의문이 따라온다. 그렇다면 왜 인간의 마음은 트라우마를 억누르는 능력을 이토록 서툴게 발휘하는가. 실제로 많은 이들이 자신이 겪은 트라우마를 또렷이 기억하고 있지 않은가. 그렇다면 차라리 그 고통스러운 기억을 끝까지 무의식 속에 묻어둔 채 영원히 잊게 하는 편이 더 낫지 않았을까. 억압 기억이나 거짓 기억의 존재와 기능에 대해서는 여전히 확실한 결론이 지어지지 않았다. 그러나 이 논쟁과 연구들은 분명 뇌가 어떻게 기억을 만들고, 저장하며, 또 변화시키는지를 이해하는 데 큰 진전을 가져왔다.

기억은 완전하지 않다 ⏱

사람이 기억을 떠올릴 때 착오가 생기는 건 지극히 자연스러운 일이다. 기억은 하나의 통 안에 고스란히 담겨 있는 게 아니라, 먼저 해마에 저장된 뒤 여러 조각으로 나뉘어 뇌 곳곳에 흩어지기 때문이다. 말과 언어에 관한 부분은 측두엽에, 그때 느낀 감정은 편도체에, 또 다른 요소들은 각기 다른 영역에 따로따로 저장된다. 이를테면 술집에 갔던 경험을 떠올려 보자. 그 기억은 단일한 장면이 아니라 함께 있었던 사람들, 코끝을 스친 냄새, 흘러나오던 음악, 몸이 느낀 생리적 반응 등 수많은 조각이 모여

하나의 그림을 이룬다.

누군가 그 경험을 묻는다면 뇌는 거의 즉각적으로 이 조각들을 제각기 다른 곳에서 꺼내어 하나의 이야기로 엮어낸다. 이처럼 기억은 본래 흩어져서 저장되기에 사건 전체를 정확히 되살린다는 것 자체가 오히려 기적에 가깝다. 그러니 때때로 기억이 빗나가더라도 그것은 뇌의 결함이 아니라 맞춰놓은 퍼즐이 잠시 흔들린 결과일 뿐이다.

기억은 복잡하게 얽혀 돌아가는 만큼 바꾸기는 오히려 쉽다. 영국의 심리학자 프레더릭 바틀릿Frederic Bartlett은 1920~30년대에 이 기억의 변형 과정을 본격적으로 탐구했다. 그는 참가자들에게 북미 원주민 설화 〈유령들의 전쟁The War of the Ghosts〉을 읽게 한 뒤, 시간이 지났을 때 여러 차례 다시 이야기해 보라고 했다. 그러자 기억 속 서사는 점점 흐트러지며, 참여자들이 자기 일상과 익숙한 문화적 틀에 맞추어 조금씩 바꾸어 갔다. 카누는 어느새 '보트'로 바뀌었고, 바다표범 사냥은 '낚시'로 둔갑했다. 바틀릿의 실험은 단순히 잘못 기억하는 것과 기억을 능동적으로 바꾸어 가는 것을 구분하는 토대를 마련했다. 우리의 기억이 얼마든지 능동적으로 빚어지고 다듬어질 수 있다는 사실이 드러나자, 과학자들은 이를 시험하려는 실험을 앞다투어 내놓았다. 그 과정에서 연구는 점점 더 기발해지고, 때로는 엉뚱할 만큼 과감해졌다.

브루클린 억양을 구사하며 능청스러운 매력으로 많은 이들의 어린 시절을 함께한 만화 속 토끼 '벅스 버니'Bugs Bunny. 그는 연구자들에게 기억이 얼마나 쉽게 바뀔 수 있는지를 보여주는 데도 한몫했다. 미국의 한 연구팀은 실험 참가자들에게 디즈니랜드 여행을 홍보하는 가짜 광고물을 보여주었는데, 그 중심에 벅스 버니가 등장했다.[134] 연구팀은 이어 참가자들에게 어린 시절 디즈니랜드를 방문했던 기억을 떠올려 보라고 했다. 가짜 광고를 본 뒤 참가자의 4분의 3이 벅스 버니와 악수했다는 사실에 더 확신을 가졌고, 16퍼센트는 아예 그 장면을 또렷하게 기억한다고 답했다. 그러나 이 기억은 애초에 성립할 수 없었다. 벅스 버니는 워너브러더스의 캐릭터로, 디즈니랜드와는 아무런 관련이 없는 존재였기 때문이다.

하지만 이야기는 여기서 끝나지 않는다. 미키 마우스의 반려견 플루토는 디즈니의 대표 캐릭터, 이른바 '센세이셔널 식스' Sensational Six ─ 미키와 미니 마우스, 도널드와 데이지 덕, 구피, 그리고 플루토 ─ 가운데 유일하게 실제 동물처럼 행동한다. 찡그리거나 웃는 정도의 표정을 빼면 인간적 특징이 거의 없다. 한 실험에서 참가자들은 디즈니랜드와 관련된 여러 질문을 받는데, 그중 하나는 "플루토가 당신의 귀를 핥은 적이 있습니까?"라는 것이었다.[135]

처음의 실험에서 참가자들은 거의 모두 플루토가 자기 귀를 핥은 적은 없다고 단호히 말했다. 그러나 일주일 뒤 상황은 완전히 달라졌다. 연구팀은 참가자들을 두 집단으로 나누어 전혀 다른 이야기를 들려줬다. 한쪽에는 "1980~90년대 디즈니랜드에서 플루토 복장을 한 직원이 환각제를 남용하고 어린이들의 귀를 부적절하게 핥았다"는 충격적인 이야기를, 다른 쪽에는 "플루토는 아이들에게 사랑스러운 장난을 치곤 했고, 그중에는 귀를 살짝 핥아주며 웃음을 주기도 했다"는 다정한 이야기를 전했다.

그 결과는 놀라웠다. '사악한 플루토' 이야기를 들은 집단의 30퍼센트와 '사랑스러운 플루토' 이야기를 들은 집단의 39퍼센트가 이제는 플루토가 자신의 귀를 핥았던 기억이 있다고 확신했다. 불과 일주일 만에, 존재하지 않았던 장면이 또렷한 추억으로 둔갑해 버린 것이다.

만화 속 토끼가 만화 테마파크에 등장한다는 건 그럴듯하다. 귀를 핥는 시늉을 하는 만화 속 개 역시 마찬가지다. 그러나 영국과 네덜란드의 한 연구팀은 실험의 수위를 한층 높였다. 어린 아이들의 마음속에 도저히 있을 법하지 않은 기억조차 얼마나 쉽게 심어 넣을 수 있는지를 보여주기 위해서였다.[136]

연구팀은 먼저 7세에서 12세 사이 초등학생 91명의 부모에게 전화를 걸었다. 아이가 학교에 처음 간 날, 누가 손을 잡고 데려다주었는지, 가장 먼저 만난 선생님은 누구였는지 같은 기본적인 정보를 확인하기 위해서였다. 이렇게 확보한 단서를 바탕으로 연구자들은 아이들을 직접 불러 첫 등교 경험을 인터뷰했다. 그 과정에서 절반의 아이들에게는 "학교 첫날 사탕을 먹다 목에 걸린 적이 있느냐"는 질문을 던졌다. 이는 실제로는 없었던 사건이지만, 누구에게나 일어날 법한 흔한 상황이기에 아이들이 쉽게 사실처럼 여길 수 있는 이야기였다. 반면 나머지 절반은 전혀 다른 질문을 받았다. "학교에 처음 갔던 날 UFO에 납치된 적이 있느냐"는 것이었다. 현실적으로는 터무니없는 이야기지만, 연구자들은 심지어 가짜 신문 기사까지 만들어 보여주며 아이들에게 '증거'가 존재한다는 인상을 심어주었다.

280
　　가짜 신문을 보여주지 않았을 때조차 아이들의 21퍼센트가 "학교 첫날 UFO에 납치된 적이 있다"고 기억해 냈다. 그러나 신문 기사가 덧붙여지자 상황은 전혀 달라졌다. 참가자의 75퍼센트 이상이 자신이 납치당했다고 확신 있게 말했고, 일주일 뒤 다시 물었을 때도 그중 67퍼센트가 여전히 같은 대답을 했다. 흥미롭게도 가짜 신문을 보지 않았던 집단에서도 시간이 흐르자 기억이 퍼져 나가서 "납치된 기억이 있다"고 답한 아이들의 비율이 21퍼센트에서 33퍼센트로 늘어났다. 이 기억들은 시간이 지나면서 옅어지기는커녕 오히려 일부 아이들에게서는 더 강해졌다. 이는 거짓 기억이 시간이 지남에 따라 도리어 강화될 수 있음을 보여준 다른 연구들과도 맥을 같이한다. 심지어 연구자들이 나중에 "그 사건은 실제로 일어난 일이 아니다"라고 분명히 알려주었는데도 아이들의 40퍼센트 가까이는 여전히 그것이 사실이라고 굳게 믿었다.

'세뇌 효과'는 결코 아이들만의 불완전한 기억에 국한되지 않는다. 연구팀은 젊은 성인들의 기억 속에도 존재하지 않았던 열기구 탑승 경험을 성공적으로 심어 넣었다. 그 외에도 정신적으로 건강한 성인들에게까지 주입된 거짓 기억은 실로 기상천외했다. 쇼핑몰에서 길을 잃거나, 결혼식장에서 음료를 쏟거나, 성난 개에게 물리거나, 손가락이 쥐덫에 끼이거나, 관장을 받거나, 심지어 절도 행위를 저질렀다고 '기억'하게 된 경우까지 있었다.

심리학자들의 상상력은 끝을 알 수 없다. 더 놀라운 것은, 사건이 사소할수록 잘 잊히지만 이야기가 크고 극적일수록 오히려 더 또렷이 각인된다는 사실이다. '교실을 옮겨 다녔다'는 식의 하찮은 경험보다, '시험에서 부정행위를 했다는 비난'은 훨씬 더 쉽게 기억 속에 뿌리내렸다.[137]

실험에 참여한 모든 사람이 거짓 기억을 형성하는 것은 아니지만 그 비율은 결코 적지 않았다. 일부 연구에서는 참여자의 최대 70퍼센트가 거짓 기억을 만들어 냈으며, 전체적으로는 이보다 다소 낮은 수치를 보인다. 그러나 이야기의 신빙성이나 개인적 관련성을 높여주는 장치 ― 예컨대 'UFO 납치 사건이 급증했다'는 신문 기사 ― 가 포함되었을 때는 참여자의 거의 절반이 거짓 기억을 형성했다. 짧은 실험적 암시만으로도 새로운 기억이 생겨날 수 있다는 점이 여러 연구에서 확인되었다. 황당무계하거나 믿기 어려운 사건조차 실제 경험처럼 각인되기도 했다. 그러나 실제 삶에서는 기억이 변형될 수 있는 시간과 기회가 실험실보다 훨씬 많다. 특히 그 변형이 그럴듯하게 다가올수록 우리는 더 쉽게 기억을 왜곡하고, 스스로 허위의 믿음을 만들어 내곤 한다.

기억은 여러 갈래로 흔들리고 변형될 수 있다. 단순히 어떤 장면을 머릿속에 그려보는 것만으로도 실제 경험처럼 단단히 굳어져 버린 거짓 기억이 생겨나곤 한다. 영국에서 진행된 한 실험에서는 일부 참여자에게 간호사가 새끼손가락에서 피부 조직을 떼어내는 장면을 상상해 보라고 했고, 다른 이들에게는 그에 관한 글만 읽게 했다. 상상을 해본 이들은 실제로 그런 일이 있었다고 믿는 정도가 훨씬 강했으며, 그 가운데 거의 30퍼센트는 자신 있게 그 처치를 받았다고 회상했다. 하지만 이런 의료 행위는 애초에 영국에서 있을 수 없는 일이다.

비슷한 기억들이 뒤섞이면서 애초에 없던 기억이 만들어지기도 한다. 연구자들은 주로 단어 실험을 통해 이 과정을 밝혀냈다. 예를 들어 '사탕', '설탕', '맛'이라는 단어들을 읽은 뒤, 목록에 없었던 '단맛'까지 읽었다고 믿는 경우가 많았다. 마치 머릿속에서 자동으로 빈칸을 채워 넣는 것처럼 말이다. 비슷하게 '군인', '총', '위장', '전쟁' 같은 단어를 본 뒤 나중에 다시 떠올리라

고 하면, 실제로는 없었던 '군대'라는 단어를 당연히 있었다는 듯 덧붙이는 일이 흔했다.[138]

기억 왜곡의 또 다른 형태는 뒤늦게 주어진 거짓 정보가 끼어들어 기억을 바꾸는 경우다. 한 실험에서 참여자들은 함께 영화를 본 뒤 각자 그 내용을 시험처럼 풀었다. 나흘 뒤, 일부는 동료들이 쓴 것처럼 꾸며낸 '가짜 답안'을 받았고, 다른 이들은 아무런 자료도 받지 않았다. 가짜 답안을 본 사람들은 실제로는 없었던 장면까지도 있었던 것처럼 떠올렸다.

기억 왜곡의 여러 방식은 연구자들에게는 흥미롭지만, 우리가 기분을 끌어올리고 모조를 되찾아 삶을 더 긍정적으로 바라보는 데 직접적인 도움은 되지 않는다. 지난날의 슬픔이나 불안, 번아웃을 지워버리려는 상상은 허공을 맴도는 심리학적 수사에 불과하다. 단어를 착각해서 기억한다는 사실도 마음을 위로해주지 못하고, 거짓 정보를 받아들이는 일 역시 현실적인 방법은 아니다. 하지만 다행히 더 단순하고 분명한 길이 있다. 시간에 맡기는 것이다.

장밋빛 안경 ⊙

잘못된 기억은 무고한 이에게 죄를 씌우고, 학대의 흔적을 왜곡하며, 현실에서는 일어나기 힘든 사건까지 지어내곤 한다.

1980년대 인공지능 개발자들은 모델의 토대를 어디에 둘지 고민하다 인간의 마음이 지나치게 부정확하고 믿기 어렵다는 이유로 이를 배제했다. 그러나 곧 드러났듯 이 불신은 빗나간 것이었다. 기억은 불완전하고 쉽게 흔들리지만, 바로 그 유연성이야말로 우리의 심리적 안정을 지탱하는 힘이다.

시간이 흐르며 관점도 달라졌다. 이제 기억의 가변성은 약점이 아니라 특별한 장점으로 여겨지고 있다. 예컨대 챗지피티 ChatGPT 같은 인공지능에는 '트랜스포머' Transformer(뇌의 뉴런 연결 방식을 본떠 설계된 신경망 구조로, 기억과 언어 등 복잡한 인지 기능을 처리하는 데 뛰어난 성능을 보인다-옮긴이) 구조가 활용된다. 이는 뇌가 기억을 저장하고 불러내는 과정을 이해하는 데 실마리를 제공하는 역할을 한다. 결국 기억의 유연함을 긍정적으로 바라본다면, 우리는 그 힘을 삶의 심리적 안정을 키우는 자산으로 삼을 수 있다.

사건을 정확히 기억하는 것이 가장 바람직해 보일지도 모른다. 그러나 기억이 지나치게 객관적이라면 우리의 심리적 안정은 오히려 위태로워질 수 있다. 과거의 기억은 변화하는 가치관과 태도, 그리고 사회적 규범에 맞춰 계속 다듬어져야 한다. 그래야만 우리의 자아와 정체성이 흔들리지 않는다. 만약 기억이 굳어서 변하지 않는다면, 지금의 가치와 충돌을 일으켜 큰 심리적 갈등을 낳게 된다. 시간은 이 갈등을 완화한다. 우리의 기억을 조금씩 고쳐서 과거의 행동이 현재의 태도와 맞아떨어지도록 다듬는 것이다.

예를 들어 스스로 '친절하고 너그러운 사람'이라고 믿는 이가 과거에 누군가에게 상처를 준 적이 있다면, 그 기억은 흐려지거나 일부가 지워져 '친절한 자아상'과 충돌하지 않게 된다. 만약 그 기억이 끝내 변하지 않는다면 행동과 믿음은 끊임없이 충돌할 것이다. 이 갈등은 오래도록 마음을 갉아먹는다. 시간이 지나도 상처는 아물지 않고, 결국 스스로 믿어온 친절한 자아상에도 금이 간다. 결국 기억의 유연성은 단순한 결함이 아니라 우리의 정체성을 지켜내는 방패다.

예를 들어 몇 년 전, 임원들이 지켜보는 중요한 회의에서 머뭇거리다 제때 결론을 내리지 못했다고 해보자. 지금은 상황이 달라져 스스로 유능한 의사결정자라고 여기지만, 그때의 기억은 현재의 믿음과 어긋나기에 여전히 불편하게 다가온다. 이럴 때 시간이 기억을 조금씩 다듬는다. '동료가 제시한 수치가 부정확했다'는 식의 정상참작 사유가 덧붙여지고, 회의를 되새길수록 뇌는 그 경험을 지금의 자아상에 맞게 고쳐 쓴다. 동료에게 최종 결정을 맡긴 일은 '권한을 적절히 위임한 사례'로 해석되고, 어느새 자신은 '유능한 기업 리더'의 모습으로 자리 잡는다. 이처럼 기억과 정체성은 깊이 얽혀 있다. 그래서 심각한 기억상실을 겪는 이들은 자신의 핵심 가치와 본모습을 설명하고 성찰하는 데 큰 어려움을 겪는다.

기억은 유연하기에 정체성을 지켜내고, 더 나아가 감정의 물살까지 거슬러서 우리 편이 된다. 학창 시절의 연애나 10대의 실연을 떠올리면 이제는 가볍게 웃어넘길 수 있다. 첫 연인에게 차였던 기억도 더는 아프지 않다. 뇌는 여기서 한 걸음 더 나아가, 당시의 감정을 기억 속에서 아예 지워버리기도 한다.

내 가까운 친구는 프랑스 알프스를 자전거로 넘던 여행의 모든 순간이 고통스러웠다고 했다. 더는 페달을 밟고 싶지 않아 차라리 넘어져 뼈라도 부러뜨릴까 고민할 정도였다. 그런데 몇 년이 지나고 보니, 그 여정은 오직 그리운 추억으로만 남아 있었다. 말 그대로 '시간이 약이다'. 시간은 결국 우리에게 장밋빛 안경을 씌워준다. 감정은 그 순간에는 분명하지만, 곧 다른 이야기로 바뀌고, 때로는 완전히 새로운 착각으로 자리 잡는다. 시간이 제 역할을 하도록 두면 당시에는 견디기 힘들었던 생각과 감정, 행동마저 마음이 받아들일 수 있는 기억으로 다듬어진다.

침묵이 금이다 🕐

우리에게는 시간이 흐르면서 기억을 다듬어 정체성을 지키고 불편한 감정을 덜어내는 놀라운 정신 메커니즘이 있다. 그런데도 몸과 마음의 건강은 왜 이렇게 자주 흔들릴까? 아쉽게도 요즘은 느긋하게 시간 갖는 법을 잊어가고 있다. 그 대신 모조를 붙잡고 기분을 끌어올릴 수 있다는 온갖 빠른 비법들이 앞다퉈 등장한다. 지금의 통념은 부정적인 감정을 혼자 감당하지 말라고 말한다. 흔히들 말하듯, "혼자 앓지 말고, 누군가와 나누는 게 좋다"It's good to talk. 소셜 미디어는 생각과 감정을 나누라고 부추기고, 기념일이 되면 그 기억을 다시 꺼내 보여준다. 슬픔을 말로 풀어낼 때 우리 몸은 즐겁고 보상적인 호르몬을 분비하고, 듣는 이의 공감은 또 하나의 위로가 된다. 그러나 이 효과는 어디까지나 단기적이다. 그래서 우리는 장기적인 대가가 따르더라도 고통과 우울을 다시—그리고 또다시—드러내게 된다.

겉으로 보기엔 마음을 돌보는 길 같지만, 이 방식이 오히려 역효과를 낳는 경우가 많다. 기억이 제 역할을 하려면, 즉 우리를 지키도록 스스로 고쳐 쓰려면 무엇보다 필요한 핵심 재료는 시간이기 때문이다. 기억은 두 과정을 거치며 굳어진다. 먼저 장기기억에서 꺼내 쓰는 '인출'retrieval을 거치고, 이어서 그 내용을 되새기며 반복하는 '회상'rehearsal이 뒤따른다. 그런데 일시적인 기분이나 마음 상태를 누군가에게 털어놓는 순간, 이 두 과정이 동시에 작동한다. 그 결과 그 기억은 더 오래가고, 객관적인 사실처럼 굳어버린다.

예컨대 부끄러운 일을 했다고 친구에게 고백하면, 그 일은 더 오랫동안 '부끄러운 일'로 남는다. 친구의 기억에는 그 사건이 자기 신념과 충돌할 이유가 없으니 바뀔 여지도 없다. 이후의 만

남은 늘 "괜찮아? 지금은 좀 어때?"라는 말로 시작되고, 그러다 보면 사건을 또다시 처음부터 끝까지 되짚는다. 그렇게 할 때마다 인출과 회상이 덧붙는다. 게다가 여럿이 함께 기억을 떠올리는 공동 회상collaborative remembering은 개인이 혼자 떠올릴 때보다 기억을 훨씬 더 강하게 굳힌다는 사실이 여러 연구에서 확인되었다.**139** 결국 부끄러운 기억은 한층 더 단단해지는 셈이다. 물론 친구가 "그건 부끄러워할 일이 아니야"라며 (그 말이 맞든 틀리든) 위로를 건넬 수는 있다. 이런 따뜻한 말은 순간의 위안을 줄 수 있지만 사건을 바라보는 시각 자체를 바꾸기는 어렵다.

이 경우 누구도 잘못한 것은 없고, 그 친구도 참 좋은 사람처럼 보인다. 친구와 대화를 나누면 언젠가는 그 수치심을 넘기는 데 도움이 될 수도 있다. 그러나 당시의 대응 방식은 일을 필요 이상으로 복잡하게 꼬이게 했다. 반대로 그 경험을 말로 되새기지 않으면 기억은 훨씬 빨리 적응한다. 짧은 시간 안에 그 사건은 더 이상 '수치스러운 일'로 남지 않거나, 적어도 스스로 납득할 만한 설명을 찾아낼 수 있다.

소통이 기억을 지속한다는 사실 때문에 역사학자들은 전쟁에 대해 침묵하지 않는 것이 윤리적으로 필수적이라고 강조한다. 침묵하면 만행을 정확히 기억하지 못하고, 결국 같은 잘못이 되풀이되기 때문이다. 하지만 정신적 회복을 위해서는 이런 소통이 늘 좋은 결과를 주는 것은 아니다. 소셜 미디어에 감정을 올리는 행위도 기억이 자연스레 아물어 가는 과정을 더디게 만든다. 기억과 달리 온라인에 남긴 말은 시간이 지나도 변하지 않기 때문이다. 기분을 바꾸겠다는 마음으로 감정을 온라인에 기록하면, 정작 변화의 과정은 멈춰 서버린다. 어쩌면 소셜 미디어가 우리의 기억을 본떠 일정 시간이 지나면 게시물이 사라지도록 설계될 필요가 있을지 모른다. 그래야 과거의 감정과 현재의 자아가 덜 충돌할 것이다. 그 기능이 마련되기 전이라면, 지금의 기억과 어긋나는 오래된 게시물을 주기적으로 지워보는 것도 방법이다. 그렇지 않으면, 겉보기에 옳아 보이는 '감정을 표현하는 일'이 오히려 시간의 치유력을 늦출 수 있다.

　우울한 마음을 털어놓는 일은 잠깐의 위로가 될 수 있고, 늘 곁에서 들어주고 기대게 해주는 사람이 있다면 분명 도움이 된다. 하지만 언제나 그런 버팀목이 있는 것은 아니다. 사람마다 자기 문제로 바쁘고, 삶의 형편도 수시로 달라지기에 남에게 기댈 수 없는 순간이 찾아온다. 지나치게 보호적인 부모 밑에서도 비슷한 상황이 자주 일어난다. 연애에서 차이거나 운동부 선발에서 탈락했을 때, 아이가 며칠쯤 방에 틀어박혀 시무룩해 있을 기회조차 주지 않는 것이다. 그런데 막상 둥지를 떠나 독립하고 나면, 아이들은 부모의 개입 없이 언제든 흔들릴 수 있는 마음의 기복을 어떻게 감당해야 할까?

불안과 우울을 털어놓으면 금세 벗어날 수 있으리라는 헛된 기대 대신에 다른 길이 있다. 일본식 경영 원칙에서 힌트를 빌려오는 것이다. 일본의 회의에서는 말과 말 사이에 침묵의 시간이 자주 놓인다. 영업 제안이 끝난 뒤 침묵이 이어지면, 대개 그 제안이 마음에 들지 않아 보완이 필요하다는 신호로 읽힌다. 요컨대 침묵을 사이에 두어 변화를 유도하는 방식이다. 이 방법은 우리의 심리적 안정을 찾는 데도 활용해 볼 만하다.

침묵은 여러 모습으로 존재하지만, 흔히 과소 평가되는 경험이다. 혈압과 심박수, 호흡수, 그리고 스트레스 호르몬인 코르티솔까지 낮추는 효과가 있다. 병원이 조용하면 환자는 더 빨리 회복하고 스트레스가 줄며 미숙아의 발달도 더 원활하다. 반대로 침묵의 숙적이라 할 수 있는 소음은 도시 거주자가 농촌 거주자보다 정신질환에 더 취약한 이유 가운데 하나로 지목된다.

그러나 기억이 스스로 적응해 우리의 기분을 끌어올리려면 단순한 고요만으로는 부족하다. 여기서 말하는 침묵은 '소리의 부재' 그 이상이다. 무음 그 자체는 기억에 큰 변화를 일으키지 못한다. 일부 심리학자들은 이런 침묵을 '기억적 침묵'mnemonic silence이라 부른다. 예컨대 어떤 사건을 떠올려 마음이 가라앉더라도 굳이 말로 표현하지 않고 가만히 두는 것이다. 그렇게 받아들이는 순간, 뇌는 '이 기억의 어떤 부분은 바뀌어야 할지 모른다'는 신호를 받고 조용히 수정 작업을 시작한다.

'침묵 속에서 고통을 견딘다'suffer in silence라는 표현은 이제 더 이상 미덕으로 쓰이지 않는다. 오늘날 이 말은 주로 학대나 따돌림, 불의 앞에서 부당하게 입을 다무는 행위를 뜻하거나, 임상적 질환과 외로움에 시달리면서도 도움을 구하지 못하는 상태를 가리킨다. 최근 몇 년 사이 정신건강에 대한 사회적 대화가 크게 진전되면서, 침묵을 덕목처럼 치켜세우던 오래된 생각은 거의 사라졌다. 그렇다고 해서 모든 침묵이 해로운 것은 아니다. 정신질환이 아닌 단순한 불안이나 스트레스, 혹은 일시적인 우울감이라면, 오히려 시간을 두고 기억이 스스로 여러분의 마음을 어루만지게 두는 편이 낫다. 시간은 기억을 조금씩 바꾸며 무뎌지게 하고, 결국 영혼을 달래는 가장 오래된 치유제가 된다. 물론 분명히 해야 한다. 불법적이거나 잔혹한 일을 당했다면 결코 침묵해서는 안 된다. 그 사실은 가능한 한 빨리, 적절한 사람들에게 알려야 한다. 그리고 이 글은 '유리멘탈'을 비난하는 푸념도 아니며, 모두가 '우울하다'는 말을 그만두라는 훈계도 아니다. 만약 우울증이나 다른 질환을 겪고 있다면, 반드시 누군가─가능하다면 전문가─와 이야기를 나누어야 한다.

침묵은 언제나 지금처럼 구시대적인 것으로 치부되진 않았다. 기억적 침묵은 고대 철학인 스토아주의와 닮은 점이 많다. 스토아 철학은 기원전 300년 무렵 그리스 철학자들에 의해 시작되어 로마 제국으로 전해졌고, 오늘날 21세기에 다시 주목받고 있다. 스토아 철학자들은 지혜, 절제, 정의, 용기라는 네 가지 덕목에 따라 사는 것이 충만한 삶을 위해 충분하다고 믿었다. 이 관점에서 보면 역경이나 고통은 행복을 해치지 못한다. 그래서 스토아주의자는 마음이 쉽게 흔들리지 않고 어려움에 맞설 수 있다. 또 그들은 한 사람의 믿음을 드러내는 것은 말이 아니라 행동이라고 여겼다. 이 두 가지를 합쳐 생각해 보면 결론은 단순하다. 우리는 힘든 순간마다 꼭 대화나 말에 기대지 않아도 된다. 때로는 침묵이야말로 가장 든든한 회복의 언어가 된다. 고통은 삶에서 피할 수 없는 일부이며, 제거할 수도, 단순한 설명으로 소거할 수도 없다. 중요한 것은 고통 그 자체가 아니라 그것을 어떻게 겪고 견뎌내는가에 달려 있다.[140]

미국에서 실시된 전국 조사에서, 700여 명의 고령자들에게 경제적으로 힘든 시기에 얼마나 자주 주변의 정서적 위로와 지지를 구하는지 물었다.[141] 돈 문제로 힘들 때 주변에 고민을 털어놓은 사람들은 식욕이 줄고, 잠을 설치며, 기운이 빠지는 등 우울 증상을 보였다. 그러나 혼자서 묵묵히 견뎌낸 이들은 그런 증상이 나타나지 않았다. 고령의 가톨릭 신자들은 고통과 슬픔 앞에서 침묵을 지키는 법을 배워온 덕분에 조용히 견디는 데 한층 능숙하다. 실제로 미국에서 진행된 다른 조사에서는 가톨릭 신자들이 개신교 신자들보다 교회 공동체에 기대는 경우가 훨씬 드물다는 사실이 확인됐다.[142] 가톨릭 신자들이 개신교 신자들만큼 정서적 위로를 찾은 것은 극심한 스트레스 상황에서뿐이었다. 이는 곧, 심리적으로 가장 취약할 때에야 비로소 다른 이들의 위로에 기대었다는 뜻이다. 그러나 일상의 크고 작은 굴곡 앞에서는 침묵을 지키며, 시간이 마음의 상처를 어루만져 주기를 기다렸다.

이런 태도는 많은 이들에게 실제로 도움이 되는 듯했다. 가톨릭 신자가 대부분이었던 멕시코계 미국인 50여 명과 나눈 긴 대화에서, 여러 참여자는 고통을 조용히 견디는 경험이 오히려 자신들을 단단하게 만들고 다시 살아갈 힘을 북돋아 주었다고 말했다.[143] 묵묵히 고통을 감내하는 일은 타인에게 짐이 되지 않는다는 안도감을 주고, 자립심을 지켜준다. '굳이 내 짐까지 남에게 나눠야 할까?'라는 물음이 따라붙는 까닭이다. 침묵 속에서 시련을 견뎌내면, 비슷한 상황이 다시 찾아와도 스스로 감당할 수 있다는 확신이 생기며 내면은 한층 단단해진다. 그러는 과정에서 미처 알지 못했던 또 다른 극복의 자원을 발견하기도 한다. 반대로 언제나 타인의 위안에만 기대면, 내면의 방패와 회복력은 자라날 기회를 잃고 만다.

여기서 모두가 예수를 본받아 가톨릭에 귀의하자는 말은 아니다. 다만 존경받는 학자와 사상가들이 전해 온 성경 속 이야기들에는 잘 살아가는 법에 대한 단서가 깃들어 있다. 물론 어떤 이야기는 세월을 견디지 못해 빛이 바래기도 했다. 그러나 지나치게 박해적 색채가 짙은 우화를 걷어내고 나면, 불현듯 마음을 울리는 지혜가 모습을 드러낸다. 그 한 구절이 바로 잠언에서 솔로몬 왕이 들려주는 말이다.

입과 혀를 지키는 이는 곤경에서 제 목숨을 지킨다.
- 잠언 21장 23절

아이러니하게도, 마음만 먹으면 언제든 곁에 기대어 속을 털어놓을 수 있다는 사실만으로도 굳이 입을 열 필요성은 줄어든다. 결국 누군가 곁에 있다는 확신과 실제로 그에게 기대는 일은 전혀 다른 차원이다. 후자의 경우 잠시 위로가 될 수는 있지만, 지나치게 의존하다 보면 오히려 자신을 지탱하는 힘이 약해지고 자존감마저 흔들릴 수 있다.[144] 전자는 마치 안전망처럼 작용해, 스스로 어려움을 헤쳐 나갈 수 있다는 자신감을 준다. 그래서 우리가 취할 전략은 세 가지로 정리할 수 있다.

첫째, 내가 힘들 때 손을 내밀 수 있는 사람이 곁에 있는지 확인하라. 막다른 길에 몰렸을 때 기대어 설 수 있는 친구와 가족은 누구인가? 둘째, 가까운 이들에게 언제든 곁에 서주겠다는 뜻을 분명히 전하라. 셋째, 그리고 곁에 있는 이들이 혹시라도 도움이 필요하지는 않은지 살펴보라.

시간이 없다는 착각

사실 내 마음의 어려움을 홀로 삼켜내는 것과 다른 이들에게 도움을 청하는 것 사이의 줄타기는 몹시 아슬아슬하다. 언제나 옳은 선택을 하기도 쉽지 않다. 오히려 자기 자신보다 친구를 위해 결정을 내리는 편이 훨씬 수월할 때도 있다. 그렇다면 무엇을 살펴야 할까? 가까운 사람이 예전과 달리 갑자기 달라진 것은 아닌지, 약속이나 일을 자꾸 미루고 있지는 않은지, 겉으로는 괜찮아 보여도 혹시 지쳐 있지는 않은지 보아야 한다. 그리고 그런 작은 변화를 알아차려 주는 사람이 있다는 것, 바로 그것이 곁에 있다는 의미다.

만약 모두가 이 원칙을 삶의 습관처럼 지켜간다면, 시간은 상처를 어루만져 주고 각자는 스스로 문제를 감당할 힘을 얻게 될 것이다. 그렇게 길러진 활력, 즉 모조는 다른 이들이 자기 어려움을 이겨내도록 도울 수 있는 여유로 이어질 것이다. 그리고 인생이 늘 그렇듯 평범한 기복을 넘어 거센 소용돌이에 휘말릴 순간이 찾아올 때, 곁에는 함께 버텨줄 사람들이 있을 것이다.

이것만은 기억하자 ⏱

루이스 부뉴엘(꿈과 현실의 경계를 허문 스페인 출신의 초현실주의 거장 감독-옮긴이)은 젊은 시절 한 저명한 평론가에게 '재수 없는 꼬마'a little arsehole라는 혹평을 들었지만, 그는 지금까지도 영화사에서 가장 영향력 있는 감독 가운데 한 사람으로 꼽힌다. 부뉴엘은 자신의 회고록에, 기억은 단순히 경험을 저장하는 창고가 아니라 그 이상의 의미를 지닌다고 썼다.

> 기억이 조금씩, 조각나서 흩어질 때 비로소 알게 된다. 우리 삶을 붙들고 있는 것이 결국 기억이라는 사실을. 기억이 없는 삶은 생명력을 잃은 껍데기에 불과하다. 기억은 우리의 맥락이자 이성이며, 감정이자 행동이다. 그것이 사라진다면 우리는 단지 껍데기로 남을 뿐이다.

부뉴엘은 옳았다. 기억은 정체성과 감정을 엮어내는 근원이지만, 동시에 불완전하고 쉽게 왜곡된다. 뇌는 기억을 지워버리거나 선명하게 새기기도 하고, 아예 존재하지 않았던 일을 꾸며내기도 한다. 외계인에게 납치된 경험이나 환각에 취한 만화 속 개가 귀를 핥은 장면조차 실제처럼 뇌리에 자리 잡는다.

이 유동성은 위험을 품고 있으나 다른 한편으로는 탁월한 생존 전략이 된다. 과거의 불편한 생각과 감정, 지금의 신념과 충돌하는 행위들조차 시간이 흐르며 부드럽게 다듬어지고 교정되어, 끝내 '현재의 나'라는 서사 속에 자연스럽게 녹아든다. 기억은 부서지기 쉽지만, 바로 그 유연함 덕분에 삶의 이야기는 이어지고 다시 쓰인다.

무엇보다 중요한 건, 스스로에게 시간을 주는 일이다. 불편한 감정을 억지로 남에게 털어놓으며 떠넘기기보다 잠시 침묵 속에서 감정과 마주할 틈을 허락하는 것. 사실 침묵의 힘은 오래전부터 치료와 심리학, 종교의 역사 속에서 중요한 자리를 차지해 왔다. 하지만 요즘은 자기 안의 고통을 묵묵히 견디는 일을 괜한 고생쯤으로 치부하는 경우가 많다. 그렇다고 혼자 고통을 짊어지는 것만이 '유일한' 답은 아니다. 다만 감정을 드러내지 않고 품어둘 줄 아는 능력은 더 나은 삶을 위해 꼭 필요한 도구다.

스스로 감정의 파도를 다루는 경험은 미래의 시련을 견뎌낼 힘으로 이어지고, 시간에게는 기억을 다스릴 기회를 준다. 그리스 정치가 페리클레스가 말했듯, "시간은 가장 지혜로운 조언자"다. 그러니 때로는 말을 아끼고, 입술을 깨물고, 그냥 입을 닫는 편이 낫다.

⧗

스스로 감정의 파도를 다루는 경험은

미래의 시련을 견뎌낼 힘으로 이어지고,

시간에게는 기억을 다스릴 기회를 준다.

10장

시간을 뛰어넘는
정체성 갖기

: 되기 목표

"우리의 진정한 삶은
우리가 살지 않은 삶인 경우가 많다."

I I I I I I

오스카 와일드,
타의 추종을 불허하는 명언 제공자

매년 수천 명의 십 대들이 학교를 마치고 대학에 들어가거나
일을 시작하기 전에 잠시 배낭여행이나 다양한 체험 활동에 나
선다. 겉으로 보기에는 철없는 방황처럼 여겨지기도 하지만, 그
시간의 목적은 결국 내가 진정 어떤 사람인지, 앞으로 어떤 사람
이 되고 싶은지를 탐색하는 데 있다. 물론 전 세계를 돌아다니며
보내는 시간은 많은 이들에게 현실적으로 쉽지 않은 기회다.

그러나 중요한 것은, 어떤 형태로든 가장 깊은 차원에서 자신
의 존재의 본질을 끝없이 더듬어 가는 일이야말로 삶을 이끄는
중심 원리가 되어야 한다는 점이다. 사람들은 흔히 "모든 문제를
한 번에 해결해 줄 특효약은 없다"고 말한다. 정신건강의 어려움
이나 그에 따른 문제들을 단번에 처리할 만한 해법은 없다는 뜻
이다.

불안, 우울, 스트레스가 점점 더 늘어나는 지금, 그저 하나의 답으로 모든 걸 해결할 수는 없다. 하지만 내가 어떤 사람이고, 또 어떤 사람이 되고 싶은지 이해하고 그것을 매일의 행동 기준으로 삼는 일은 그 특효약에 가장 가까운 방법이다. 결국 우리의 핵심 정체성이야말로 시간이 던지는 수많은 난관을 풀어낼 수 있는 열쇠다. 자신이 누구인지 분명히 하고, 그에 맞게 살아가려는 노력을 기울이는 것. 그것이야말로 잃어버린 모조를 되찾고 시간과 건강한 관계를 맺는 마지막이자 가장 중요한 조건이다.

정체성이라는 말은 흔히 모호하고 추상적으로 느껴진다. 심리학자들이 이 용어를 사용할 때도 그 뜻은 제각각이다. 성격이나 태도, 믿음, 목표, 인간관계처럼 한 사람을 특별하게 만드는 여러 요소를 두루 가리키기 때문이다. 정체성이라는 개념이 이렇게 포괄적으로 쓰이다 보니, '나는 누구인가, 무엇을 가장 소중하게 여기는가'를 진지하게 성찰해 본 경험이 없는 사람들에게는 쉽게 와닿지 않는다. 사실 일상에 치여 살아가는 대부분의 사람들에게 정체성이라는 주제는 멀게만 느껴지고, 막상 마주했을 때는 낯설고 막연한 질문처럼 다가오기 마련이다.

그래서 정체성을 조금 더 구체적으로 살펴보려면 자신을 남에게 소개할 때 어떤 말로 설명할지를 떠올려 보는 것이 효과적이다. 그것은 직업일 수도 있다. 이를테면 정육업자, 제빵사, 혹은 촛대 공예가처럼 말이다. 이 표현들은 가족 안에서의 역할을 반영할 수도 있다. 어머니, 아버지, 아들, 딸처럼 말이다. 혹은 성격의 뚜렷한 특징을 나타낼 수도 있다. '자신감 있는', '느긋한', '고집 센', '꿋꿋한' 같은 단어들이 그것이다. 어떤 말이든 내가 진정 어떤 사람인지 규정할 수 있다면 적절하다. 이를테면 '외발자전거를 타는 자유분방한 생활인' 같은 표현도 멋진 정체성이 될 수 있다. 물론 꼭 그렇게 요란할 필요는 없다. '건강한 식습관을 지닌 의리가 있고 커피를 좋아하는 아버지'라면 충분히 훌륭한 정체성이다.

이런 활동을 시도해 본다면 대부분 긍정적인 특성을 떠올리겠지만, 가끔은 약점도 솔직하게 인정하는 게 좋다. '잘 잊어버리는', '까칠한', '산만한' 같은 표현도 괜찮다. 다만 지나치게 자기비하로 흐르지 않도록 조심해야 한다. 이를테면 '사악하고 증오에 가득 찬 독재자'라고 자신을 규정할 이유는 없다(실제로 나라를 폭압적으로 다스리며 시민을 억누르는 사람이 아니라면 말이다). 만약 자신을 보여줄 특징을 찾기 어렵거나, 떠오르는 것이 그다지 의미 없는 생활상의 기능적 측면뿐이라면 고독의 시간 속에서 자신을 드러내는 뚜렷한 특징을 새롭게 길러보아야 한다(8장 참고). 잠시 시간을 들여 스스로를 설명해 줄 몇 가지 이름표를 찾아보는 일은 생각보다 큰 의미가 있다. 의식하든 못 하든, 그 이름표가 곧 생각과 감정, 그리고 행동의 바탕을 이루기 때문이다.

다음 철학적 질문에 '예' 또는 '아니오'로 답해보라.

"여러분은 자신이 진정 어떤 사람인지 자유롭게 표현할 수 있다고 느끼는가?"

대답이 '예'라면, 지금 삶에 꽤 만족하며 지내고 있을 가능성이 크다. 반대로 '아니오'라면, 그 어긋남이 마음의 건강에 적지 않은 영향을 줄 수 있다. 사실 많은 심리적 어려움은 내가 살아가는 방식과 내가 진짜 되고 싶은 모습이 충돌할 때 생긴다. 이 문제에 대해서는 성소수자LGBTQ+ 공동체가 겪어온 '커밍아웃' 경험에서 많은 걸 배울 수 있다. 요즘은 커밍아웃이라는 말도 여전히 쓰이지만, 점점 더 '디스클로저'disclosure(자기 정체 공개)라는 표현이 자연스럽게 자리 잡아 가는 중이다.

커밍아웃이라 하면 많은 이들이 한 번의 '선언'을 떠올린다. 레이디 가가의 〈본 디스 웨이Born This Way〉가 울려 퍼지고, 폭죽이 터지며, 모든 것이 순식간에 달라지는 그 한순간 말이다. 온라인에는 이 장면을 비틀어 웃음을 자아내는 일화들도 떠돈다. 이를테면 한 아들이 아버지에게 게이임을 털어놓자, 아버지가 "나도 네 어머니와 잠자리를 했다"고 받아친 이야기('뻔한 사실 말하기' 놀이인 줄 알았던 것이다). 또 어떤 이는 고모에게 "나, 게이인 것 같아"라고 말하자 "그래, 확실해지면 다시 전화해"라는 대답을 들었다고 한다. 하지만 커밍아웃은 한 번의 선언으로 끝나는 일이 아니라, 시간에 걸쳐 이어지는 여정에 가깝다. 많은 이들에게 벅차고 두려운 일이지만, 동시에 자신의 핵심 정체성에 맞는 삶을 시작할 기회이기도 하다.

커밍아웃 여부를 결정하는 일은 진퇴양난에 가깝다. 성적 정체성을 숨기면 차별과 낙인, 정신적 고통에서 오는 큰 스트레스를 피할 수 있을지 모른다. 그러나 정체성과 어긋난 삶을 이어가는 일 역시 무거운 부담이며, 정신건강의 악화와도 깊이 연결된다.[145] 긍정적 커밍아웃 경험은 사회·경제적으로 유리한 사람들에게 더 흔하며, 제도·직장·학교·가족에서 마주치는 차별이 상대적으로 적다.[146] 약 200편의 연구를 종합하면, 성적 지향을 숨길수록 우울·불안·섭식장애 등 정신건강 문제가 더 많이 나타난다.[147] 반대로, 커밍아웃을 이야기한 이들은 자기 정체감이 또렷해졌다고도 하고, 의미 있는 관계가 생겨났다고도 하며, 사회 문제에 대한 인식이 깊어졌다고도 한다.[148]

한편, 엘리트 스포츠 세계에서는 일단 삶을 '운동선수'라는 정체성에 맞춰 규격화한다. 그러다 은퇴가 찾아오면, 정체성의 버팀목도 함께 흔들린다. 피겨스케이팅 세계선수권 우승자이자 올림픽 메달리스트인 케이틀린 오스먼드는 캐나다 방송공사[CBC]와의 인터뷰에서 자신이 "바다에서 표류하는 배 같다"고 느꼈다고 말하면서 은퇴 이후의 정체성 혼란을 털어놓았다. "정신적으로 은퇴는 쉽지 않다. 평생 지녀온 정체성의 큰 부분을 잃게 되기 때문이다."[149]

　오스먼드의 고민은 운동선수로서의 정체성은 여전히 또렷한데 더 이상 엘리트 선수의 삶을 살 수 없다는 데 있었다. 많은 선수는 '운동선수의 생활 방식' 속에서 숨 쉬듯 살아왔기에, 은퇴 후 정체성이 흔들리는 일이 새삼스럽지 않다. 정체성은 여전히 운동선수에 머물지만, 새벽 5시에 일어나 훈련하지도, 동료 선수들과 부대끼지도, 관중의 환호 한가운데 서지도 못한다. 훈련 중 통증과 불편을 견디며 보내던 고된 시간도 더는 일상이 아니다. 선수의 은퇴는 흔히 일의 끝이 아니라 '두 번째 커리어'의 시작이라는 점에서 다른 은퇴와 다르다. 이 새로운 경력으로는 '보통 사람'처럼 책상 앞에 앉아 일하고, 정기적으로 상사에게 보고해야 할 수도 있다. 이 불일치 때문에 은퇴한 선수는 우울, 음주 및 약물 남용, 섭식 장애 등 새 삶에 적응하는 과정의 여러 문제에 취약해지기 쉽다.[150] 올림픽 선수들조차 정체성과 행동이 어긋나면 큰 심리적 고통을 얻는다. 그토록 단련된 이들에게도 일어나는 일이라면, 우리 누구도 예외일 수 없다.

우리는 목표한 만큼의 존재다 ⏱

　정체성이라는 개념은 수천 년 동안 철학자들의 사유 대상이었고, 과학의 영역에서도 이미 한 세기를 훌쩍 넘기는 동안 탐구

되었다. 오늘날 우리가 정체성을 이해하는 데 가장 큰 발판이 된 것은 수많은 논의 가운데서도 두 인물의 사상과 연구였다. 그 첫 번째 인물은 에릭 홈부르거Erik Homburger라는 소년에서 출발했다. 덴마크 부모 사이에서 태어나 독일에서 자랐고, 유대교적 규범 속에서 성장했다. 키가 크고 금발에 파란 눈을 가진 그는 코셔 식단을 지켰다. 그러나 유대인 학교에서는 북유럽인처럼 보인다는 이유로, 김나지움에서는 유대인이라는 이유로 놀림과 배제를 겪었다. 그리고 예일대학교에 진학하면서 이름을 에릭 에릭슨Erik Erikson으로 바꾸었다. 그가 '정체성의 위기'identity crisis 라는 표현을 만들고 정체성에 관한 영향력 있는 이론을 세운 것은 그의 삶을 돌아보면 자연스러운 일이었다. 에릭슨은 정체성이 생애 전 과정에 걸쳐 끊임없이 발달한다고 보았다. 그는 정체성의 위기가 충격적인 경험일 수는 있어도 동시에 심리적 성장을 이끄는 기회가 될 수 있다고 믿었다.

정체성 연구의 또 다른 중요한 사상가는 윌리엄 제임스였다. 그는 미국 심리학자로서 정체성이 어떻게 이루어지는지를 깊이 탐구했다. 제임스는 정체성을 세 가지로 나누었다. 첫째는 가치와 신념 같은 내면의 핵심을 담은 영적 자아spiritual self, 둘째는 다른 사람들과의 관계 속에서 드러나는 사회적 자아social self, 셋째는 우리가 가진 물건이나 신체와 관련된 물질적 자아material self다. 이 구분은 '나는 누구인가'라는 감각이 결국 무엇을 가지고, 무엇을 하며, 누구와 함께하는가를 통해 밖으로 표현된다는 사실을 보여준다.

제임스는 이 가운데 영적 자아가 정체성의 바탕이 되어 다른 자아들과 행동을 이끈다고 보았다. 그의 생각은 단순한 철학적 추측에 머물지 않았다. 훗날 뇌과학 연구는 정체성의 다양한 측면이 실제로 신경학적으로도 연결되어 있음을 확인했다. 사람들에게 자아의 여러 측면을 떠올리게 하면 언제나 같은 뇌 영역이 활성화되었는데, 그것이 바로 복내측 전전두피질(전두엽 안쪽 깊은 곳에 위치하며 감정 평가와 자기 관련 가치 판단·의사결정을 담당하는 부위 - 옮긴이)이다.[151] 요즘 정체성과 행동의 관계를 연구하는 과학자들은 제임스가 쓰던 용어 대신 다른 말을 더 즐겨 쓴다. 여러 자아를 구분하기보다 사람들이 가장 소중하게 여기는 목표에 초점을 맞추는 쪽이다. 결국 우리를 규정하는 힘은 다름 아닌, 평생 붙들고 가려는 그 근본적인 목표다.

어떤 목표는 '창업하기', '저축하기', '마라톤 완주'처럼 겉으로 분명히 드러난다. 하지만 우리의 행동을 좌우하는 데 못지않게 중요한, 더 미묘한 목표들도 있다. 이를 흔히 암묵적 목표라고 부른다. 예컨대 사람은 말 한마디마다 '어떤 인상을 줄지'를 일일이 의식하며 계산하지 않는다. 매 문장마다 최적의 이미지를 따져본다면 대화는 금세 끊기고 경직될 것이다. 대신 '상황에 맞게 자신을 적절히 드러내려는' 목표가 마음의 배경에서 조용히 작동해서 대화를 자연스럽게 이어준다.

이 밖에도 암묵적 목표는 많다. 생존 같은 기본 충동에서부터 사회적 지위를 얻고 영향력을 보여주려는 욕구에 이르기까지 폭이 넓다. 크기가 얼마나 작든, 의식 위로 떠오르든 말든, 우리가 하는 모든 행동 뒤에는 언제나 어떤 목표가 깔려 있다. 이유 없는 행동은 에너지와 자원의 낭비이기 때문이다. 이는 인간이 본능적으로 에너지를 아끼려 한다는 점과도 모순된다. 암묵적 목표가 눈앞에 뚜렷이 보이지 않는다고 해서 그 중요성이 줄어드는 것은 아니다.

모든 목표가 똑같지는 않다. 목표마다 우리를 움직이게 하고 첫발을 떼게 하며, 무엇보다 행동을 오래 지속시키는 능력이 다르다. 뇌는 이런 목표들을 위계 구조로 정리해 둔다. 마치 서랍장의 칸마다 차곡차곡 담아두는 것처럼, 필요할 때마다 꺼내 쓸 수 있도록 말이다.[152] 맨 위 서랍에는 우리를 살아 있게 하는 가장 강력한 목표가 담겨 있다. 하루 종일 아무것도 먹지 못했다면 머릿속은 배고픔을 채우는 일에 사로잡히고, 행동의 대부분도 거기에 맞춰진다. 시속 80킬로미터로 트럭이 돌진해 온다면 그 순간의 목표는 단 하나, 트럭을 피하는 것이다. 이 목표가 충족되기 전까지 다른 목표들은 모두 뒤로 밀린다. 그래서 당연하게도, (심각한 정신질환이 아닌 한) 기초 생존 목표는 언제나 맨 위 서랍에 자리한다. 그 서랍만큼은 삶이 닫히는 날까지 비워지지 않는다.

다른 목표들은 크게 세 가지 범주로 나눌 수 있다. 맨 아래 서랍에는 '소유' 목표'have' goals가 들어 있다. 새 차를 '갖고' 싶다거나, 더 많은 돈을 '갖고' 싶다거나, 더 나은 몸매를 '갖고' 싶은 욕구가 여기에 해당한다. 이런 목표들은 100년 전에 윌리엄 제임스가 말했던 '소유물과 관련된 자아', 곧 물질적 측면과 많은 공통점을 지닌다. 그 위 서랍에는 '의무' 목표'should' goals가 들어 있다. 사회적 의무나 기준에 맞추려는 행동이 여기에 해당하며, 제임스가 말한 사회적 자아와 겹친다. 예컨대 약간 괴짜인 삼촌을 방문하는 일을 떠올려 보자. 마음속으로는 '원하지 않지만', 그래도 '해야 한다'고 느끼기 때문에 찾아가는 것이다. 여기서 중요한 요소는 '무엇을 하느냐'(삼촌 방문)가 아니라 '왜 하느냐'(해야 한다고 느끼기 때문)다.

그리고 생존 본능이 담긴 서랍 바로 아래에는 '되기' 목표'be' goals가 놓여 있다. 운동을 꾸준히 하는 사람 '되기', 기업가 '되기', 좋은 친구 '되기' 등의 열망이 모두 이러한 되기 목표의 예다. 이 목표는 제임스가 말한 영적 자아와 닿아 있다. 다시 말해, 마음속 깊이 간직한 가치와 신념을 행동으로 옮기려는 욕구다. 이를테면 자신을 '책벌레'라 여긴다면, 책을 탐독하며 그 정체성을 살아내려 할 것이다. 결국 되기 목표는 정체성을 움직이는 근원적 동력이다. 이 구분은 왜 어떤 꿈과 계획은 쉽게 무너지고, 또 어떤 것은 끝까지 이어지는지를 설명해 준다. 뇌는 모든 목표를 똑같이 취급하지 않고, 각기 다른 무게를 부여한다. 그 가운데서도 되기 목표는 압도적인 비중을 차지하며, 다른 어떤 목표보다도 강한 힘으로 삶을 이끌어 간다.[153] 이 힘은 행동을 끝까지 밀어붙이고 오래 이어가게 만드는 가장 강력한 원동력이 된다.

반대로 소유 목표와 의무 목표는 무게가 가볍기에, 장기적으로는 추진력을 잃는다. 결국 삶을 움직이는 힘은 되기 목표에서 비롯되며, 여기에 시간을 들이면 반드시 큰 결실로 이어진다.

되기 목표가 왜 그렇게 강력한지 설명해 주는 정체성의 특징이 두 가지 있다. 첫째, 사람은 자신의 정체성을 드러내서 비슷한 이들과 연결되고자 한다. 정체성을 드러내는 행동은 비슷한 이들과 유대를 만드는 데 도움이 되었고, 이런 유대는 인류가 진화하는 과정에서 살아남고 번식할 가능성을 높여주었다. 정체성은 말보다 행동과 선택으로 드러난다. 의식 여부와 무관하게 정체성이 다음 행동의 방향을 정한다. 되기 목표는 이 흐름에 시동을 건다. 자신을 건강한 사람으로 여긴다면 식사·수면·운동이 자연히 그 방향으로 맞춰지고, 결국 목표는 '건강한 삶'으로 모인다. 수학을 좋아한다면 관련 책을 파고들고 문제를 풀며 그 성향을 실천하게 된다. 결국 되기 목표는 정체성을 바깥으로 꺼내 보이게 하는 핵심 통로다.

정체성의 두 번째 중요한 특징은 내가 믿는 것과 내가 하는 행동이 서로 맞아야 한다는 강한 욕구다. 미국 심리학자 레온 페스팅거Leon Festinger는 이 원리를 보여주는 유명한 실험으로 잘 알려져 있다. 그는 종말론 집단에 잠입해, 1955년 12월 21일에 세상이 끝날 거라는 예언이 빗나갔을 때 사람들의 반응을 직접 지켜봤다. 예언이 틀렸는데도 가장 열성적인 신도들은 오히려 "우리가 끝까지 믿었기 때문에 신이 지구를 구했다"라고 주장했다. 며칠 뒤 이 집단, '더 시커스'The Seekers는 새로운 예언을 내놨다. 우주인이 날아오는 원반을 타고 와 자신들을 태워 외계로 데려갈 거라는 이야기였다. 그리고… 당연히 그런 일은 끝내 일어나지 않았다.

페스팅거는 정체성에 대해 사유하기 시작하면서, 우리의 행동과 정체성을 이루는 깊이 자리한 신념 사이에 불일치가 생기면 심리적 불편이 뒤따른다고 이론화했다.[154] 환경 보호에 진심인 사람이 매일 일회용 플라스틱 컵에 담긴 커피를 산다고 해보자. 속으로는 '이건 내 신념과 안 맞아' 하며 불편하고 짜증이 날 수밖에 없다. 이 불편함이 바로 행동을 바꾸라는 신호다. 해결책은 단순하다. 행동을 정체성에 맞추는 것이다. 그래서 결국 텀블러를 카페에 들고 가게 된다. 그렇게 할 때 '나는 환경을 생각하는 사람'이라는 믿음과 행동이 비로소 하나로 이어진다.

개인의 정체성은 엄청난 힘을 발휘한다. 그래서 정체성과 어긋나는 행동은 결국 정체성에 맞게 수정되곤 한다. 한마디로 말해 정체성은 우리 삶을 좌지우지하는 '작은 독재자'다. 그래서 고치고 싶은 습관이나 행동이 쉽게 바뀌지 않는 것도 설명할 수 있다. 예를 들어, '나는 게으른 사람'이라는 정체성을 갖고 있다면, 아침 일찍 일어나 일을 시작하는 행동은 그 정체성과 충돌한다. 그러면 뇌는 행동을 바꾸라고 신호를 보내며 다시 게으른 나에 맞추려 한다. 그러나 필요한 것은 정반대다. 원하는 행동은 꾸준히 이어가고, 시간이 흐르면서 '게으른 나'라는 정체성을 조금씩 새롭게 써 내려가는 것이다. 쉽지는 않다. 그러나 불가능한 것도 아니다. 오히려 그 가능성 속에, 우리 삶을 바꾸어 낼 문이 조용히 열리고 있다.

스스로도 눈치채지 못하겠지만 여러분의 뇌는 끊임없이 정체성을 드러낼 기회를 찾고, '이건 내가 아닌데?' 싶은 행동과 생각을 바로잡으려 한다. 잠재의식 속에서 일어나는 뇌 활동을 말로 설명하기는 어렵지만, 언어 수업에 갈지 말지 고민하는 상황을 떠올려 보자. 뇌가 가장 먼저 하는 질문은 "이 수업, 내 정체성에 딱 맞나?"이다. 다시 말해 "이걸 하면 내가 진정으로 '다국어 능력자'가 되는 건가?" 만약 답이 '당연하지!'라면, 다른 대안이나 핑계가 끼어들 틈이 없다. 이 과정은 좋은 행동에만 국한되지 않는다. 넷플릭스를 보며 쉬는 시간, 사워크림&어니언 감자칩 두 번째 통을 열까 말까 고민하는 상황을 떠올려 보자. 뇌는 이렇게 묻는다. "감자칩 폭식, 내 정체성에 맞는 행동인가?" 만약 답이 "그렇지!"라면, 감자칩 통은 거침없이 열린다. 하지만 답이 단호하게 "절대 아니지!"라면, 뇌는 자신의 정체성과 이 행동 사이의 괴리를 알아차리고 즉시 '수정 작업'에 들어간다. 결국, 감자칩은 다음날을 위해 고이 넣어둘 가능성이 크다.

어떤 행동이 나답다고 느껴지지도 않고, 그렇다고 전혀 어울리지 않는 것도 아니라면 그것은 되기 목표에 힘을 보태지 못한다. 이때 뇌는 자연스레 한 단계 낮은 의무 목표나 소유 목표로 눈길을 돌린다. 그러나 이 목표들은 본래부터 동력이 약하다. 의지력이라는 불안한 뗏목에 지나치게 의존하고(3장), 목표와 행동이 시간적으로 멀리 떨어져 있으며(4장), 행동과 결과 사이에는 긴 기다림이 따른다. 예컨대 식단을 바꾸고 운동을 시작하더라도 몸이 달라지기까지는 오랜 시간이 걸린다(5장). 이렇게 늦게 찾아오는 보상과 낮은 위상 탓에 의무 목표와 소유 목표는 방해물과 유혹 앞에서 쉽게 무너지고, 큰 꿈을 떠받칠 힘이 되기엔 턱없이 부족하다.

되기 목표는 인간적 약점을 비껴가고, 시간의 덫에도 흔들리지 않는다. 운동하는 사람 '되기'는 남들 눈에 맞추려 억지로 운동하기보다 훨씬 덜 힘들다. 지식에 빠져 사는 사람 '되기'는 좋은 성적을 얻으려 억지로 공부하기보다 훨씬 자연스럽게 배운다. 느긋한 사람 '되기'는 모두가 편안해 보이니 억지로 긴장을 풀려고 애쓰는 것보다 훨씬 단순하다. 그래서 되기 목표는 가장 든든한 동기가 되고, 되기 목표를 세우는 데 시간을 들이면 삶의 활력이 눈에 띄게 달라진다. 하지만 건강해지기, 더 생산적으로 되기, 삶에 만족하기는 누구에게나 같은 조건으로 주어지지 않는다. 이미 건강한 사람은 건강을 지키기가 쉽고, 이미 생산적인 사람은 생산적으로 살아가기가 쉽고, 이미 만족을 아는 사람은 만족 속에 머무는 게 쉽다. 그러나 그렇지 않은 이들에게는 그 길이 훨씬 더 험하다.

되기 목표에는 특별히 강력한 힘이 있다. 뇌 속의 되기 목표 서랍은 쉽게 열리며, 살짝만 건드려도 활짝 열린다. 주변의 작은 자극 하나만으로도 이 서랍은 활성화되어 스스로 실현할 기회를 만들어 낸다. 반면 소유 목표나 의무 목표가 담긴 서랍은 훨씬 무겁고 잘 열리지 않는다. 이 목표들은 같은 방식으로 작동하지 않는다. 예를 들어, '건강한 사람이 되고 싶다'는 마음은 계단과 에스컬레이터 중 하나를 고르는 순간 바로 작동한다. 하지만 '더 나은 몸매를 갖고 싶다'는 소유 목표를 가진 사람은 계단의 존재를 아예 눈여겨보지 못할 때가 많다. 마찬가지로, 돌보는 사람이 '되고' 싶다는 마음은 강풍에 휘청이며 벽을 붙잡고 있는 노인을 보는 순간 자동으로 깨어난다. 그러나 사회적 압력 때문에 '돌봐야 한다'고 여기는 사람은 그 장면조차 스치듯 지나칠 수 있다. 결국 되기 목표는 우리의 시선을, 그것을 표현할 수 있는 기회

쪽으로 자연스럽게 끌어당긴다.

사무실에서 흔히 보던 낡은 철제 캐비닛을 떠올려 보자. 이런 캐비닛은 한 서랍을 열어둔 상태에서는 다른 서랍이 열리지 않도록 설계되어 있다. 되기 목표가 작동하는 방식도 이와 같다. 일단 되기 목표 서랍이 열리면, 그 아래에 있는 다른 목표 서랍은 잘 열리지 않는다. 우리의 뇌가 되기 목표에 더 많은 주의를 집중하기 때문에, 사소한 목표에 쓸 여유는 거의 남지 않게 되는 것이다.

예를 들어, 건강한 사람이 '되고' 싶다는 목표를 지닌 사람은 패스트푸드점이 즐비한 거리를 걸으면서도 햄버거의 유혹에 크게 흔들리지 않는다. 반대로, 단지 사회가 요구하는 '마른 몸매' 기준에 맞추기 위해 '체중을 줄여야 한다'는 소유 목표나 의무 목표를 가진 사람은 그렇지 않다. 이런 동기는 오히려 패스트푸드의 유혹을 더 또렷하게 보게 만들고, 결국 그 앞에서 무너질 가능성을 키운다. 건강한 사람이라고 해서 방해물이 적은 다른 차원에서 살아가는 것은 아니다. 다만 되기 목표를 지닌 사람은 그렇지 않은 사람들보다 방해물을 희미하게 인식하거나, 아예 대수롭지 않게 여긴다.

되기 목표가 강력한 또 다른 이유는 불가피하게 닥쳐오는 좌절 앞에서도 훨씬 더 끈질기게 버틴다는 점이다. 2000년대 열성

팬들의 전설 같은 축구 선수이자 프리미어리그 감독이었던 이언 도위의 표현을 빌리자면, 되기 목표로 움직이는 사람들에게는 더 큰 '다시 일어설 힘'bouncebackability이 있다. 어떤 목표나 포부를 이루려 할 때, 과정이 흠잡을 데 없이 매끄러운 경우는 거의 없다. 달리던 주자가 부상을 당하고, 투자자가 잘못된 종목을 선택하며, 학생이 낮은 성적을 받을 수 있다. 좌절은 달콤한 유혹에 잠시 무너지는 사소한 실수일 수도 있고, 사업에서 경쟁자에게 계약을 빼앗기는 큰 실패일 수도 있다. 그러나 되기 목표는 자기 정체성과 가치의 핵심에서 비롯되기에 한 번의 좌절로 쉽게 포기되지 않는다. 오히려 되기 목표에 의해 움직이는 사람들은 더 유연하고 탄력적으로 대응한다. 다음번을 위해 전략을 바꾸거나, 더 많은 시간과 노력, 자원을 쏟으며 회복해 나간다. 달리기가 자기 정체성의 일부인 사람은 부상을 입으면 재활에 온 힘을 쏟는다. 투자자는 손실의 이유를 곱씹으며 다음 투자를 준비한다. 학생은 피드백을 받아들이고 다음 시험에서 개선하려 애쓴다. 이처럼 되기 목표는 결국 미래의 성취 가능성을 더욱 높여준다.

반대로, 되기 목표가 아닌 목표는 쉽게 포기된다. 자기 정체성과 맞닿아 있지 않기에 무게감도 적다. 그래서 이 목표에 매달린 사람들은 작은 실패에도 쉽게 흔들리며, 그것을 금세 돌이킬 수 없는 패배로 받아들이곤 한다. 말하자면 사소한 좌절에도 꿈과 포부가 속절없이 무너져 내리는 셈이다. 예를 들어, 단지 친구들이 시작했기 때문에 달리기에 나선 사람은 부상을 당하는 순간 곧 포기하기 쉽다. 화려한 생활을 누리고 싶다는 소유 목표에 사로잡힌 투자자는 손실을 메우려다 무리한 투자를 이어갈 공산이 크다. 부모의 기대를 충족하기 위해 좋은 성적을 받아야 한다는 의무 목표에 매달린 학생은 차츰 복습 시간을 건너뛰기 시작할 것이다.

세뇌라는 이름의 기술 ⏱

되기 목표는 어린아이에게도 강력한 동기를 불러낼 수 있다. 이를 잘 보여주는 사례가 바로 양육이다. 부모의 일상이란, 아이가 거실을 난장판으로 만들어 놓고 난 뒤 6시간 동안 그 흔적을 치우는 것과 크게 다르지 않다. 하지만 숨통이 트일 만한 희망이 있다. 실제 한 과학 실험에서 연구자들은 네 살과 다섯 살 아이들을 두 집단으로 나누어서 되기 목표가 아이들의 행동에 어떤 차이를 만들어 내는지 살펴보았다.[155]

첫 번째 집단의 아이들에게는 이렇게 말했다. "우리 친구들은 다른 사람을 도와요. 여러분도 도울 수 있어요." 두 번째 집단의 아이들에게는 이렇게 말했다. "우리 친구들은 도와주는 사람이 돼요. 여러분도 도와주는 사람이 될 수 있어요." 겉보기에는 별

차이 없어 보이지만, 두 말은 분명히 달랐다. 첫 번째는 동사('돕다')를 사용했고, 두 번째는 명사('도와주는 사람')를 사용해 되기 목표를 자극한 것이다. 그 뒤 아이들은 새로운 장난감을 가지고 노는 동안 뒷정리를 도울 네 번의 기회를 얻었다. 그 결과 "도와주는 사람이 되자"라는 말을 들은 아이들은 네 번 중 세 번은 뒷정리를 도왔지만, "도와주자"라는 말을 들은 아이들은 절반 정도밖에 돕지 않았다. 연구자들은 이 실험을 다른 아이들 집단에서도 반복했는데 결과는 똑같았다.

비슷한 실험에서 아이들에게 단순히 "정리 정돈을 하자"라고 말하는 대신 "우리 친구들은 정리 정돈을 잘하는 아이예요"라고 특성을 불러주며 말했을 때, 아이들은 그 말에 더 맞추어 행동하려 했다.[156] 아이들에게 단순히 "도와주자"라고 하기보다 "도와주는 사람이 되자"라고 말하면 집 안은 훨씬 더 깔끔해진다.

흥미롭게도 이 효과는 어른들에게서도 동일하게 나타난다. 한 심리학 연구에 따르면 어른들에게 "당신은 친절한 사람"이라고 라벨을 붙였을 때, 그렇지 않은 집단보다 지역사회 봉사에 참여할 가능성이 훨씬 높았다.[157] 같은 효과는 부정적인 말에서도 똑같이 나타난다. 누군가에게 "너는 지금 부정행위를 하고 있다"라고 지적하는 것보다 "너는 부정행위자다"라고 낙인찍는 말은 마음에 훨씬 더 깊게 꽂혀서 오래 남는다.[158] 또한 "너는 거짓말을 하고 있어"라는 지적보다 "너는 거짓말쟁이야"라는 말이 훨씬 더 큰 감정적 반발을 불러일으킨다. 전자는 단순한 행동을 꼬집는 데 그치지만, 후자는 거짓말이 그 사람 인격의 일부라는 낙인을 찍기 때문이다.

2020년 미국 대선에서 불거진 선거 조작 의혹을 떠올려 보자. 투표 행태가 이렇게 쉽게 조작될 수 있다는 사실을 보여주는 연구 결과는 놀랍지만 동시에 우려스럽다. 연구자들은 2008년 대선을 앞두고 아직 유권자 등록을 하지 않은 캘리포니아 주민들에게 설문지를 보냈다.[159]

응답자의 절반은 이런 질문이 담긴 설문지를 받았다. "다가오는 선거에서 '유권자가 되는 것'이 당신에게 얼마나 중요한가요?" 이처럼 명사('유권자')를 사용한 질문은 되기 목표를 자극하도록 고안된 것이었다. 나머지 절반은 동사를 사용한 질문을 받았다. "다가오는 선거에서 '투표하는 것'이 당신에게 얼마나 중요한가요?" 그 결과, '유권자가 되자'는 식으로 되기 목표를 활성화한 설문을 받은 시민들이 단순히 '투표한다'는 식의 질문을 받은 시민들보다 투표에 훨씬 더 큰 관심을 보였다.

선거를 앞두고 연구자들은 이번에는 실제로 유권자 등록을 마친 사람들에게 같은 설문을 다시 보냈다. 공식 기록을 확인해보니, 명사 기반 설문을 받은 집단의 96퍼센트가 실제 투표에 참여했다. 반면 동사 기반 설문을 받은 집단의 투표율은 82퍼센트에 그쳤다. 단어 하나의 변화가 투표율을 끌어올린 것이다. 연구자들은 이 방식을 2009년 뉴저지 주지사 선거에서도 반복했다. 명사 기반 설문을 받은 집단의 투표율은 90퍼센트였고, 동사 기반 설문을 받은 집단은 79퍼센트였다. 이처럼 단순한 우편 설문 조사조차 되기 목표를 자극해 행동을 독려할 수 있다. 사람들의 정체성을 '되기' 쪽으로 전환시키면, 그들은 자연스럽게 그 라벨에 맞추어 행동하기 시작한다. 합법적이지만 사실상 세련된 형태의 세뇌다.

이 일련의 연구들은 자기실현적 과정(처음에는 단순한 말이나 믿음에 불과하지만, 그것이 실제 행동을 이끌어 결국 현실이 되는 현상 – 옮긴이)을 통해 타인의 행동을 바꿀 수 있음을 보여준다. 누군가가 친절하기를 바란다면, 그 사람이 얼마나 친절한 사람인지 말해주자. 반대로 누군가를 모욕적인 말로 부른다면, 놀랍게도 그는 그 말에 걸맞은 행동을 하기 시작할 것이다. 철학자들 가운데 가장 널리 알려진 아리스토텔레스는 《수사학》에 이렇게 썼다. "한 사람을 칭찬하는 것은 곧 그에게 어떤 행동을 권하는 것과 다름없다." 최면이나 협박 같은 방법도 효과는 있을지 모르지만, 자칫 잘못하면 감옥 신세를 질 수도 있다. 그보다는 원하는 행동과 연결된 성격적 특성을 칭찬해 보자. 그러면 어떤 변화가 일어나는지 직접 확인하게 될 것이다.*

321

---

* 이 책을 너그럽고도 따뜻한 시선으로 읽어주신 모든 독자 여러분께 감사드린다.

언어의 힘은 원하지 않는 생각이나 행동을 덜어내는 데에도 쓰일 수 있다. 어떤 바람직하지 않은 행동을 자기 정체성의 일부로 규정하는 순간, 그것은 쉽게 사라지지 않고 오랫동안 반복된다. 이를테면 "나는 스트레스를 잘 받는 사람이다"라고 말하는 것은 원치 않는 되기 목표를 세우는 일이다. 그렇게 말하는 순간 스트레스가 자기 성격의 일부라는 낙인이 찍히고, 삶의 많은 행동이 그 방향으로 끌려가게 된다. 그러니 "나는 스트레스를 달고 산다"라고 단정하지 말고, 그저 "스트레스가 많은 시기다"라고 바라보자. 이렇게 하면 문제는 나라는 존재에 귀속되지 않고 외부의 상황으로 옮겨간다. 그 작은 전환이 마음을 가볍게 하고 삶의 무게를 달리 느끼게 한다. 원하지 않는 특성들을 이런 방식으로 하나씩 떼어낼 때 우리는 그것들로부터 점차 자유로워지고, 더 나은 삶에 다가설 수 있다.

유연한 정체성이 나를 구한다 ⏱

정체성은 그동안 우리가 찾아 헤매던 동기부여의 열쇠처럼 여겨져 왔다. 하지만 더 정확히 말하자면, 정체성은 '마블' 영화 시리즈 초기에 등장한 '인피니티 스톤'에 가깝다. 그 힘은 눈부신 변화를 이끌 수 있지만, 잘못된 손에 들어가면 무모한 행동을 떠받치는 도구가 되기도 한다. 인간의 정체성 속에는 언제나 어두운 그림자가 드리워져 있다. 그래서 되기 목표는 때때로 사람들을 엇나간 길로 이끌 수 있다. 정체성이 되기 목표 속에서 범죄자가 되는 방향으로 형성된다면, 범죄 행위로 이어질 가능성은 훨씬 높아진다.

'괴롭히는 아이'라는 꼬리표가 붙으면 실제로 괴롭히는 행동으로 이어지기 쉽다. 계속 바람을 피우다 보면 정체성은 점차 '바람둥이'로 굳어지고 다음에도 같은 일을 반복할 가능성이 커진다. 이 장에서 다룬 정체성의 메커니즘은 선한 행동을 북돋을 수도 있지만, 그만큼 해로운 행동을 굳히는 데에도 작동한다. 정체성에 뿌리내린 부정적 행위는 좀처럼 끊어내기 어렵다.

흡연을 단순한 습관이 아니라 자기 정체성의 일부로 여기는 사람은 마음속 갈등을 줄이기 위해 세상을 편향적으로 바라본다. 폐암에 걸릴 가능성을 대수롭지 않게 여기거나, "우리 할머니도 하루에 스무 개비씩 피웠는데 백 살까지 사셨다"라고 말하곤 한다. 그러나 차분히 바라본다면 할머니의 경우는 어디까지나 예외일 뿐, 결코 일반화할 수 없다. 현실은 다르다. 흡연은 결국 삶의 끝자락을 병상에 묶어두고 화장실조차 제 발로 가지 못하는 처지로 내몬다. 자신을 '흡연자'라고 규정한 사람은 대개 금연 의지가 약하고, 방금 읽은 내용을 흘려듣기 쉽다. 정체성은 우리가 어디에 시선을 두고, 무엇을 믿으며, 하루하루 어떤 행동을 하는지를 끊임없이 규정한다.

정체성은 때론 서로 다른 면이 부딪히며 문제를 만든다. 하지만 정체성이 여러 갈래로 짜여 있는 것은 건강한 형태다. 한 축이 흔들려도 다른 축이 버텨주기 때문에 자존감이 무너지지 않고 삶에 유연성이 생긴다. 위험 관리 분야에서는 '단일 실패 지점'을 반드시 피하라고 권한다. 정체성도 똑같다. 예를 들어 인생 전체를 일에만 걸어두었다가 은퇴를 맞이하면, 그 순간 세상이 송두리째 흔들릴 수 있다.

정체성이 여러 갈래로 이루어져 있다면 이런 문제는 생기지 않는다. 예를 들어 여러분의 정체성이 '건강한 사람'이면서 동시에 '사교적인 사람'이라고 해보자. 목요일 저녁, 원래는 헬스장에 가려 했지만 동료들이 한 달 목표 달성을 축하하자며 햄버거와 맥주를 권한다. 결국 유혹을 뿌리치지 못하고 함께 어울리며 운동은 건너뛴다. 다음 날 아침, 건강한 사람이라는 정체성은 잠시 흔들리지만 사교적인 사람이라는 정체성은 채워진다. 그래서 전체적으로는 균형이 유지된다.

정체성이 여러 갈래로 짜여 있을 때만 심리적 유연성이 발휘된다. 물론 이마저도 때로는 또 다른 문제를 안고 온다. 서로 다른 측면들이 지나치게 충돌하면 삶의 불행이 커지기 때문이다. 따라서 자신의 여러 측면이 서로를 어떻게 보완하거나 방해하는지 살펴보고, 필요하다면 갈등을 풀 방법을 고민할 필요가 있다. 이를테면 '사교적인 나'를 충족하는 방식이 '건강한 나'와 부딪히지 않는 다른 활동일 수도 있다. 혹은 일주일 중 어떤 날에는 재미와 사교성을 우선하고, 다른 날에는 건강을 최우선으로 두는 방식으로 균형을 맞출 수도 있다.

무엇이 되려면, 무엇을 해야 한다 ⏱

많은 사람은 정체성이 시간이 지나도 변하지 않는다고 생각한다. 그래서 되기 목표 역시 나이가 들면 고정된다고 여기는 경우가 많다. "넌 원래 그런 사람이야.""세 살 버릇 여든까지 간다잖아." 많이들 그렇게 말하지만, 그대로 받아들이면 안 된다. 리더십 코치 마셜 골드스미스는 이렇게 말했다. "여기까지 오게 한 방식이, 그다음을 보장해 주지는 않는다." 정체성은 생각이나 감정처럼 빠르게 변하지는 않지만, 긴 시간에 걸쳐 조정될 수 있고 새로운 측면을 더해갈 수도 있다. 범죄자에서 벗어나 지역 사회의 청년들에게 귀감이 된 사람을 떠올려 보라. 학교 시절 체육을 싫어하던 이가 지금은 마라톤을 달리는 모습도 그렇다. 지금의 나, 과거의 내가 곧 미래의 나를 결정하는 것은 아니다.

정체성은 빚어지고 바뀔 수 있다. 이 사실은 앞으로의 삶을 어떻게 살아갈지 새롭게 설계할 수 있는 큰 기회를 준다. 그래서 8장에서 고독의 시간을 따로 떼어두는 것이 중요하다고 강조했던 것이다. 우리는 새로운 현실 속에서, 더 구체적으로는 내가 어떤 사람이 되고 싶은지를 차분히 생각할 시간이 필요하다. 그렇다고 해서 어린아이의 마음으로 돌아가 우주비행사나 프로 운동선수, 혹은 가수가 되겠다는 꿈을 꾸라는 뜻은 아니다(물론 그렇게 꿈꾼다고 해서 해로울 것도 없다).

되기 목표를 세운다는 것은 곧 매일의 행동을 이끄는 핵심 가치와 신념을 만들어 가는 일이다. 기업이 직원들의 행동을 하나로 모아주는 비전을 갖듯이, 되기 목표는 개인에게 주어지는 비전이다. 실제로 세계에서 가장 성공한 기업들 가운데 상당수는 비전과 사명에 되기 목표를 담고 있다. 맥도날드는 "최고의 패스트푸드 레스토랑 경험을 제공하는 회사가 되는 것"을 내세운다. 디즈니는 "세계 최고의 엔터테인먼트와 정보를 창출하고 제공하는 회사가 되는 것"을 지향한다. 소니는 "사람들의 호기심을 자극하고 충족시키는 회사가 되는 것"을 목표로 삼고 있다. 이처럼 기업의 비전과 사명은 각기 다른 영역을 하나의 일관된 전략으로 묶어낸다. 이런 틀이 없다면 부서마다 제멋대로 움직이며 목표도 뒤죽박죽이 되고 말 것이다.

개인의 되기 목표도 마찬가지다. 이는 삶의 여러 영역을 한 방향으로 묶어내고, 같은 목표를 향해 나아가도록 이끈다. 예컨대 '환경을 생각하는 사람'이 되고자 한다면, 자동차를 타는 대신 걷거나 자전거를 탈 수 있다. 주말 시장에서는 지역 농산물을 고르고, 같은 가치관을 지닌 사람들과 어울리며, 값싼 패스트패

션 소비를 줄여 생활비 부담도 줄일 수 있다. 기업의 비전과 사명이 조직 전체를 하나로 모으듯, 개인의 되기 목표 역시 방향과 초점을 제공하며 모든 행동을 일관된 흐름 속에 맞춰준다.

이미 몇 가지 목표를 마음에 품고 있을지도 모른다. 하지만 그것이 꼭 원하는 미래의 정체성과 연결되는 것은 아니다. 예컨 대 '창업하기'라는 목표가 그렇다. 물론 충분히 가치 있는 목표이니, 단지 되기 목표가 아니라는 이유로 가볍게 치부할 필요는 없다. 다만 이 목표를 '창업하기'에서 '성공한 사업가가 되기'로 바꿔본다면 이야기는 달라진다. 이렇게 바뀐 목표는 시야를 넓혀주고, 그 아래 여러 구체적인 삶의 목표들이 자연스럽게 모여드는 비전으로 자리 잡는다.

기업이 비전을 세운다면, 세계적인 기업교육 기관인 하버드 비즈니스 스쿨은 그 비전을 실현할 전략을 구체적으로 세우라고 조언한다. 그리고 그 전략을 실제 업무와 연결하라고 덧붙인다. 이렇게 해야 직원들은 자신이 하는 일이 어떤 가치를 지니는지, 또 어떻게 회사의 목표에 보탬이 되는지 분명히 알 수 있다. 우리도 다르지 않다. 되기 목표가 어떻게 행동으로 드러나는지부터 이해해야 한다. 어떤 행동이 목표를 향한 진전을 보여주는지 구체적으로 짚어야 한다. 목표를 행동으로 표현할 때, 우리는 어떻게 살아가야 할지가 훨씬 선명해진다. 무엇이 '되려면', 무엇을 '해야' 한다.

327

예를 들어 '좋은 부모가 되기'가 되기 목표라고 해보자. 그러면 다음 질문은 자연스럽게 이어진다. "좋은 부모는 무엇을 할까?" 이 질문이 곧 비전을 실현하기 위한 전략을 만들어 낸다. 행동은 거창할 필요는 없다. 다만 분명하고 구체적이어야 한다.

내 경우라면 답은 두 딸에게 온전히 집중하는 데 있다. 좋은 부모는 아이들 곁에 있을 때 스마트폰을 치운다. TV도 끄고, 함께 놀 때는 바닥에 앉아 아이와 눈높이를 맞춘다. 이 행동이 다른 부모들에게는 대단치 않아 보일 수도 있다. 그러나 본질은 남이 아니라 자기 자신에게 있다. 되기 목표가 사람마다 다르듯, 그것을 드러내는 방식 또한 각자만의 색깔을 지닌다. 중요한 것은 남이 아닌 나, 그리고 나만의 방식이다. 절약을 예로 들어보자. 절약하는 사람이 되고 싶다면 며칠 치 식사를 한 번에 준비해서 남은 음식을 먹고, 테이크아웃 커피를 줄이며, 밤에 외출한 뒤에는 택시 대신 버스를 타고 돌아올 수 있다. 사람마다 절약을 실천하는 길은 다를 수 있다.

기업이 하루아침에 비전을 이루지 못하듯, 새로운 되기 목표 역시 단번에 이루어지지 않는다. 하루 30분 코딩을 배웠다고 해서 세계적 프로그래머가 되는 것은 아니다. 딸에게 웃어주었다고 해서 곧바로 좋은 부모가 되는 것도 아니다. 되기 목표를 이루고 새로운 정체성을 만들어 가려면, 그것을 위한 행동이 오랜 시간 반복되어야 한다. 시간이야말로 행동이 정체성에 스며드는 데 필요한 핵심 요소다.

정체성이 행동을 규정하기도 하지만, 그 반대도 가능하다. 원하는 행동을 충분히 오래 지속한다면, 시간은 마치 마법처럼 그 행동에 맞는 새로운 정체성을 만들어 낸다. 우리가 원하는 미래의 정체성과 맞닿은 방식으로 행동할 때마다, 현재의 정체성은 조금씩 그 방향으로 빚어진다. 이 과정을 통해 우리는 정체성이 가진 동기부여의 힘을 온전히 활용하여 새로운 삶을 그려나갈 수 있다.

새로운 건강한 생활을 시작한다고 해서 곧바로 자신을 '건강한 사람'이라고 여기지는 않는다. 대개는 지금 건강하지 않기 때문에 건강해지고 싶어 한다. 보통은 의사의 권유를 받거나 연인이 뱃살을 지적하면서 생활 방식을 바꾸곤 한다. 하지만 이런 자극만으로는 오래가기가 어렵다. 마음은 의무감에서 비롯된 목표를 크게 중요히 여기지 않기 때문이다. 처음에는 열심히 하더라도 시간이 지나면 흐지부지되어 포기하기 쉽다. 꾸준히 이어가려면 건강한 행동이 자기 정체성의 일부로 스며들어야 한다. 동기부여 연구가들은 이를 '내면화'internalisation라고 부른다.[160]

시작은 늘 흔들리기 쉽다. 하지만 내가 쓸모 있고 인정받는다고 느낄 수 있는 환경이 옆에서 힘을 보태주면 얘기가 달라진다. 그런 환경은 좋은 습관을 버티게 해주는 버팀목이 되고, 시간이 지나면 습관은 어느새 정체성의 일부로 굳어진다.

　새로운 정체성과 되기 목표가 행동을 자연스럽게 이끌기 전까지는, 말 그대로 '일단 되는 척하다 보면 결국 그렇게 된다'는 태도가 필요하다. 시간이 지나면 자신의 정체성 안에 새로운 요소가 자리 잡으면서, 그에 맞는 행동이 한결 자연스럽게 따라 나오기 시작한다. 작은 행동 하나가 정체성을 조금씩 바꾸고, 그렇게 달라진 정체성은 다시 다음 행동을 더 쉽게 만들며 이어진다. 이후에는 어떤 행동을 해야 할지 고민할 필요조차 없다. 스스로 만들어 낸 정체성이 알아서 행동을 이끌어 주기 때문이다. 매번의 작은 결심이 그다음 선택을 더 쉽게 만들고, 그 반복이 쌓여 어느 순간 거대한 추진력이 되어 삶을 움직인다.

인간관계의 함정 🕐

　그렇다고 개인의 선택과 행동만이 정체성에 영향을 미치는 것은 아니다. 오스카 와일드의 말처럼 말이다.

> 대부분의 사람은 결국 남의 인생을 산다. 생각은 남의 의견을 베껴 쓰고, 삶은 남을 흉내 내며, 열정마저도 누군가의 말을 되풀이할 뿐이다.

정체성과 되기 목표는 인간관계에 크게 영향을 받는다. 가장 친한 세 친구가 술을 즐겨 마신다면, 나 역시 술을 자주 마실 가능성이 크다. 파티를 좋아하는 친구들과 어울리면, 나도 비슷한 생활 방식을 따르게 된다. 물론 예외도 있다. 술을 전혀 하지 않으면서도 술 마시는 친구들과 잘 지내는 사람이 있을 수 있지만, 그런 경우는 흔치 않다.

격식을 갖춘 모임이든 사적인 모임이든, 속한 집단이 정체성을 만들고 그 정체성이 행동을 만든다.[161] 대학 시절, 내 정체성은 친구들과 함께한 술자리와 축구 응원에 크게 기대고 있었다. 그래서 우리의 일상은 늘 맥주와 축구를 중심으로 흘러갔다. 그것이 곧 우리가 누구인지 말해주는 한 부분이었다. 하지만 세월이 지나면서 예전 친구들과는 점점 덜 어울리게 되었고, 인간관계의 범위가 바뀌면서 내 정체성도 자연스레 달라졌다. 이제는 낮 경기를 보기 위해 모여 하루 종일 값싼 맥주를 마시는 일은 거의 없다. 함께 공유하는 집단적 정체성은 관계를 단단하게 묶어주는 힘이 있다. 가장 가까운 친구들이 헤비메탈에 빠져 있다면, 그들과 어울리기 위해 나 또한 헤비메탈을 좋아하게 되는 경우가 많다.

인간관계의 힘은 생각보다 강력해서 유전자에도 영향을 미친다. 많은 사람은 여전히 유전자는 바꿀 수 없다고 생각한다. 물론 어떤 유전자를 타고나는지는 바꿀 수 없지만, 그 유전자가 실제로 발현될지 말지는 환경에 따라 달라진다. 질병을 연구하는 과학자들이 자주 쓰는 말이 있다. "유전자가 방아쇠에 총알을 장전하지만, 실제로 방아쇠를 당기는 건 환경이다." 즉, 유전자는 병에 걸릴 가능성을 만들어 내지만, 실제로 병이 발현되는지는 결국 환경이 결정한다는 뜻이다.

옛날 조상들에게 혼자 있다는 건 늘 위험을 안고 사는 일이었다. 공격을 당하거나 사고를 당하기 쉬웠고, 그럴 때는 상처를 통해 세균이 침투할 가능성이 컸다. 그래서 몸은 세균 감염에 대비해 늘 긴장할 수밖에 없었다. 흥미롭게도 오늘날에도 인간관계가 약하거나 외로움을 느끼면 같은 반응이 일어난다. 유전학 연구에 따르면 이럴 때 세균 감염에 대응하는 유전자가 활성화되고, 면역 체계가 그에 맞춰 작동한다. 반대로 집단 속에 있을 때는 상황이 달랐다. 공격을 당하거나 다칠 위험은 줄어들지만, 이번에는 바이러스가 퍼질 확률이 커진다. 그래서 다른 사람들과 연결되어 있다고 느낄 때는 '바이러스 감염'에 대응하는 유전자가 활성화되고, 몸은 자연스럽게 이에 맞설 준비를 한다.

정체성은 혼자가 아니라 관계 속에서 만들어진다. 혼자 운동할 때는 쉽게 포기하지만, 함께하는 모임에 속해 있으면 훨씬 오래 지속할 수 있다. 그래서 어떤 프로그램은 단순한 운동법을 알려주는 것만으로 끝나지 않고, 사람들의 건강 습관을 바꾸는 데 강력한 힘을 발휘한다.

예를 들어 '파크런'Parkrun은 누구나 참여할 수 있는 무료 커뮤니티 행사다. 공원에서 5킬로미터를 걷거나 달리면 되는데, 지금은 영국을 비롯해 전 세계 곳곳에서 매주 토요일 아침 9시에 1,100개가 넘는 행사가 동시에 열릴 만큼 거대한 현상이 되었다. 참가자들이 파크런을 계속 찾는 이유는 단순히 운동 때문이 아니라, 함께 달리고 걷는 사람들 속에서 느끼는 소속감 때문이다. '슬리밍 월드'Slimming World 역시 같은 맥락이다. 다이어트 프로그램 자체보다, 함께 같은 목표를 향해 나아가는 사람들과의 연결이 더 큰 동력이 된다.162 영국과 아일랜드 전역에서 매주 1만 9,000개가 넘는 모임이 열리며 90만 명의 사람들이 함께 체중을 줄이고 생활 방식을 바꿔가고 있다.

사람과의 관계는 새로운 되기 목표를 세우는 데 든든한 발판이 되기도 하지만, 반대로 걸림돌이 되기도 한다. 이를테면 이제 막 투자를 배우려는 사람이 '성공한 투자자'가 되고 싶다고 가정하자. 그런데 가까이 지내는 사람들이 투자에 전혀 관심이 없다면 그 목표를 뒷받침해 줄 응원이나 자극을 얻기 어렵다. 그렇다고 해서 반드시 실패하는 건 아니지만, 집단 속에서 함께 키워지는 정체성의 힘을 제대로 활용하지 못하는 셈이다. 반대로 온라인 투자자 커뮤니티에 들어가면 이야기는 달라진다. 투자자로서의 정체성을 이미 가진 사람들 속에 들어가는 순간, 그들의 태도와 습관이 자연스럽게 나에게도 스며들며 내 정체성을 형성하기 시작한다. 이런 암묵적인 영향은 '성공한 투자자 되기'라는 목표를 이루는 데 강력한 기반이 된다. 여기에 모임에서 직접 받게 되는 격려나 조언 같은 명시적인 지지가 더해지면, 목표를 향한 추진력은 훨씬 커진다. 이 원리는 다른 되기 목표에도 그대로 적용된다. 창업가가 되고 싶다면 창업가들과, 음악가가 되고 싶다면 음악가들과 어울려야 한다. 결국 어떤 사람들과 함께 시간을 보내느냐가 내가 어떤 사람이 될지를 결정한다.

이것만은 기억하자 ⏱

정체성은 가장 강력한 동기부여 요소다. 대부분의 경우 그것이 어떻게 작동하는지 의식하지 못하지만, 정체성은 늘 우리 행동을 이끌고 있다. 운동하는 사람은 운동하고, 창작자는 창작하며, 공부하는 사람은 공부한다. 바로 이러한 정체성의 구체적인 동력으로 작용하는 것이 '되기 목표'다. 시간을 들여 되기 목표를 세우면 정체성의 힘을 활용해 생활 방식을 바꾸고, 꿈과 포부에 한 걸음 더 다가가며, 활력 넘치고 충만한 삶을 살아갈 수 있다.

되기 목표는 앞으로 나아가도록 밀어주고, 원하는 방향에서 벗어나면 행동을 바로잡도록 이끈다. 그래서 장애물 앞에서도 쉽게 무너지지 않고, 실패에 매몰되지 않도록 시선을 돌려주며,

오래 지속하는 데 큰 노력이 필요하지 않다. 이 목표는 삶을 늘 수월하게 살아가는 듯 보이는 사람들과 닮아가고 싶을 때 반드시 필요하다. 그들은 비가 와도 달리기를 멈추지 않고, 유혹적인 디저트를 정중히 사양하며, 하루를 TV 시청만으로 허비하지 않는다. 되기 목표에 이끌려 사는 사람에게 시간은 더 이상 꿈과 야망을 방해하는 적이 되지 않는다. 무엇보다 정체성과 '되기 목표'에 따라 살아가는 것은 정신 건강에도 놀라운 긍정적 변화를 가져다준다.

햄릿은 결코 "가질 것이냐, 말 것이냐"라고 묻지 않았다. 근본적인 물음은 이것이다. 어떤 사람이 '되고' 싶은가?

335

⧗

정체성은 빚어지고 바뀔 수 있다.

이 사실은 앞으로의 삶을 어떻게 살아갈지

새롭게 설계할 수 있는 큰 기회를 준다.

11장

시간을
내 편으로 만드는
101가지 규칙

"시간과 공간은 우리가 살아가는 조건이 아니라,
우리가 사고하는 방식이다."

｜ ｜ ｜ ｜ ｜ ｜ ｜

알베르트 아인슈타인Albert Einstein,
영리한 사람

이 책의 목적은 우리가 시간과 맺어온 관계를 드러내고 그것
을 회복하는 데 있다. 세계 곳곳의 문화적 변화는 시간을 경외하
고 숭배하던 태도를 무지와 무시로 바꾸어 놓았다. 이제 우리는
시간을 값싼 소모품처럼 대하며, 정작 우리의 심리와 육체적 안
녕이 전적으로 시간과의 관계 위에 놓여 있다는 사실을 잊고 살
아간다.

이 책을 통해 시간과의 관계를 새롭게 바라보고 개선할 수 있
는 여러 가지 팁과 요령, 그리고 신선한 관점을 충분히 얻었기를
바란다. 그렇게 한다면 모조가 살아나고 삶은 한결 매끄럽게 흘
러가며, 이루고자 하는 바도 한층 가까워질 것이다. 그러나 이
책을 다 읽고 난 뒤에도 여전히 삶에 시간이 늘 부족하게 느껴지
고 그 관계가 다시금 흔들리는 순간들이 찾아올 수 있다. 그런

순간이 찾아온다면 시간에 관한 책을 다시 처음부터 끝까지 읽으로라고 권하는 것은 무책임한 일일 것이다. 대신 이 장에서는 근거 설명은 덜어내고, 핵심만 간결하게 정리한 전략들을 일종의 메뉴처럼 제시하고자 한다.

영화와 드라마 속에는 시간을 다루는 황당한 규칙들이 넘쳐난다. 〈터미네이터〉에서는 알몸이어야만 과거로 갈 수 있고, 〈백 투 더 퓨처〉 시리즈에서는 과거의 자신과 접촉하면 기절한다는 식이다. 이에 비해 이 마지막 장에서는 시간과의 관계를 회복하는 데 도움이 될 수 있는 훨씬 더 실용적인 지침 101가지를 제시한다.• 어떤 조언은 삶의 방식을 크게 바꿔야 할 만큼의 변화가 필요하지만, 어떤 것은 작은 습관의 조정만으로도 서서히 효과를 발휘한다. 이 모든 조언은 모조를 다시 깨워줄 것이다. 시간이 원수처럼 느껴질 때는 이 장을 펼쳐 도구 상자에서 필요한 것을 골라 활용하면 된다.

1장. 시간, 다시 쓰는 연대기

1. 가능하다면 알람 시계에 의존하지 말라.
2. 중국에 거주한다면 베이징 인근에 사는 것이 유리하다. 중국에

• 사실 규칙은 117개이지만, '101'이라는 숫자가 더 간결하고 듣기 좋을 뿐 아니라 기초·입문을 뜻하는 표현으로 널리 쓰이기 때문에 101가지라고 적었다.

거주하지 않는다면, 사회적 시차증을 줄이기 위해 동쪽 지역에 사는 것이 유리하다.

3. 아침에는 햇빛을 쬐고 운동하라.

4. 휴일에는 평소보다 일찍 잠자리에 들라. 근무일에는 침대에서 조금 더 오래 머물러 수면 시간을 확보하라.

2장. 시간 왜곡: 왜 항상 시간에 쫓기는가

5. 일로 바쁜 것이 내 사회적 지위가 되어서는 안 된다.

6. 주 4일 근무제를 지지하라.

7. 과도하게 바쁜 느낌이 단순히 일정 때문이라고 생각하지 말라.

8. 과속 운전하지 말라.

9. '워라밸'이 아니라 '워라하'(일과 삶의 하모니)를 추구하라.

10. 자신의 '워라하' 정도가 다른 사람과 같다고 생각하지 말라.

11. 과도한 생산성 추구나 쉴 틈 없이 움직이는 상태는 정신 건강에 해롭다.

12. 시간 낭비를 피하기 위해 비스마르크의 방식을 채택하라(2장 본문 참고).

13. 이메일과 메시지의 자동 알림을 꺼라.

14. 사람들을 위해 시간을 내줄 준비가 되었을 때만 이메일과 메시지를 읽어라.

15. 하고 싶은 일을 모두 마친 후에 이메일과 메시지를 확인하라.

16. 이메일을 지금까지 존재한 가장 하찮은 업무 활동으로 여겨라.

17. 이메일이 들어오는 대로 다 빠르게 확인할 필요가 없다.

18. 업무 회의는 다음 일정이 시작되기 전 5~10분 일찍 끝나도록 일정을 잡아라.

19. (18번 규칙에 따라) 회의가 끝난 후 5~10분간은 마음의 평온과 균형을 찾는 시간 외에 다른 일로 채우지 말라.

20. 무의미한 시간은 자신의 모조를 일깨우는 활동으로 대체하라.

21. 소셜 미디어를 확인하고 싶다면, 평소 아프던 신체 부위를 스트레칭하면서 하라.

22. 소셜 미디어를 볼 때는 분명한 이유가 있어야 하며, 그 이유가 끝나면 바로 중단하라.

23. 출퇴근길에는 마음을 회복해 줄 무언가를 들으며 시간을 보내라.

24. 지나치게 바쁜 가족이나 친구들과는 일정 거리를 두어라.

25. 온라인 친구들에게도 24번 규칙을 적용하라.

26. 앞으로는 스마트폰 보는 시간을 확 줄일 것이라고 가족이나 연인, 가까운 친구에게 분명히 알리자.

27. 피하고 싶은 친구들을 피할 수 없다면, 일대일 대신 여러 명이 모이는 자리에서 만나 에너지 소모를 줄여라.

28. 회의와 약속은 길게 끌지 말고 단칼에 줄여라. 짧아질수록 삶이 가벼워진다.

29. 결정을 내려야 할 때는 10시간이 아니라 10분 안에 끝내라 (단,

30. 숨 고르기나 멍 때리기 같은 회복의 시간을 일정에 반드시 적어라. 그래야 빼먹지 않고 휴식의 효과를 제대로 맛볼 수 있다.

31. 가능한 한 많은 일을 루틴화하라. 그래야 매번 일정을 어떻게 짤지 고민하지 않아도 된다.

32. 사소하고 반복적인 일은 굳이 매번 똑같이 하지 말고, 간격을 늘려서 빈도를 낮춰도 괜찮다.

33. 앞선 규칙들을 지켜낸 뒤 일정에 여유가 생기면, 성취감, 사람들과의 어울림, 삶을 스스로 이끌고 있다는 느낌을 줄 수 있는 활동을 하나 골라 넣어라.

343

3장. 의지보다 중요한 것: 시간보다 내가 앞서기

34. 의지는 언젠가 무너지게 되어 있다. 의지에 기대지 마라.

35. 한 번 의지를 쏟아내면, 다음번에는 더 쉽게 고갈된다. 의지에만 매달리지 마라.

36. 정작 필요할 때 의지는 가장 약해진다. 믿고 맡기지 마라.

37. 결심이 이유 없이 자꾸 사라진다면, 오래된 수도관 같은 환경적 원인이 없는지 살펴보라.

38. "~하지 말자"는 목표 대신, "~하자"는 목표로 바꿔라.

39. 마음을 북돋는 활동은 하루 중 가능한 한 이른 시간에 하라.

40. 39번을 지킬 수 있도록 일정을 유연하게 짜라.

41. 중요한 결정은 아침에 내려라.

42. 알람 시계는 침대에서 멀리 두어라.

43. 여유가 된다면 가장 좋은 잠옷과 슬리퍼를 사라.

44. 완벽주의적이거나 강박적이거나 중독적으로 보이는 사람을 따라 하려 하지 마라.

4장. 계획보다 자꾸 늦는 이유: 자기기만

45. 전쟁이나 경기 침체 같은 큰 사건은 누군가의 삶이든 재정을 흔들어 놓을 수 있다. 그런 상황을 미리 가정하고 대비하라.

46. 지금 당장 1만 원을 받는 대신, 조금 더 기다려 2만 원을 받는 쪽을 선택하라. 위험을 감수하더라도 미래의 더 큰 보상을 택하는 편이 낫다.

47. 프로젝트 시간을 계획할 때는 내가 아니라 남이 할 때 소요될 시간을 기준으로 잡아라.

48. 결심을 지키려면 오디세우스식 계약을 활용하라. 미리 비용을 내거나, 친구와 약속을 잡거나, 계획을 주변에 알리거나, 자동이체를 설정하는 식이다.

49. 영국 전 총리 보리스 존슨이 자주 쓰던 방식처럼, 미래의 내가 지금의 결심을 어떻게 생각하고 느낄지 미리 그려보라.

5장. 보상이 빨라야 행동도 빠르다: 시간적 근접성

50. 아이들처럼 그냥 하는 행동 그 자체를 즐겨라. 아이들이야말로 동기의 본질을 가장 잘 안다.

51. 50번이 어렵다면, 새로운 활동에서 당장 얻을 수 있는 정신적·사회적 보상을 찾아라.

52. 눈에 보이는 외적 보상보다 (눈에 잘 드러나지 않는) 내적 보상을 먼저 챙겨라. 외적 보상은 시간이 지나면 자연히 따라온다.

53. 누군가의 동기를, 특히 아이들의 동기를 불필요한 보상으로 망치지 마라.

54. 체중 감량 약을 복용 중이라면, 약이 다 떨어졌을 때를 미리 대비해 두어라.

55. 행동과 목표의 언어를 최대한 비슷하게 맞춰라. 돈을 절약하려면 "허리띠를 졸라맨다"는 비유 대신 지출을 줄이거나 소비 습관을 바꾼다고 말하라. 건강을 챙기려면 "다이어트한다"보다는 건강한 음식을 먹는다고 말하라. 언어가 달라지면 행동도 달라진다.

56. 과학자의 태도로 임하라. 자신의 행동과 목표를 향한 진척을 측정해야 무엇이 효과적인지 확실히 알 수 있다.

57. 즐거운 활동이 가진 동기부여의 힘을 활용하라. 재미있는 일과 하기 싫은 일을 연결해서 싫은 일도 자연스럽게 해낼 수 있다.

58. 목표를 이루거나 꿈을 실현하는 데 직접적으로 도움이 될 활동

하나를 분명히 선택하라.

59. 원하는 활동을 뒷받침해 줄 구체적인 결과 하나를 정해라. 그 결과가 행동을 이어가게 하는 힘이 된다.

6장. 마지막 10분의 중요성: 뇌는 '끝'을 기억한다

60. 축하는 일을 끝낸 뒤에 하라. 시작하기 전부터 벌이지 마라.

61. 대장내시경 검사는 의사가 충분히 시간을 들여야 한다. 검사할 때는 서두르지 말아달라고 꼭 요청하라.

62. 단지 목록에서 지우고 싶다는 이유만으로, 중요하지 않은 일을 억지로 해치우지 마라.

63. 큰일은 당장 사라지지 않더라도 우선 작은 시도부터 하라.

64. 시간이 덜 든다는 이유만으로 성급히 결정하지 마라. 오래 걸리더라도 제대로 된 선택을 하는 편이 낫다.

65. 애써 힘들게 결정을 지금 내리지 마라. 시간이 지나면 쉬운 결정이 되는 경우가 많다.

66. 선거가 다가올 때 언론 보도를 곧이곧대로 믿지 마라.

67. 투표할 때 지난 1년만 보지 말고, 최소 4~5년의 흐름을 돌아보라.

68. 가장 좋은 건 마지막에 남겨두어라. 그래야 끝이 더 특별해진다.

69. 끝이 조금 나빴다고 해서, 즐거웠던 경험 전체를 망치지 마라.

70. 끝이 좋았다고 해서, 과정 중의 나쁜 경험을 덮어버리지 마라.

71. 영화는 가장 무서울 때 멈추지 마라.

72. 메뉴판에서 가장 비싼 와인은 경계하라.

73. 힘든 순간이 포함된 일을 하고 있다면, 그 순간들을 한데 몰지 말고 흩어지게 배치하라.

74. 판단이 치우치지 않도록 일부러 반대 입장에서 허점을 찾아내는 '레드팀'을 둬라. 동료나 친구에게 의견을 구해도 좋다.

75. 평범한 일상에서도 새로움을 찾아라. 예를 들어, 집에 돌아올 때 다른 경로로 걸어보라.

76. 75번을 실천할 때는 오감을 모두 활용하라.

7장. 슬럼프가 오는 시간: 언제 얼마만큼의 노력을 해야 할까   347

77. 무슨 일이든 시작은 말도 안 될 만큼 작은 목표부터 잡아라.

78. 그래도 어렵다면 목표를 더 잘게 쪼개라.

79. 그것마저 힘들다면 준비하기 자체를 목표로 삼아라.

80. 최소한으로도 효과가 나는 기준을 정하라. 운동은 세 번 대신 한 번만, 보고서는 전문 대신 요약만 보는 식이다.

81. 할 일은 하루 초반에 먼저 해두어야 속도가 붙는다.

82. 활동이나 프로젝트에 지루한 '중간 단계'를 만들지 마라. 시작의 끝이 곧 끝의 시작이 되게 하라.

83. 82번이 불가능하다면, 중간 단계에서 보상과 격려를 챙겨 넣어라. 가능하다면 외부 보상보다 내적 동기가 더 좋다.

84. 아직 할 일이 많다고 너무 조급해하지 마라. 끝이 다가오면 자연

스럽게 힘이 붙는다.

85. 불쑥 찾아온 횡재나 선물은 가볍게 넘기지 말고 감사히 받아들여라.

86. 남의 재능을 시샘하지 마라.

87. 성공은 '최선을 다한 노력, 성장, 발전'으로 정의하라. 그러면 성과는 따라온다.

88. 성공을 남과의 비교로 재단하지 마라. 그러면 실패가 따라온다.

8장. 나 홀로 집에: 고독한 시간이 주는 천국

89. 혼자만의 시간을 정기적으로 챙겨라.

90. 고독 속에서 불안이나 외로움이 밀려오더라도 그냥 꾹 삼켜라.

91. 고독을 견디기 힘들다면, 어쩌면 어린 시절 부모와의 관계에서 비롯된 것일 수도 있다.

92. 고독 속의 지루함과 굳이 맞서지 마라. 때로는 그 지루함이 삶을 뒤흔드는 힘이 된다.

93. 지루하다고 스마트폰부터 집어 들지 마라. 그러면 지루함은 더 깊어진다.

94. 늘 같은 공간을 벗어나 새로운 장소에서 고독을 마주하라.

95. 혼자 있는 동안 스마트폰을 꺼두어라.

96. 고독을 위해 달리고 싶다면, 속도를 늦추고 천천히 달려라.

9장. 시간의 덕목: 기억을 다스릴 기회 주기

97. 기억을 있는 그대로 믿지 마라. 기억은 언제나 틀릴 수 있다.

98. 심리학 연구자들이 기억을 장난감처럼 다룰 수 있다는 걸 명심하라. 약에 취한 개나 UFO 납치까지도 떠올리게 만들 수 있다.

99. SNS에 쌓인 글은 가끔씩 비워내라.

100. 부모라면 자녀를 조건 없이 지지하되, 때로는 드러나지 않게 뒤에서 받쳐주는 게 더 좋다.

101. 일본인 고객이 침묵한다면, 제안을 바꿔라.

102. 말을 아끼고 고통을 묵묵히 견디며 시간이 마음을 어루만지게 해보라. 뜻밖의 위안을 얻을지도 모른다.

349

103. 조금 힘들다고 바로 기대지 말고, 도저히 감당하기 어려울 때 도움을 청하라.

104. '막다른' 순간에 손 내밀 수 있는 사람들을 미리 챙겨두어라.

105. 가족이나 가까운 이들에게 '그들이 필요로 할 때' 곁에 있겠다는 걸 확실히 알려줘라.

106. 가족이나 가까운 이들이 도움을 필요로 하고 있는지, 그들이 말을 꺼내기 전부터 먼저 살펴라.

10장. 시간을 뛰어넘는 정체성 갖기: 되기 목표

107. 스스로에게 어떤 꼬리표를 붙일지 생각해 보라. 그 꼬리표 속에 정체성이 담겨 있다.

108. 앞으로 어떤 사람이 되고 싶은지 구체적으로 그려라.

109. 단순히 '해야 한다'는 이유만으로 하는 일은 피하라.

110. 단순한 '소유' 욕망에 끌리지 마라.

111. 행동을 북돋울 때는 동사보다 명사가 더 강하다("나는 달린다"보다 "나는 러너다"라고 말하는 편이 동기를 높인다 – 옮긴이).

112. 일이 틀어졌다고 해서 '내 성격이 문제다'라며 스스로 깎아내리지 마라. 잘못된 것은 상황일 수 있다.

113. 정체성을 한 가지에만 걸지 마라. 직업, 관계, 취미 등 여러 정체성을 함께 가져야 삶이 흔들리지 않는다.

114. 기존의 목표를 '되기 목표'로 바꿔라. "사업을 시작한다" 대신 "성공적인 사업가가 된다"라고 말하라.

115. 되고 싶은 나를 보여주는 행동들을 찾아 실행하라.

116. 아직 부족하더라도, 이미 목표를 이룬 사람처럼 행동하라. 그러다 보면 실제로 그렇게 된다.

117. 내가 되고 싶은 사람과 같은 길을 가는 이들과 어울려라.

책 전반에 걸쳐 나는 이 전략들이 왜 효과적인지 과학적·철학적 근거를 들어 설명해 왔다. 하지만 무엇보다도, 이 방법들은 내가 직접 이 책을 쓰는 데 큰 도움이 되었기에 자신 있게 말할 수 있다. 아침에 양치하기 전에 단락 하나를 써 내려간 적도 있었고(규칙 39), 톰 행크스가 대장내시경 파티에 간다는 사실 같은 흥미로운 발견에서 즉각적인 즐거움을 얻기도 했다(규칙 51). 어느 저녁에는 글자를 억지로 짜내려 하기보다 그저 노트북을 켜는 데 집중했다(규칙 77~79). 이런 습관 덕분에 의지력에 매달려야 하는 순간은 거의 없었다(규칙 34~36). 가장 좋은 아이디어는 홀로 사색에 잠겨 있을 때 찾아왔고(규칙 89), 며칠 동안 업무 이메일 알람을 꺼두거나(규칙 16), 스마트폰 전원을 꺼두거나(규칙 95), 불필요한 회의를 피할 핑곗거리를 만들어 낼 때(규칙 12) 모조가 한층 살아나는 걸 느낄 수 있었다. 부디 이 책을 덮는 순간, 몇몇 규칙들이 여러분의 삶 속에서도 조용히 힘을 발휘하길 바란다.

감사의 글

책의 여정을 함께해 준 든든한 동반자이자 에이전트, 데이비드 하이엄 어소시에이츠David Higham Associates의 앤드루 고든에게 진심으로 감사드린다. 그는 내 아이디어에 과감히 믿음을 주었고, 책을 완성하기까지 노련한 길잡이가 되어 주었다. 또한 영국 리틀 브라운 북 그룹Little, Brown Book Group 편집팀에게도 감사드리며, 특히 홀리 할리의 재치 있는 피드백은 집필 과정 내내 유쾌한 활력을 불어넣어 주었고 나를 올바른 길로 이끌어 주었다. 늘 격려를 아끼지 않고 소식을 기다려 준 친구들 벤, 앤서니, 크리스에게도 고마움을 전한다. 무엇보다도 가장 큰 감사는 사랑하는 아내 에이미에게 전한다. 내가 글쓰기에 몰두할 수 있도록 세심하게 뒷받침해 주었고, 그 덕분에 이 책을 끝까지 완성할 수 있었다. 이 책에 대해 그녀가 어떤 생각을 들려줄지가 가장 궁금하다. 어쩌면 그 사실 하나만으로도, 그녀가 내 삶에서 누구보다 특별한 존재임을 말해준다.

주

1장. 시간, 다시 쓰는 연대기

1. Weiss, E. R., Todman, M., Maple, E., and Bunn, R. R. (2022). 'Boredom in a time of uncertainty: State and trait boredom's associations with psychological health during COVID-19'. Behavioral Sciences, 12(8), 298. https://doi.org/10.3390/bs12080298
2. van der Lippe, T. (2007). 'Dutch workers and time pressure: Household and workplace characteristics'. Work, Employment and Society, 21(4), 693–711. https://doi.org/10.1177/0950017007082877
3. Farmer, R., and Sundberg, N. D. (1986). 'Boredom proneness – the development and correlates of a new scale'. Journal of Personality Assessment, 50(1), 4–17. https://doi.org/10.1207/s15327752jpa5001_2
4. Abramson, E. E., and Stinson, S. G. (1977). 'Boredom and eating in obese and non-obese individuals'. Addictive Behaviors, 2(4), 181–185. https://doi.org/10.1016/0306-4603(77)90015-6
5. Kuerbis, A., Treloar Padovano, H., Shao, S., Houser, J., Muench, F. J., and Morgenstern, J. (2018). 'Comparing daily drivers of problem drinking among older and younger adults: An electronic daily diary study using smartphones'. Drug and Alcohol Dependence, 183, 240–246. https://doi.org/10.1016/j.drugalcdep.2017.11.012
6. Nederkoorn, C., Vancleef, L., Wilkenhöner, A., Claes, L., and Havermans, R. C. (2016). 'Self-inflicted pain out of boredom'. Psychiatry Research, 237, 127–132. https://doi.org/10.1016/j.psychres.2016.01.063
7. Zuzanek, J. (2004). 'Work, leisure, time pressure and stress'. In J. T. Haworth and A. J. Veal (eds), Work and Leisure (pp. 123–144). Routledge, New York.
8. Hoge, T. (2009). 'When work strain transcends psychological boundaries: An inquiry into the relationship between time pressure, irritation, work, family conflict and psychosomatic complaints'. Stress and Health, 25, 41–51.

9. Strazdins, L., Griffin, A. L., Broom, D. H., Banwell, C., Korda, R., Dixon, J., Paolucci, F., and Glover, J. (2011). 'Time scarcity: Another health inequality?'. Environment and Planning A: Economy and Space, 43(3), 545–559. https://doi.org/10.1068/a4360

10. Naguy, A., Moodliar-Rensburg, S., and Alamiri, B. (2020). 'Coronaphobia and chronophobia – A psychiatric perspective'. Asian Journal of Psychiatry, 51, 102050. https://doi.org/10.1016/j.ajp.2020.102050

11. 팬데믹 기간의 불안 및 우울 유병률 정보는 아래에서 확인할 수 있다: https://www.apa.org/monitor/2021/11/numbers-depression-anxiety

12. Ogden, R. S. (2020). 'The passage of time during the UK COVID-19 lockdown'. PLoS ONE, 15(7), Article e0235871. https://doi.org/10.1371/journal.pone.0235871

13. Wittmann, M., Dinich, J., Merrow, M., and Roenneberg, T. (2006). 'Social jetlag: Misalignment of biological and social time'. Chronobiology International, 23(1–2), 497–509. https://doi.org/10.1080/07420520500545979

14. Caliandro, R., Streng, A. A., van Kerkhof, L. W. M., van der Horst, G. T. J., and Chaves, I. (2021). 'Social jetlag and related risks for human health: A timely review'. Nutrients, 13(12), 4543. https://doi.org/10.3390/nu13124543

15. Giuntella, O., and Mazzonna, F. (2019). 'Sunset time and the economic effects of social jetlag: Evidence from US time zone borders'. Journal of Health Economics, 65, 210–226. https://doi.org/10.1016/j.jhealeco.2019.03.007

16. Borisenkov, M. F., Tserne, T. A., Panev, A. S., Kuznetsova, E. S., Petrova, N. B., Timonin, V. D., ... Kasyanova, O. N. (2016). 'Seven-year survey of sleep timing in Russian children and adolescents: Chronic 1-h forward transition of social clock is associated with increased social jetlag and winter pattern of mood seasonality'. Biological Rhythm Research, 48(1), 3–12. https://doi.org/10.1080/09291016.2016.1223778

17. Roenneberg, T., Allebrandt, K. V., Merrow, M., and Vetter, C. (2012). 'Social jetlag and obesity'. Current Biology: CB, 22(10), 939–943.

18. Korman, M., Tkachev, V., Reis, C., Komada, Y., Kitamura, S., Gubin, D., Kumar, V., and Roenneberg, T. (2020). 'COVID-19-mandated social restrictions unveil the impact of social time pressure on sleep and body clock'. Scientific Reports, 10(1), 22225. https://doi.org/10.1038/s41598-020-79299-7

19. Blume, C., Garbazza, C., and Spitschan, M. (2019). 'Effects of light on human circadian rhythms, sleep and mood'. Somnology: Sleep Research and Sleep Medicine, 23(3), 147–156. https://doi.org/10.1007/s11818-019-00215-x

20. Shen, B., Ma, C., Wu, G., Liu, H., Chen, L., and Yang, G. (2023). 'Effects of exercise

on circadian rhythms in humans'. Frontiers in Pharmacology, 14, 1282357. https://doi.org/10.3389/fphar.2023.1282357

2장. 시간 왜곡: 왜 항상 시간에 쫓기는가

21. Bellezza, S., Paharia, N., and Keinan, A. (2017). 'Conspicuous consumption of time: When busyness and lack of leisure time become a status symbol'. Journal of Consumer Research, 44(1), 118–138.
22. 미국과 아일랜드의 주 4일 근무제 결과는 아래에서 확인할 수 있다: https://www.4dayweek.com/us-ireland-results
23. 영국의 주 4일 근무제 결과는 아래에서 확인할 수 있다: https://autonomy.work/portfolio/uk4dwpilotresults/
24. Heesch, K. C., and Mâsse, L. C. (2004). 'Lack of time for physical activity: Perception or reality for African American and Hispanic women?'. Women & Health, 39(3), 45–62. https://doi.org/10.1300/J013v39n03_04
25. 과속(speeding)에 관한 설문조사 결과는 아래에서 확인할 수 있다: https://www.brake.org.uk/get-involved/take-action/mybrake/knowledge-centre/reports/lets-talk-about-speed-a-road-safety-week-survey-report
26. 런던의 평균 주행 속도 자료는 아래에서 인용했다: https://www.tomtom.com/newsroom/explainers-and-insights/london-is-the-worlds-slowest-city/
27. 해당 설문(General Social Survey, GSS)은 아래에서 확인할 수 있다: https://www.norc.org/research/projects/gss.html
28. Gable, P. A., Wilhelm, A. L., and Poole, B. D. (2022). 'How does emotion influence time perception? A review of evidence linking emotional motivation and time processing'. Frontiers in Psychology, 13, 848154. https://doi.org/10.3389/fpsyg.2022.848154
29. Gable, P. A., and Poole, B. D. (2012). 'Time flies when you're having approach-motivated fun: Effects of motivational intensity on time perception'. Psychological Science, 23(8), 879–886. https://doi.org/10.1177/0956797611435817
30. Grondin, S., Laflamme, V., and Gontier, É. (2014). 'Effect on perceived duration and sensitivity to time when observing disgusted faces and disgusting mutilation pictures'. Attention, Perception, & Psychophysics, 76, 1522–1534. doi:10.3758/s13414-014-0682-7
31. Campbell, L. A., and Bryant, R. A. (2007). 'How time flies: A study of novice skydivers'. Behaviour Research and Therapy, 45(6), 1389–1392. https://doi.org/10.1016/j.brat.2006.05.011
32. Burrage, E., Marshall, K. L., Santanam, N., and Chantler, P. D. (2018). 'Cerebro-

vascular dysfunction with stress and depression'. Brain Circulation, 4(2), 43–53. https://doi.org/10.4103/bc.bc_6_18

33. Soares, J. M., Sampaio, A., Ferreira, L. M., Santos, N. C., Marques, F., Palha, J. A., Cerqueira, J. J., and Sousa, N. (2012). 'Stress-induced changes in human decision-making are reversible'. Translational Psychiatry, 2(7), e131. doi:10.1038/tp.2012.59

34. Renaud, K., Ramsay, J., and Hair, M. (2006). ' "You've got email!" ... shall I deal with it now? Electronic mail from the recipient's perspective'. International Journal of Human-Computer Interaction, 21, 313–332. doi:10.1207/s15327590ijhc2103_3

35. Sadeghi, S., Takeuchi, H., Shalani, B., Taki, Y., Nouchi, R., Yokoyama, R., Kotozaki, Y., Nakagawa, S., Sekiguchi, A., Iizuka, K., Hanawa, S., Araki, T., Miyauchi, C. M., Sakaki, K., Nozawa, T., Ikeda, S., Yokota, S., Magistro, D., Sassa, Y., and Kawashima, R. (2022). 'Brain anatomy alterations and mental health challenges correlate to email addiction tendency'. Brain Sciences, 12(10), 1278. https://doi.org/10.3390/brainsci12101278

36. Scherer, K. R. (2003). 'Vocal communication of emotion: A review of research paradigms'. Speech Communication, 40(1–2), 227–256.

37. Rueff-Lopes, R., Navarro, J., Caetano, A., and Junça Silva, A. (2015). 'A Markov chain analysis of emotional exchange in voice-to-voice communication: Testing for the mimicry hypothesis of emotional contagion'. Human Communication Research, 41, 412–434.

38. Kramer, A. D. I., Guillory, J. E., and Hancock, J. T. (2014). 'Experimental evidence of massive-scale emotional contagion through social networks'. Proceedings of the National Academy of Sciences of the United States of America, 111(24), 8788–8790. https://doi.org/10.1073/pnas.1320040111

39. Ryan, R. M., and Deci, E. L. (2017). Self-determination theory: Basic psychological needs in motivation, development, and wellness. The Guilford Press. https://doi.org/10.1521/978.14625/28806

3장. 의지보다 중요한 것: 시간보다 내가 앞서기

40. Duckworth, A. L., and Kern, M. L. (2011). 'A meta analysis of the convergent validity of self control measures'. Journal of Research in Personality, 45(3), 259–268. https://doi.org/10.1016/j.jrp.2011.02.004

41. 이 아이디어를 잘 보여주는 책으로 리 골드먼의 《진화의 배신》이 있다.

42. Shultz, S., Opie, C., and Atkinson, Q. D. (2011). 'Stepwise evolution of stable sociality in primates'. Nature, 479(7372), 219–222. https://doi.org/10.1038/nature10601

43. Dunbar, R. I. M. (2003). 'The social brain: Mind, language, and society in evolutionary perspective'. Annual Review of Anthropology, 32, 163–181. https://doi.org/10.1146/annurev.anthro.32.061002.093158

44. Passingham, R. E. (2021). 'Evolution of the prefrontal cortex in the hominins'. In Understanding the Prefrontal Cortex: Selective advantage, connectivity, and neural operations, Oxford Psychology Series (Oxford, 2021; online edn, Oxford Academic, 19 Aug. 2021). https://doi.org/10.1093/oso/9780198844570.003.0009

45. Saunders, B., and Inzlicht, M. (2016). 'Vigour and fatigue: How variation in affect underlies effective self-control'. In T. S. Braver (ed.), Motivation and Cognitive Control (pp. 211–234). Routledge/Taylor & Francis Group.

46. Inzlicht, M., and Legault, L. (2014). 'No pain, no gain: How distress underlies effective self-control (and unites diverse social psychological phenomena)'. In J. P. Forgas and E. Harmon-Jones (eds), Motivation and its Regulation: The Control Within (pp. 115–132). Psychology Press.

47. Baumeister, R. F., Bratslavsky, E., Muraven, M., and Tice, D. M. (1998). 'Ego depletion: Is the active self a limited resource?'. Journal of Personality and Social Psychology, 74(5), 1252–1265. https://doi.org/10.1037/0022-3514.74.5.1252

48. Boat, R., and Taylor, I. M. (2017). 'Prior self-control exertion and perceptions of pain during a physically demanding task'. Psychology of Sport and Exercise, 33, 1–6. https://doi.org/10.1016/j.psychsport.2017.07.005

49. Milyavskaya, M., and Inzlicht, M. (2018). 'Attentional and motivational mechanisms of self-control'. In D. de Ridder, M. Adriaanse, and K. Fujita (eds), The Routledge International Handbook of Self-Control in Health and Wellbeing (pp. 11–23). Routledge/Taylor & Francis Group. https://doi.org/10.4324/9781315648576-2

50. Arnsten, A., Mazure, C. M., and Sinha, R. (2012). 'This is your brain in meltdown'. Scientific American, 306(4), 48–53. https://doi.org/10.1038/scientificamerican0412-48

51. Oscarsson, M., Carlbring, P., Andersson, G., and Rozental, A. (2020). 'A large-scale experiment on New Year's resolutions: Approach-oriented goals are more successful than avoidance-oriented goals'. PLoS ONE, 15(12), Article e0234097. https://doi.org/10.1371/journal.pone.0234097

52. Leone, M. J., Fernandez Slezak, D., Golombek, D., and Sigman, M. (2017). 'Time to decide: Diurnal variations on the speed and quality of human decisions'. Cognition, 158, 44–55. https://doi.org/10.1016/j.cognition.2016.10.007

53. 이탈리아 크로노타입 연구의 세부 내용은 아래에서 인용했다: https://medicalxpress.com/news/2021-05-night-owl-odds-diabetesyoure.html

54. 핀란드 크로노타입 연구의 세부 내용은 아래에서 확인할 수 있다: https://www.bmj.

주

com/company/newsroom/night-owls-may-be-twice-as-likely-as-morning-larks-to-underperform-at-work/

4장. 계획보다 자꾸 늦는 이유: 자기기만

55. Chance, Z., Norton, M. I., Gino, F., and Ariely, D. (2011). 'Temporal view of the costs and benefits of self-deception'. Proceedings of the National Academy of Sciences of the United States of America, 108(Suppl 3), 15655–15659. https://doi.org/10.1073/pnas.1010658108

56. Adler, H. M., and Larson, J. A. (1928). 'Deception and selfdeception'. Journal of Abnormal and Social Psychology, 22(4), 364–371. https://doi.org/10.1037/h0076012

57. Lee, B. (2017). The Dangerous Case of Donald Trump: 27 Psychiatrists and Mental Health Experts Assess a President. New York: Thomas Dunne Books.

58. Read, D., and van Leeuwen, B. (1998). 'Predicting hunger: The effects of appetite and delay on choice'. Organizational Behavior and Human Decision Processes, 76(2), 189–205. https://doi.org/10.1006/obhd.1998.2803

59. Read, D., Loewenstein, G., and Kalyanaraman, S. (1999). 'Mixing virtue and vice: Combining the immediacy effect and the diversification heuristic'. Journal of Behavioral Decision Making, 12(4), 257–273. https://doi.org/10.1002/(SICI)1099-0771(199912)12:4<257::AID-BDM327>3.0.CO;2-6

60. 팬데믹 발생 가능성에 관한 데이터는 아래에서 확인했다: https://globalhealth.duke.edu/news/statistics-say-large-pandemics-are-more-likely-we-thought

61. 경기침체 발생 가능성에 관한 데이터는 아래에서 확인했다: https://www.kiplinger.com/slide/investing/t038-s001-recessions-10-factsyou-must-know/index.html

62. Ericson, K. M., White, J. M., Laibson, D., and Cohen, J. D. (2015). 'Money earlier or later? Simple heuristics explain intertemporal choices better than delay discounting does'. Psychological Science, 26(6), 826–833. https://doi.org/10.1177/0956797615572232

63. Ludwig, R. M., Flournoy, J. C., and Berkman, E. T. (2019). 'Inequality in personality and temporal discounting across socioeconomic status? Assessing the evidence'. Journal of Research in Personality, 81, 79–87. https://doi.org/10.1016/j.jrp.2019.05.003

5장. 보상이 빨라야 행동도 빠르다: 시간적 근접성

64. Simone D'Ambrogio, S., Werksman, N., Platt, M. L., and Johnson, E. N. (2022). 'How celebrity status and gaze direction in ads drive visual attention to shape consumer decisions'. Psychology & Marketing, 40, 723–734. https://doi.org/10.1002/

mar.21772

65. 이 논문은 이 장 전체의 과학적 배경을 훌륭하게 개괄한다: Kruglanski, A. W., Fishbach, A., Woolley, K., Bélanger, J. J., Chernikova, M., Molinario, E., and Pierro, A. (2018). 'A structural model of intrinsic motivation: On the psychology of means-ends fusion'. Psychological Review, 125(2), 165–182. https://doi.org/10.1037/rev0000095

66. Woolley, K., and Fishbach, A. (2018). 'It's about time: Earlier rewards increase intrinsic motivation'. Journal of Personality and Social Psychology, 114(6), 877–890. https://doi.org/10.1037/pspa0000116

67. Deci, E. L., Koestner, R., and Ryan, R. M. (1999). 'A meta-analytic review of experiments examining the effects of extrinsic rewards on intrinsic motivation'. Psychological Bulletin, 125(6), 627–668. https://doi.org/10.1037/0033-2909.125.6.627

68. Maimaran, M., and Fishbach, A. (2014). 'If it's useful and you know it, do you eat? Preschoolers refrain from instrumental food'. Journal of Consumer Research, 41(3), 642–655. https://doi.org/10.1086/677224

69. 비만을 '의료화'하는 것에 관한 정보는 아래에서 확인할 수 있다: https://journalofethics.ama-assn.org/article/medicalizing-obesityindividual-economic-and-medical-consequences/2011-12

70. "빠른 러너일수록 더 느리게 달린다"에 관한 근거: Emig, T., and Peltonen, J. (2020). 'Human running performance from real-world big data'. Nature Communications, 11, 4936. https://doi.org/10.1038/s41467-020-18737-6

71. Sansone, C., Sachau, D. A., and Weir, C. (1989). 'Effects of instruction on intrinsic interest: The importance of context'. Journal of Personality and Social Psychology, 57(5), 819–829.

72. Wolfe, J. B. (1936). 'Effectiveness of token rewards for chimpanzees'. Comparative Psychological Monographs, 12, 1–72.

73. Bélanger, J. J., Schori-Eyal, N., Pica, G., Kruglanski, A. W., and Lafrenière, M.-A. (2015). 'The "more is less" effect in equifinal structures: Alternative means reduce the intensity and quality of motivation'. Journal of Experimental Social Psychology, 60, 93–102. https://doi.org/10.1016/j.jesp.2015.05.005

6장. 마지막 10분의 중요성: 뇌는 '끝'을 기억한다

74. Redelmeier, D. A., and Kahneman, D. (1996). 'Patients' memories of painful medical treatments: Real-time and retrospective evaluations of two minimally invasive procedures'. Pain, 66(1), 3–8. https://doi.org/10.1016/0304-3959(96)02994-6

75. Kahneman, D., Fredrickson, B. L., Schreiber, C. A., and Redelmeier, D. A. (1993).

'When more pain is preferred to less: Adding a better end'. Psychological Science, 4(6), 401–405. https://doi.org/10.1111/j.1467-9280.1993.tb00589.x

76. Roberts, A. R., Imas, A., and Fishbach, A. (2023). 'Can't wait to pay: The desire for goal closure increases impatience for costs'. Journal of Personality and Social Psychology. Advance online publication. https://doi.org/10.1037/pspa0000367

77. Rosenbaum, D. A., Gong, L., and Potts, C. A. (2014). 'Precrastination: Hastening subgoal completion at the expense of extra physical effort'. Psychological Science, 25(7), 1487–1496. https://doi.org/10.1177/0956797614532657

78. Wasserman, E. A., and Brzykcy, S. J. (2015). 'Pre-crastination in the pigeon'. Psychonomic Bulletin & Review, 22, 1130–1134.

79. Lenz, G. S. (2013). 'Substituting the end for the whole: Why voters respond primarily to the election year economy'. American Journal of Political Science, 58, 31–47. https://doi.org/10.1111/ajps.12053

80. Bortels, L. (2008). 'Economics still matters to poorer voters'. Challenge, 51(6), 38–51. https://www.jstor.org/stable/40722545

81. Gavin, Neil T., and David Sanders. (1997). 'The economy and voting'. Parliamentary Affairs, 50(4), 631. Gale Academic OneFile, link.gale.com/apps/doc/A363688621/AONE?u=anon~866b8b4a&sid=googleScholar&xid=3f7c0c9a. (2024년 5월 30일 열람)

82. Tversky, A., and Kahneman, D. (1973). 'Availability: A heuristic for judging frequency and probability'. Cognitive Psychology, 5(2), 207–232. https://doi.org/10.1016/0010-0285(73)90033-9

83. Do, A. M., Rupert, A. V., and Wolford, G. (2008). 'Evaluations of pleasurable experiences: The peak-end rule'. Psychonomic Bulletin & Review, 15(1), 96–98. https://doi.org/10.3758/PBR.15.1.96

84. Müller, U. W. D., Witteman, C. L. M., Spijker, J., and Alpers, G. W. (2019). 'All's bad that ends bad: There is a peak end memory bias in anxiety'. Frontiers in Psychology, 10, 1272. https://doi.org/10.3389/fpsyg.2019.01272

85. Alaybek, B., Dalal, R. S., Fyffe, S., Aitken, J. A., Zhou, Y., Qu, X., Roman, A., and Baines, J. I. (2022). 'All's well that ends (and peaks) well? A meta-analysis of the peak-end rule and duration neglect'. Organizational Behavior and Human Decision Processes, 170, Article 104149. https://doi.org/10.1016/j.obhdp.2022.104149

86. Hutchinson, J. C., Zenko, Z., Santich, S., and Dalton, P. C. (2020). 'Increasing the pleasure and enjoyment of exercise: A novel resistance-training protocol'. Journal of Sport & Exercise Psychology, 42(2), 143–152. https://doi.org/10.1123/jsep.2019-0089

87. Hoogerheide, V., Vink, M., Finn, B., Raes, A. K., and Paas, F. (2018). 'How to bring

the news ... peak-end effects in children's affective responses to peer assessments of their social behavior'. Cognition and Emotion, 32(5), 1114–1121. https://doi.org/10.1080/02699931.2017.1362375

88. De Maeyer, P., and Estelami, H. (2013). 'Applying the peak-end rule to reference prices'. Journal of Product & Brand Management, 22(3), 260–265. https://doi.org/10.1108/JPBM-04-2013-0290

89. Kang, P., Daniels, D. P., and Schweitzer, M. E. (2022). 'The streak-end rule: How past experiences shape decisions about future behaviors in a large-scale natural field experiment with volunteer crisis counselors'. Proceedings of the National Academy of Sciences of the United States of America, 119(45), e2204460119. https://doi.org/10.1073/pnas.2204460119

90. Bagheri, L., and Milyavskaya, M. (2019). 'Novelty–variety as a candidate basic psychological need: New evidence across three studies'. Motivation and Emotion, 44, 32–53. https://link.springer.com/article/10.1007/s11031-019-09807-4

91. Shohamy, D., and Adcock, R. A. (2010). 'Dopamine and adaptive memory'. Trends in Cognitive Sciences, 14(10), 464–472. https://doi.org/10.1016/j.tics.2010.08.002

92. Ramaswami, M. (2014). 'Network plasticity in adaptive filtering and behavioral habituation'. Neuron, 82(6), 1216–1229. https://doi.org/10.1016/j.neuron.2014.04.035

93. Matthews, W. J. (2011). 'Stimulus repetition and the perception of time: The effects of prior exposure on temporal discrimination, judgment, and production'. PLoS ONE, 6(5), e19815. https://doi.org/10.1371/journal.pone.0019815

94. 새로움(novelty)과 마음챙김(mindfulness)에 관하여: Langer, E. J., and Moldoveanu, M. (2000). 'The construct of mindfulness'. Journal of Social Issues, 56(1), 1–9.

7장. 슬럼프가 오는 시간: 언제 얼마만큼의 노력을 해야 할까

95. Kurzban, R., Duckworth, A., Kable, J. W., and Myers, J. (2013). 'An opportunity cost model of subjective effort and task performance'. Behavioral and Brain Sciences, 36(6), 661–679. https://doi.org/10.1017/S0140525X12003196

96. Ferguson, C., Langwith, C., Muldoon, A., and Leonard, J. (2010). Improving Obesity Management in Adult Primary Care. Washington, DC: George Washington University.

97. Histed, M. H., Pasupathy, A., and Miller, E. K. (2009). 'Learning substrates in the primate prefrontal cortex and striatum: Sustained activity related to successful actions'. Neuron, 63(2), 244–253. https://doi.org/10.1016/j.neuron.2009.06.019

98. Todd, J. S., Shurley, J. P., and Todd, T. C. (2012). 'Thomas L. DeLorme and the

science of progressive resistance exercise'. Journal of Strength and Conditioning Research, 26(11), 2913–2923. https://doi.org/10.1519/JSC.0b013e31825adcb4

99. 반복 횟수와 관련된 이언 맥퀸의 학위논문은 아래에서 확인할 수 있다: https://core.ac.uk/download/77018594.pdf

100. Arthur Jones의 실험 관련 정보는 아래에서 확인할 수 있다: http://arthurjonesexercise.com/Athletic/Colorado.PDF

101. Atkinson, G., Peacock, O., St Clair Gibson, A., and Tucker, R. (2007). 'Distribution of power output during cycling: impact and mechanisms'. Sports Medicine (Auckland, N.Z.), 37(8), 647–667. https://doi.org/10.2165/00007256-200737080-00001

102. Webb, O. J., and Cotton, D. R. E. (2019). 'Deciphering the sophomore slump: Changes to student perceptions during the undergraduate journey'. Higher Education, 77. https://doi.org/10.1007/s10734-018-0268-8

103. Deci, E. L., Olafsen, A. H., and Ryan, R. M. (2017). 'Selfdetermination theory in work organizations: The state of a science'. Annual Review of Organizational Psychology and Organizational Behavior, 4, 19–43. https://doi.org/10.1146/annurev-orgpsych-032516-113108

104. 이 장과 관련된(그리고 다른 요소들도 다루는) 과학 논문으로는 다음이 있다: Inzlicht, M., Shenhav, A., and Olivola, C. Y. (2018). 'The effort paradox: Effort is both costly and valued'. Trends in Cognitive Sciences, 22(4), 337–349. https://doi.org/10.1016/j.tics.2018.01.007

105. Norton, M. I., Mochon, D., and Ariely, D. (2012). 'The IKEA effect: When labor leads to love'. Journal of Consumer Psychology, 22(3), 453–460. https://doi.org/10.1016/j.jcps.2011.08.002

106. Arkes, H. R., Joyner, C. A., Pezzo, M. V., Nash, J. G., Siegel-Jacobs, K., and Stone, E. (1994). 'The psychology of windfall gains'. Organizational Behavior and Human Decision Processes, 59(3), 331–347. https://doi.org/10.1006/obhd.1994.1063

107. Muehlbacher, S., and Kirchler, E. (2009). 'Origin of endowments in public good games: The impact of effort on contributions'. Journal of Neuroscience, Psychology and Economics, 2, 59–67.

108. 런던 마라톤 통계는 아래에서 인용했다: https://www.independent.co.uk/sport/general/athletics/london-marathon-2024-record-number-participants-b2532782.html

109. Aronson, E., and Mills, J. (1959). 'The effect of severity of initiation on liking for a group'. Journal of Abnormal and Social Psychology, 59, 177–181.

110. 모차르트 이야기와 밀라노 연구에 대한 정보는 아래 온라인 기사에 근거했다: https://www.psychologytoday.com/us/blog/one-amongmany/202105/mozart-and-the-effort-paradox

111. Nicholls, J. G. (1984). 'Achievement motivation: Conceptions of ability, subjective experience, task choice, and performance'. Psychological Review, 91(3), 328–346. https://doi.org/10.1037/0033-295X.91.3.328

112. Duda, J., and Hall, H. (2001). 'Achievement goal theory in sport: Recent extensions and future directions'. In R. Singer, H. Hausenblas, and C. Janelle (eds), Handbook of Sport Psychology (2nd edn, pp. 417–443). John Wiley and Sons.

8장. 나 홀로 집에: 고독한 시간이 주는 천국

113. Suedfeld, P., Ramirez, C., Deaton, J., and Baker-Brown, G. (1982). 'Reactions and attributes of prisoners in solitary confinement'. Criminal Justice and Behavior, 9(3), 303–340. https://doi.org/10.1177/0093854882009003004

114. 넬슨 만델라가 위니 만델라에게 보낸 편지는 아래에서 확인할 수 있다: https://www.panmacmillan.com/blogs/general/a-letter-from-nelson-mandela-to-winnie-mandela

115. Long, C. R., and Averill, J. R. (2003). 'Solitude: An exploration of benefits of being alone'. Journal for the Theory of Social Behaviour, 33(1), 21–44. https://doi.org/10.1111/1468-5914.00204

116. Pfeifer, E., Geyer, N., Storch, F., and Wittmann, M. (2019). ' "Just Think": Students feel significantly more relaxed, less aroused, and in a better mood after a period of silence alone in a room'. Psych, 1(1), 343–352. https://doi.org/10.3390/psych1010024

117. Kuwabara, T., Naruiwa, N., Kawabe, T., Kato, N., Sasaki, A., Ikeda, A., Otani, S., Imura, S., Watanabe, K., and Ohno, G. (2021). 'Human change and adaptation in Antarctica: Psychological research on Antarctic wintering-over at Syowa station'. International Journal of Circumpolar Health, 80(1), 1886704. https://doi.org/10.1080/22423982.2021.1886704

118. Wilson, T. D., Reinhard, D. A., Westgate, E. C., Gilbert, D. T., Ellerbeck, N., Hahn, C., Brown, C. L., and Shaked, A. (2014). 'Just think: the challenges of the disengaged mind'. Science, 345(6192), 75–77. https://doi.org/10.1126/science.1250830

119. 비디오 도어벨이 범죄 예방에 효과적이지 않다는 내용(근거)은 아래에서 확인했다: https://www.scientificamerican.com/article/do-video-doorbells-reallyprevent-crime/

120. 탱크를 훔친 사건에 관한 이야기는 아래에서 인용했다: https://www.bbc.co.uk/news/blogs-news-from-elsewhere-42634753

121. 설문조사 세부 내용은 아래에서 확인할 수 있다: https://www.bhf.org.uk/what-we-do/news-from-the-bhf/news-archive/2018/september/the-average-brit-spends-five-

years-of-their-life-feeling-bored

122. Chin, A., Markey, A., Bhargava, S., Kassam, K. S., and Loewenstein, G. (2017). 'Bored in the USA: Experience sampling and boredom in everyday life'. Emotion, 17(2), 359–368. https://doi.org/10.1037/emo0000232

123. 생애주기 전반에 걸친 지루함에 관한 정보는 아래에서 확인할 수 있다: https://www.bps.org.uk/psychologist/boredom-across-lifespan

124. van Tilburg, W. A. P., Igou, E. R., and Panjwani, M. (2023). 'Boring people: Stereotype characteristics, interpersonal attributions, and social reactions'. Personality and Social Psychology Bulletin, 49(9), 1329–1343. https://doi.org/10.1177/01461672221079104

125. Britton, A., and Shipley, M. J. (2010). 'Bored to death?'. International Journal of Epidemiology, 39(2), 370–371. https://doi.org/10.1093/ije/dyp404

126. Pfattheicher, S., Lazarević, L. B., Westgate, E. C., and Schindler, S. (2021). 'On the relation of boredom and sadistic aggression'. Journal of Personality and Social Psychology, 121(3), 573–600. https://doi.org/10.1037/pspi0000335

127. Tam, K. Y. Y., and Inzlicht, M. (2024). 'Fast-forward to boredom: How switching behavior on digital media makes people more bored'. Journal of Experimental Psychology: General, 153(10), 2409–2426. Advance online publication. https://doi.org/10.1037/xge0001639

128. Pfeifer, E., and Wittmann, M. (2020). 'Waiting, thinking, and feeling: Variations in the perception of time during silence'. Frontiers in Psychology, 11, 602. https://doi.org/10.3389/fpsyg.2020.00602

9장. 시간의 덕목: 기억을 다스릴 기회 주기

129. 사건의 세부 내용은 아래에서 인용했다: https://innocenceproject.org/cases/malcolm-alexander/

130. 목격자 오인 통계는 아래에서 확인할 수 있다: https://innocenceproject.org/eyewitness-misidentification/

131. Sivers, H., Schooler, J., and Freyd, J. J. (2002). 'Recovered memories'. In V. S. Ramachandran (ed.), Encyclopedia of the Human Brain, Volume 4 (pp. 169–184). San Diego, California and London: Academic Press.

132. Magnussen, S., Andersson, J., Cornoldi, C., De Beni, R., Endestad, T., Goodman, G. S., Helstrup, T., Koriat, A., Larsson, M., Melinder, A., Nilsson, L. G., Rönnberg, J., and Zimmer, H. (2006). 'What people believe about memory'. Memory, 14(5), 595–613. https://doi.org/10.1080/09658210600646716

133. Patihis, L., Ho, L. Y., Tingen, I. W., Lilienfeld, S. O., and Loftus, E. F. (2014). 'Are

시간이 없다는 착각

the "memory wars" over? A scientist practitioner gap in beliefs about memory'. Psychological Science, 25(2), 519–530. https://doi.org/10.1177/0956797613510718

134. Braun, K. A., Ellis, R., and Loftus, E. F. (2002). 'Make my memory: How advertising can change our memories of the past'. Psychology & Marketing, 19(1), 1–23. https://doi.org/10.1002/mar.1000

135. Berkowitz, S. R., Laney, C., Morris, E. K., Garry, M., and Loftus, E. F. (2008). 'Pluto behaving badly: False beliefs and their consequences'. American Journal of Psychology, 121(4), 643–660.

136. Otgaar, H., Candel, I., Merckelbach, H., and Wade, K. A. (2009). 'Abducted by a UFO: Prevalence information affects young children's false memories for an implausible event'. Applied Cognitive Psychology, 23, 115–125.

137. Otgaar, H., Candel, I., and Merckelbach, H. (2008). 'Children's false memories: Easier to elicit for a negative than for a neutral event'. Acta Psychologica, 128(2), 350–354. https://doi.org/10.1016/j.actpsy.2008.03.009

138. Roediger, H. L., and McDermott, K. B. (1995). 'Creating false memories: Remembering words not presented in lists'. Journal of Experimental Psychology: Learning, Memory, and Cognition, 21, 803–814.

139. Blumen, H. M., and Rajaram, S. (2008). 'Influence of re-exposure and retrieval disruption during group collaboration on later individual recall'. Memory, 16(3), 231–244. https://doi.org/10.1080/09658210701804495

140. Jackson, M. (2004). 'The prose of suffering and the practice of silence'. Spiritus, 4, 44–59. https://doi.org/10.1353/scs.2004.011

141. Krause, N. (2010). 'Assessing coping responses within specific faith traditions: Suffering in silence, stress, and depressive symptoms among older catholics'. Mental Health, Religion & Culture, 13(5), 513–529. https://doi.org/10.1080/13674670903433686

142. Krause, N. (2010). 'Receiving social support at church when stressful life events arise: Do catholics and protestants differ?'. Psychology of Religion and Spirituality, 2(4), 234–246. https://doi.org/10.1037/a0020036

143. Krause, N., and Bastida, E. (2009). 'Religion, suffering, and health among older Mexican Americans'. Journal of Aging Studies, 23, 114–123.

144. Krause, N. (1997). 'Received support, anticipated support, social class, and mortality'. Research on Aging, 19(4), 387–422. https://doi.org/10.1177/0164027597194001

145. Juster, R. P., Smith, N. G., Ouellet, É., Sindi, S., and Lupien, S. J. (2013). 'Sexual orientation and disclosure in relation to psychiatric symptoms, diurnal cortisol, and allostatic load'. Psychosomatic Medicine, 75(2), 103–116. https://doi.org/10.1097/PSY.0b013e3182826881

146. McGarrity, L. A., and Huebner, D. M. (2014). 'Is being out about sexual orientation uniformly healthy? The moderating role of socioeconomic status in a prospective study of gay and bisexual men'. Annals of Behavioral Medicine, 47(1), 28–38. https://doi.org/10.1007/s12160-013-9575-6

147. Pachankis, J. E., Mahon, C. P., Jackson, S. D., Fetzner, B. K., and Bränström, R. (2020). 'Sexual orientation concealment and mental health: A conceptual and meta-analytic review'. Psychological Bulletin, 146(10), 831–871. https://doi.org/10.1037/bul0000271

148. Brownfield, J. M., Brown, C., Jeevanba, S. B., and VanMattson, S. B. (2018). 'More than simply getting bi: An examination of coming out growth for bisexual individuals'. Psychology of Sexual Orientation and Gender Diversity, 5(2), 220–232. https://doi.org/10.1037/sgd0000282

149. 선수 은퇴에 관한 인터뷰는 아래에서 확인할 수 있다: https://www.cbc.ca/sports/olympics/winter/figure-skating/kaetlyn-osmond-figure-skating-retirement-scott-russell-1.5119954

150. Voorheis, P., Silver, M., and Consonni, J. (2023). 'Adaptation to life after sport for retired athletes: A scoping review of existing reviews and programs'. PLoS ONE, 18(9), Article e0291683. https://doi.org/10.1371/journal.pone.0291683

151. D'Argembeau, A. (2013). 'On the role of the ventromedial prefrontal cortex in self-processing: the valuation hypothesis'. Frontiers in Human Neuroscience, 7, 372. https://doi.org/10.3389/fnhum.2013.00372

152. Carver, C. S., and Scheier, M. F. (1998). On the Self-Regulation of Behavior. Cambridge University Press. https://doi.org/10.1017/CBO9781139174794

153. Berkman, E. T., Livingston, J. L., and Kahn, L. E. (2017). 'Finding the "self" in self-regulation: The identity-value model'. Psychological Inquiry, 28(2–3), 77–98. https://doi.org/10.1080/1047840X.2017.1323463

154. Harmon-Jones, E., and Mills, J. (2019). 'An introduction to cognitive dissonance theory and an overview of current perspectives on the theory'. In E. Harmon-Jones (ed.), Cognitive Dissonance: Re-examining a Pivotal Theory in Psychology (2nd edn, pp. 3–24). American Psychological Association. https://doi.org/10.1037/0000135-001

155. Bryan, C. J., Master, A., and Walton, G. M. (2014). ' "Helping" versus "being a

helper": Invoking the self to increase helping in young children'. Child Development, 85(5), 1836–1842. https://doi.org/10.1111/cdev.12244

156. Miller, R. L., Brickman, P., and Bolen, D. (1975). 'Attribution versus persuasion as a means for modifying behavior'. Journal of Personality and Social Psychology, 31(3), 430–441. https://doi.org/10.1037/h0076539

157. Burger, J. M., and Caldwell, D. F. (2003). 'The effects of monetary incentives and labeling on the foot-in-the-door effect: Evidence for a self-perception process'. Basic and Applied Social Psychology, 25(3), 235–241. https://doi.org/10.1207/S15324834BASP2503_06

158. Bryan, C. J., Adams, G. S., and Monin, B. (2013). 'When cheating would make you a cheater: Implicating the self prevents unethical behavior'. Journal of Experimental Psychology: General, 142(4), 1001–1005. https://doi.org/10.1037/a0030655

159. Bryan, C. J., Walton, G. M., Rogers, T., and Dweck, C. S. (2011). 'Motivating voter turnout by invoking the self'. Proceedings of the National Academy of Sciences of the United States of America, 108(31), 12653–12656. https://doi.org/10.1073/pnas.1103343108

160. Deci, E. L., and Ryan, R. M. (2000). 'The "what" and "why" of goal pursuits: Human needs and the self-determination of behavior'. Psychological Inquiry, 11(4), 227–268. https://doi.org/10.1207/S15327965PLI1104_01

161. Brewer, M. B., and Hewstone, M. (eds). (2004). Self and Social Identity. Blackwell Publishing.

162. Warhurst, R., and Black, K. (2021). 'Lost and found: Parkrun, work and identity'. Qualitative Research in Sport, Exercise and Health, 14(3), 397–412. https://doi.org/10.1080/2159676X.2021.1924244

주

옮긴이 **최기원**

연세대학교 영문학과를 졸업했으며 연세대 국제대학원 국제관계학, 이화여대 통번역대학원 통역학으로 석사 학위를 받았다. 현재 각종 국제회의에서 동시통역사로 활약하고 있으며, 번역에이전시 엔터스코리아에서 전문번역가로도 활동 중이다. 주요 역서로는 《존 스튜어트 밀의 자유론》, 《삶의 방식으로서의 철학》, 《너는 어떻게 성공하는가》, 《누구도 나를 함부로 대할 수 없습니다》 등이 있으며, 《그래서 쉬운 영어》를 집필했다.

시간이 없다는 착각

1판 1쇄 인쇄 2026년 3월 24일
1판 1쇄 발행 2026년 4월 8일

지은이 이언 테일러
옮긴이 최기원

발행인 양원석 **편집장** 차선화 **책임편집** 박시솔
디자인 신자용, 김미선 **영업마케팅** 윤송, 김지현, 최현윤, 유민경, 김수윤
해외저작권 임이안, 이은지, 안효주

펴낸 곳 ㈜알에이치코리아
주소 서울시 금천구 가산디지털2로 53, 20층 (가산동, 한라시그마밸리)
편집문의 02-6443-8890   **도서문의** 02-6443-8800
홈페이지 http://rhk.co.kr
등록 2004년 1월 15일 제2-3726호

ISBN 978-89-255-6955-0 (03190)